Villon · Die Testamente

FRANÇOIS VILLON

Das Kleine und das Große Testament

FRANZÖSISCH / DEUTSCH

HERAUSGEGEBEN, ÜBERSETZT UND KOMMENTIERT
VON FRANK-RUTGER HAUSMANN

PHILIPP RECLAM JUN. STUTTGART

Der französische Text folgt den Ausgaben: Le Lais Villon et les Poèmes variés. Edités par Jean Rychner et Albert Henry. Genf: Droz, 1977. (Textes Littéraires Français. 239/240.) – Le Testament Villon. Edité par Jean Rychner et Albert Henry. Genf: Droz, 1974. (Textes Littéraires Français. 207/208.)

Umschlagabbildung: Holzschnitt aus der ersten Ausgabe der Werke Villons, Paris 1489.

Universal-Bibliothek Nr. 8518

Gesamtherstellung: Reclam, Ditzingen. Printed in Germany 1998
RECLAM und UNIVERSAL-BIBLIOTHEK sind eingetragene Marken der Philipp Reclam jun. GmbH & Co., Stuttgart
ISBN 3-15-008518-7

Mutmaßliches Bildnis Villons
Holzschnitt aus der ersten Ausgabe der Werke Villons,
Paris 1489

Einführung

Das Kleine und das Große Testament von François Villon

Der Autor

François Villon erlebte das Zeitalter des Buchdrucks nicht mehr, doch bemächtigte sich die Schwarze Kunst bereits gegen Ende des 15. Jahrhunderts seiner Dichtungen, die von 1489 bis zur Jahrhundertwende insgesamt zehnmal gedruckt wurden. Auch im 16. Jahrhundert zeugen 25 Ausgaben von seinem Ruhm, den besonders die Ausgabe bei Galiot du Pré (1533) in Paris mehrte, welche Clément Marot (1496–1544), Dichter und »valet de chambre du roy«, betreute. Marot bedauert zwar, daß Villon nicht an einem Fürstenhof gelebt habe, wo die Sprache besonders gepflegt werde, aber er lobt dafür seinen Witz und seinen Sentenzenreichtum, »les sentences comme belles fleurs«. Danach wird es still um Villon, denn die Literaturtheorie der Klassik des 17. Jahrhunderts lehnte seine teilweise obszönen und allzu realistischen Gedichte als mit den Postulaten der Wohlanständigkeit (*bienséance*) und der Vernunft (*raison*) unvereinbar ab. Allerdings erkannte Nicolas Boileau (1636–1711) in der bedeutendsten Poetik der Zeit, dem *Art poétique* von 1674, Villon das Verdienst zu, die französische Verskunst um formvollendete Werke bereichert zu haben (I,117f.).

Erst im 19. Jahrhundert (Edition Prompsaut, 1832) setzt eine moderne Villon-Philologie ein, die sich um den schlecht überlieferten Text bemüht und ihn von Ausgabe zu Ausgabe verbessert, bis 1892 mit der Edition von Auguste Longnon (später Louis Foulet) ein brauchbarer Basistext vorliegt, der in der textkritischen Reihe der »Classiques français du moyen âge« immer wieder neu aufgelegt (1911, 1914, 1923, 1932, 1967) und auch zum Ausgangspunkt der jüngsten Edition von Jean Rychner und Albert Henry (»Textes littéraires français«) wurde, die hinfort als kanonisch gelten darf und die auch dieser Übersetzung zugrunde gelegt wird. Nicht weniger zukunftsweisend ist das positive Urteil der Literaturkritiker Théophile Gautier (1834) und Désiré Nisard (1844) über Villon, die sich damit als Erben der Genieästhetik des 18. Jahrhunderts, vor allem aber der frühen romantischen Literaturtheorie Victor Hugos erweisen, welche die neoaristotelische klassische Poetik mit ihrem Harmonie- und Einheitsstreben gesprengt und überwunden hatte. Gautier betont Villons Modernität, seine Abrechnung mit dem Mittelalter, denn er sei moralisch unbekümmert, scheue sich nicht vor grotesken Verzerrungen und entwickle eine Ästhetik des Häßlichen; Nisard erblickt in ihm einen bürgerlichen Dichter, der der Stadt Paris und ihrem Volk ein Denkmal setze, und stellt ihn dem höfischen Charles d'Orléans (1394 bis 1465) gegenüber.

In idealistischer Verkennung des wahren Sachverhalts gehen fast alle Kritiker davon aus, daß Villons Dichtungen Erlebnisdichtung seien, d. h. daß das lyrische und das biographische Ich identisch sein müßten. Damit ist ein Mißverständnis angelegt, welches bis heute die Villon-Forschung hemmt. Sie konzentriert sich einerseits zu stark auf die Rekonstruktion der Biographie des Dichters und verfällt andererseits einem hermeneutischen Zirkelschluß, da sie die Biographie aus dem Werk ergänzt und dann das Werk im Licht eben dieser Biographie deutet. Für die Symbolisten und die Bohème wird Villon deshalb schon bald zum »poète truand«, zum dichtenden Verbrecher, zum Ahnherrn des »poète maudit«, des verdammten Dichters schlechthin, des Künstlers am Rand der Gesellschaft, der sich weigert, sich den Normen und Zwängen der bürgerlichen Gesellschaft zu unterwerfen. Aus der unzulässigen Gleichsetzung des Verfassers der beiden Testamente mit dem lyrischen Ich schließt man, daß Villon Dieb, Verbrecher, Zuhälter, Strafgefangener, Vagabund, degradierter Kleriker, gescheiterter Intellektueller, reumütiger Sünder und betrogener Liebhaber, zugleich aber auch ein hochgebildeter Frühhumanist, begnadeter Formkünstler und sensibler Lyriker gewesen sei, der über eine schier unerschöpfliche Skala von Ausdrucksmitteln verfügte, die vom fäkalen und obszönen Jargon der Gosse über das vermeintliche Rotwelsch einer Gaunerbande, der Muschelbrüder oder »Coquillards«, bis hin zum abstrakten Idiom der neuplatonisch-höfischen Liebeslyrik reichte. Dichter wie Rimbaud und Verlaine, aber auch neuere Übersetzer wie Jan Jakob Haringer, Paul Zech oder H. C. Artmann, dann Schauspieler und Rezitatoren wie Klaus Kinski und Ernst Stankovsky, haben sich mit Villon identifiziert und seinen Ruhm gemehrt. Noch jüngst hat Kinski, der Villon auf mehreren Schallplatten verewigt hat, seine Autobiographie nach einem apokryphen Villon-Zitat *Ich bin so wild nach deinem Erdbeermund* betitelt und frei nach Villons Lebensumständen gestaltet: Der Exzentriker und Sinnenmensch Kinski stellt sich selber als Dieb, Zuhälter, Landstreicher, Schnorrer, Verführer, Erotomane und Homosexueller dar, dem keine Perversion und Gemeinheit fremd ist und der zwei bezeichnende Kapitel seines Buchs mit »Villon, das bin ich« bzw. »Als mich das Blut durchkochte dreißig Jahr« überschreibt.

Erst vor wenigen Jahren ist der französische Literaturwissenschaftler Pierre Guiraud auf den überzeugenden Gedanken gekommen, daß sich ein unbekannter Pariser Jurist, ein sog. »basochien«, der das Justizmilieu und die Akten der übelsten Straftäter genau kannte, der Lebensumstände von François Villon bediente, den es wirklich gegeben hat, und sich dahinter versteckte, um eine geharnischte Justiz- und Institutionenschelte anzubringen und auf den unüberbrückbaren sozialen Gegensatz von Arm und Reich hinzuweisen, der einerseits durch wohlhabende Kaufleute, wucherische Geldverleiher und ausbeuterische Grundbesitzer, andererseits durch gesellschaftliche Randgruppen wie Arme, Alte, Kranke, Prostituierte, Gefangene und Verbrecher verkörpert und zugespitzt wird. Es wäre genauso, wie wenn heute jemand in die Rolle eines Terroristen schlüpfte, um unter diesem Deckmantel Gesellschaftskritik zu üben. Ein solches Procedere hat damals wie heute mehrere Vorteile: Es sichert dem Autor Anonymität sowie Schutz vor Nachstellungen und garantiert gleichzeitig die Authentizität der Sozialkritik. Das satirische Subjekt, der Dichter, kann ja nur glaubwürdig über das satirische Objekt (das Ich der Gedichte) sprechen, wenn es vermeintlich nahe davon betroffen ist, über einschlägige biographische Erfahrungen verfügt und die entsprechenden linguistischen Register beherrscht. Wenn diese These vom Juristen mit überdurchschnittlichen Insiderkenntnissen als dem Verfasser der Villon-Dichtungen stimmt, würden sich manche Fragen und auch Ungereimtheiten erklären, insbesondere die zahlreichen überdeutlichen literarischen Reminiszenzen aus dem *Roman de la Rose*, den Werken von Colin Muset (13. Jh.), Rutebeuf (vor 1248 – um 1285), Eustache Deschamps (um 1346 – vor 1407), Alain Chartier (um 1385 – um 1435), Charles d'Orléans u. a., um nur die wichtigsten zu nennen. Sie strukturieren die beiden Testamente mindestens genauso stark wie die vermeintliche Biographie.

Angesichts dieser textlichen Referenzen handelt es sich bei den Werken Villons kaum um spontane Erlebnislyrik oder um den Gewissenskonflikt eines durch die Umstände verdorbenen und in die Halbwelt abgesunkenen Scholaren, der unter seiner Sündhaftigkeit insgesamt leidet und sich nach moralischer Reinheit und geistiger Erlösung sehnt. Die Person Villons ist im übrigen sehr gut gewählt, denn der historische Villon hat als straffälliger Kleriker in Paris und Umgebung zahllose Berührungen mit der Alltagswelt, der Justiz, der Universität, der Verwaltung der Stadt Paris und der Kirche gehabt, auch verfügt er aufgrund seines Universitätsstudiums über genügend Bildung, um dies dichterisch zu verarbeiten. Die wenigen bekannten Dokumente erlauben zudem ein hinreichendes Maß an Vagheit und Verschleierung.

Was wissen wir wirklich über François Villon? Es hat eine Person dieses Namens tatsächlich gegeben, denn sie taucht ungefähr zehnmal in zeitgenössischen Dokumenten auf, die von März 1449 bis Januar 1463 reichen: 1449 wird ein François Montcorbier von der Faculté des arts in Paris als Baccalaureus registriert; 1452 werden eben diesem François *de* Montcorbier die Titel des Lizentiaten und des Magisters artium verliehen. Am 5. Juni 1455 ist er in eine Messerstecherei verwickelt, bei der der Priester Chermoye (auch: Sermoise) ums Leben kommt. Aus zwei Begnadigungsschreiben geht die Identität zwischen François des Loges, Françoys de Montcorbier oder (wohl verschrieben) Monterbier und François Villon hervor. Der Dichter tritt also mindestens unter vier verschiedenen Namen auf, was die Kritiker hätte stutzig machen müssen! Nach 1456 ist nur noch von François Villon die Rede, ein Name, den Montcorbier von Guillaume Villon, einem Kaplan der nahe der Sorbonne gelegenen Kollegiatskirche Saint-Benoît-le-Bétourné übernommen hat, der vielleicht sein Pflege- oder Adoptivvater war. Weihnachten 1456 ist er zusammen mit einem gewissen Guy Tabarie und anderen am Einbruch in das Collège de Navarre beteiligt, dessen Beute 500 Taler beträgt. Guy Tabarie wird von dem Priester Pierre Marchand angezeigt und verhaftet, drei andere Komplizen (Damp oder Dom Nicolas, Colin de Cayeux und Petit Jehan) werden außer Villon namhaft gemacht. Die Vernehmungsprotokolle Tabaries sind erhalten. Wegen dieses Einbruchs ist Villon im November 1462 im Châtelet in Haft und wird am 7. November auf Intervention der Theologischen Fakultät, der Sorbonne, freigelassen. Vermutlich noch im gleichen Monat gerät er mit einigen Gefährten in eine Schlägerei, bei der der päpstliche Notar François Ferrebouc verletzt wird. Villon wird zum Tod durch den Strang verurteilt und nach seiner Appellation zu zehnjähriger Verbannung aus Paris begnadigt. Danach verliert sich seine Spur. Ein buntes Leben, zumal wenn man bedenkt, daß einige seiner Kumpane zu den Coquillards, einer geheimen, über ganz Frankreich verbreiteten Verbrecherbande, gehörten, die als Erkennungszeichen eine Muschel an der Kleidung trugen.

Alle übrigen biographischen Angaben sind Villons Werken entnommen: dem *Kleinen Testament* (*Le Lais*, gelegentlich auch als »Vermächtnis« bezeichnet; 320 Verse in 40 Huitains oder Achtzeilern in Achtsilbern mit dem Reimschema ababbcbc, abgefaßt um 1456; im folgenden abgekürzt: L), dem *Großen Testament* (*Le Testament*; 2023 Verse, davon 186 Achtzeiler in Achtsilbern mit dem Reimschema ababbcbc, in das 16 Balladen und drei Rondeaux eingefügt sind, abgefaßt um 1461; abgekürzt: T), den 16 *Gedichten über verschiedene Themen* (*Poésies diverses*), meist Balladen, ein Vierzeiler, ein Rondeau, eine Epître, z. T. hohen Persönlichkeiten gewidmet, und den elf *Jargonballaden* im Argot der Coquille. Danach wäre er um 1431/32, noch im Hundertjährigen Krieg und im Todesjahr von Jeanne d'Arc, als Sohn armer Eltern in Paris geboren worden, früh verwaist (T 272 f., 300 ff.), hätte eine beschränkte, aber gottesfürchtige Mutter gehabt (T 865–909) und wäre von dem Kaplan Guillaume Villon (L 65–72; T 865–909) adoptiert worden. Nach Studentenunruhen 1452/53 hätte er möglicherweise seine akademische Karriere beendet (T 864; 1507) und wäre mit den Coquillards Colin de Cayeux (T 1675) und Regnier de Montigny (L 130–139) in Kontakt getreten. Aus Liebeskummer zu einer Unbekannten (L 14–16) wäre er Ende 1456 nach Angers geflohen (L 43), hätte später, gegen 1457/58, kurze Zeit am Hof des Dichterfürsten Charles d'Orléans in Blois gelebt (*Poésies diverses* VII f.) und um verschiedener Frauen willen (»Rose«, T 910; »Marthe«, T 950–955; »Catherine de Vaucelles«, T 660), die manche Kritiker für ein und dieselbe halten, Verfolgung und sogar Auspeitschung erlitten. In Meung-sur-Loire auf

Interzession des Bischofs Thibault d'Aucigny (Aussigny) inhaftiert und mit der Wasserbirne gefoltert (T 1–32; 49–72), wäre er am 2. Oktober 1461 durch Ludwig XI. amnestiert (T 56–70; 81–83) und freigelassen worden. Laut Rabelais (*Quart Livre*, Kap. 67) soll er übrigens nach 1463 nach England an den Hof Eduards V. gegangen sein und später noch in Saint-Maxent-l'Ecole Theaterstücke aufgeführt haben, in denen er sich über den Franziskanermönch Estienne Tappecoue lustig machte (ebd., Kap. 13).

Man sieht, daß sich diese Angaben gut mit denen in den offiziellen Dokumenten vertragen und sogar ergänzen. Auch hat die positivistische Forschung nicht umsonst gearbeitet, denn Villon oder der Verfasser, der sich dieses Namens bedient, hat in Paris gelebt und erwähnt Straßen, Häuser, die an ihren Hausmarken erkenntlich sind, Kirchen, öffentliche Plätze und Gebäude, dazu namentlich in den Archiven nachweisbare Kleriker, Handwerker, Kaufleute, Anwälte, Richter, Polizisten, Verbrecher und Prostituierte, die demnach ebenfalls gelebt und Spuren hinterlassen haben, die es zunächst zu identifizieren galt.

Was ist nun der Inhalt der beiden »Testamente«, und was macht ihren literarischen Reiz aus?

Das Kleine Testament

Dem *Lais* liegt, wie dem *Testament*, die Struktur des (fiktiven) Testaments zugrunde. Testamente sind juristische Texte, deren Aufbau einem dreigliedrigen Kommunikationsmodell folgt (Sender – Empfänger – Botschaft). Statt eines »Senders« haben wir einen Erblasser, statt eines »Empfängers« mehrere Erbnehmer oder Erben, statt einer »Nachricht« oder »Botschaft« diverse Legate. Das »Medium der Information« ist, wenn wir zunächst das *Kleine Testament* betrachten, ein schriftlicher, in mehreren Handschriften überlieferter, um 1456 verfaßter mittelfranzösischer Text. Der »Kode« besteht aus 40 Strophen, doch wird die Nachricht oder Botschaft nicht immer störungsfrei übermittelt. Die Störungen berühren die Legate (Scherzlegate, Scheinlegate, unbrauchbare Legate, Legate mit Auflagen oder bedingte Legate, immaterielle Legate, zumal in der Form von Hausmarken und Wirtshausschildern, Legate, die auf den Eigennamen oder den Beruf des Erben anspielen) bzw. die Erben selber, deren Namen und Berufe gedeutet und umgedeutet werden (sog. Interpretatio nominis, die auf Ambiguitas, Mehrdeutigkeit der Namen, beruht). Die »Störungen« entstehen vielfach dadurch, daß wir den biographischen und zeithistorischen Kontext oder auch Villons literarische Quellen nicht mehr rekonstruieren können, trotz aller Mühen, die sich die positivistische Forschung gegeben hat.

Die pragmatische Bedeutung des *Kleinen Testaments* (wie auch des *Großen*) ist ebenfalls umstritten. Sie kann auf eine kritisch-satirische Absicht des Autors zurückgeführt werden (Justiz-, Kleriker-, Frauen-, Institutionen-, Ständesatire und -kritik; das lyrische Ich wäre, wie oben angedeutet, nicht mit dem historischen Individuum Villon identisch und liehe sich nur seine Biographie, um ungestraft Kritik üben zu können) oder, so die ältere Auffassung, auf autobiographische Verarbeitung (der verkrachte Scholar und verbrecherische Coquillard François Villon rächt sich an der Gesellschaft für sein Ausgestoßensein, seine Inhaftierung, seine Verfolgung und sein armseliges Leben). Ein Testament eignet sich auch formal gut für beide Zwecke: Der Testierende ist in einer Extremsituation, steht kurz vor einer ungewissen Reise oder blickt gar dem Tod ins Angesicht, was ihm eine dem Narren vergleichbare Sonderstellung einräumt und ihm unverblümte Gesellschaftskritik ermöglicht. Es thematisiert Tod, Vergänglichkeit und Vanitas, erlaubt gnomisch-moralische Aussagen allgemeinster Art wie auch die Preisgabe höchst persönlicher Erfahrungen. Die Erben können gelobt, getadelt und ermahnt werden, der Erblasser ist nicht mehr erreichbar und damit nicht mehr angreifbar. Da etwas »vermacht« wird, ist ein stark realistisch-mammonistischer Bezug gegeben, so daß die Idealität des erzieherischen Anspruchs und die Konkretheit der Vermächtnisse miteinander konkurrieren.

Dementsprechend hat das *Kleine Testament*, dessen Struktur leichter bloßzulegen ist als die des *Großen*, einen (auto)biographischen Rahmen. Villon stellt sich in den Strophen I–VIII mit der Terminologie der neuplatonisch-höfischen Liebe als unglücklichen Märtyrer Amors vor (V. 47 ff.), dem kein anderes Mittel als Flucht nach Angers bleibt. Dabei sei dahingestellt, ob die Flucht wirklich durch den im Dezember 1456 erfolgten Einbruch ins Collège de Navarre bedingt ist oder nicht. Die Geliebte wird nicht namentlich genannt, doch handelt es sich um eine sich durch Blicke vollziehende unsinnliche Leidenschaft, wie sie nur dem Geistesaristokraten zusteht (V. 26 ff., 33 ff.). Diese Fiktion greift Villon ab Str. IX indirekt wieder auf, wo er mit den Legaten anhebt, denn er, der Habenichts und Kriminelle, vermacht zuerst seine Ehre und seinen guten Namen, dann seine ritterlichen Zelte, seine Waffen, sein Pferd, kurz, die gesamte Ausrüstung sowie den Besitz und die Jagdutensilien eines Edelmannes. Zugleich enthält dieser erste Teil des Rahmens die ansonsten in Testamenten formelhaft vorkommenden Angaben über Zeit (1456, um Weihnachten), Ort (vermutlich Paris im Quartier Latin, vgl. V. 276), Namen des Erblassers, seinen Geistes- und Gesundheitszustand sowie die Gründe, warum er gerade jetzt testiert. Der Rahmen wird in den Strophen XXXV–XL geschlossen, die eine Traumvision im Stil des *Roman de la Rose* erzählen bzw. (Str. XXXIX–XL) mehrere Elemente des Anfangs wieder aufgreifen. Man wird hierin wohl weder den Versuch der Beschreibung einer Geistesstörung und eventuelle Nachtwandelei noch eine verkappte Beschreibung des Einbruchs ins Collège de Navarre und auch keinen

Studentenulk erblicken dürfen, sondern ein Bekenntnis zur Tradition der Melancholie. Nach der klassischen Lehre von den vier Temperamenten (Choleriker, Sanguiniker, Phlegmatiker, Melancholiker), der Theorie von den Körpersäften, zeichnet die schwarze Melancholie den materiell schlecht gestellten satirisch-komischen Dichter von jeher aus. Hinzu kommt, daß Villon (V. 281) in einen Rauschzustand verfällt, der dem »furor poeticus« gleicht und die dichterische Inspiration bewirkt. Die Niederschrift wird als Phantasieprodukt entlarvt (V. 273 ff.), was den Dichter möglicherweise vor Sanktionen schützen soll.

Die folgenden Symptome zeichnen nach (Pseudo-)Aristoteles (*Problemata physica* XXX,1) den Melancholiker aus: Er ist närrisch (»fol«, V. 294), launisch (»lunatique«, V. 294), starken Stimmungsschwankungen unterworfen, Phantastereien nicht abhold (V. 298), physisch dürr und mager und finster dreinblickend, »sec et noir comme escouvillon« (V. 316: »ganz dürr und schwarz, wie 'n Ofenwisch«). Bereits in V. 53 f. war der Dichter wegen seiner gelbbraunen Farbe und Saftlosigkeit mit einem Bückling von Boulogne verglichen worden (»Dont oncques soret de Boulogne / Ne fut plus altéré d'humeur«). Zu dieser Stilisierung paßt es durchaus, wenn Villon von Anfang an die Sprache der unsinnlichen höfischen Liebe durch Metaphern des Reitens, Geldprägens und Stempelns, des Ackerns und Lötens (I; IV; V), die alle sexuell konnotiert sind, antiidealistisch konterkariert und verfremdet, da Sinnlichkeit ebenfalls zur Melancholie hinzugehört. Es sei nur am Rande vermerkt, daß alle angesprochenen Themen, allerdings weniger kohärent, schon bei Colin Muset, Rutebeuf, Eustache Deschamps, Jean de Meung, Alain Chartier usw. vorkommen.

Die eigentlichen Legate beginnen in Str. IX und reichen bis Str. XXXIX. Villon geriert sich als Ritter und vermacht seinen Erben all das, was einen Edelmann auszeichnet: seinen Ruhm (»mon bruyt«, V. 69), Zelte und Wappen

(»mes tentes et mon pavillon«, V. 72; 317), sein in einen Schrein eingefaßtes Herz (»mon cueur enchassé«, V. 77; eine deutliche Anspielung an die diversen Fassungen der »Herzmäre«), sein Schwert (»branc«, V. 83), sein Pferd und sein Maultier, allerdings, wie noch öfters, in Gestalt von Wirtshausschildern (»le Cheval blanc avec la Mule«, V. 89), seinen Diamantring (»mon dÿamant«, V. 91), seine Hosen (»mes brayes«, V. 102) nebst anderen Kleidungsstücken wie Käppchen (»bonnetz cours«, V. 166), Strümpflingen mit Sohlen (»chausses semelees«, V. 166), Handschuhen und Seidenumhang (»mes gans, ma houcque de soye«, V. 122), die Rüstung mit Halsberg (»mon haubert«, V. 116) und Helm (»Le Hëaulme«, V. 146), die Hundemeute (»trois chiens«, V. 130; »six chiens plus«, V. 139), Geld in unterschiedlicher Münzform (»cent francs«, V. 132; »quatre blancs«, V. 206; »francs et d'escus vieulx«, V. 268; »escus telz que le Prince donne«, V. 272), Schlösser und Burgen (»Nygon«, V. 137; »Vicestre«, V. 140), den Steigbügelriemen (»escourgon«, V. 143), eine Pferdetränke (»l'Abeuvroir Popin«, V. 154), Vieh (»Le Mouton«, V. 170; »Le Beuf couronné«, V. 172; »la Vache«, V. 173), eine Strohschütte aus drei Bündeln (»troys glyons de feurre«, V. 180), Jagdgerechtsame in Form einer Ente (»ung canart«, V. 185), dazu als Jagd- oder Wildererausrüstung einen Mantel (»ung grant tabart«, V. 189), Stiefel ohne Füßlinge (»houseaulx sans avanpiez«, V. 192), ein Jagdessen aus Erbsen und Speck mit Feuerholz und Kohle (»busche, charbon, des poys au lart«, V. 191), seine Universitätstitel (»ma nominacïon«, V. 209), Zinsen und Renten (V. 222), einen (potentiellen) Bischofsstab (»la crosse«, V. 225), einen Spiegel als Utensil der Körperpflege (»Mon miroüer«, V. 231), Fensterrahmen voll Spinnweben (»mes chassis tissus d'arignie«, V. 234), alte Schuhe (»souliers vieulx«, V. 244) und Kleider (»mes habitz«, V. 245), Speisen (V. 251 f.) und einen Mörser mit Stößel (»le Mortier d'or«, V. 257; »une potence de sainct Mor«, V. 259).

Diese Aufzählung bildet eine mehr oder minder schlüssige und kohärente Sequenz, da fast alle Legate zur Ausrüstung, zum Besitzstand und zu den Rechtstiteln des Ritters und Aristokraten gehören. Doch wem vererbt Villon dies alles? Nur bei einigen Erben können wir eine gleich einleuchtende Abfolge namhaft machen: Er beginnt bei seinem Ziehvater Guillaume Villon (V. 70), schließt die namenlose Geliebte an (V. 73 ff.), zwei potentielle Rivalen (?), Ytier Merchant (V. 81) und Jehan le Cornu (V. 84), die Pfarrer (V. 96), diverse wohlhabende Pariser Bürger, bei denen er womöglich Schulden hatte (XII; XVI), vor allem aber Vertreter der Pariser Justiz wie den Anwalt Robert Valee (XIII–XV), den Polizeioffizier Jehan Raguier (XVII), den Hauptmann der Nachtwache Jean de Harley (XIX), Untersuchungsrichter und Notare vom Châtelet wie Jean Mautaint und Pierre Basannier, einen Büttel mit Schlagstock mit Namen Perrenet Merchant (XXIII), zwei Kriminelle, Regnier de Montigny (XVII) und Philippe de Brunel (XVIII), die womöglich Coquillards waren, einen Schlächter und anerkannten Rohling, Jehan Trouvé (XXII), und zuletzt zwei Spitzel und Wasserschutzpolizisten, Loup und Cholet (XXIV). Sie alle haben vermutlich seinen Weg gekreuzt, als er, aus welchen Gründen auch immer, mit der Justiz zu tun bekam. Am Ende des *Kleinen Testaments* werden dann die Armen bedacht, was zur Formelhaftigkeit der Testamente hinzugehört: die Bettler (XXX), die Kranken in den Spitälern, die Bettelorden (XXXII), die armen Studenten (XXVII f.), die Gefängnisinsassen (XXIX), dann auch Geschäftsleute und persönliche Dienstleistende wie Barbier, Schuster und Höker, mit denen er öfter zu tun hatte (XXXI; XXXIII).

Diese Kenntnisse genügen aber immer noch nicht, um die Legate wirklich zu verstehen, denn ein jedes steht auch in Beziehung zum Familiennamen oder Beruf des Bedachten. Dies geschieht mittels Interpretatio nominis, Wortspiel oder lautlicher Assoziation, wie an drei unterschiedlichen Beispielen gezeigt werden soll. (Für die übrigen Fälle sei auf den Sachkommentar verwiesen.) In Str. XI wird als erster ein »maistre Ytier Merchant« bedacht, der auch im *Großen Testament* wieder vorkommt (T 970 und, anagrammatisch verschlüsselt, 198 f.). Villon vermacht ihm sein »schneidend scharfes Schwert aus Stahl«, das im übrigen für eine Zeche von sieben Sous versetzt ist und erst noch ausgelöst werden muß. Weiterhin soll er es mit Jehan le Cornu teilen. Das Schwert symbolisiert zunächst die adligen Neigungen Merchants (»marchand«, ›Kaufmann‹), der der »noblesse de robe« – dem Amtsadel im Unterschied zur »noblesse d'épée«, dem Schwertadel – angehört, aber eben »Kaufmann« heißt, was auf den einstigen Beruf der Familie vor der Nobilitierung verweist. Das »Schwert« ist aber auch deutlich sexuell konnotiert und meint dann das Membrum virile. Diese Konnotation wird erst durch den Namen des zweiten Erben, Jehan Cornu, evident, den Villon absichtlich »le Cornu« (den ›Gehörnten‹) nennt. Die beiden Erben und offenkundigen Rivalen benötigen das »Schwert«, die Manneskraft des Dichters – so insinuiert er –, um die Geliebte zu befriedigen. Ob Villon drittens die Sodomisierung als Strafe androht, vermag man nicht zu entscheiden, doch läge dies durchaus noch im Bereich der Satire. Es erweist sich bereits hier, daß die Legate in ihrer Polyvalenz kaum adäquat ins Deutsche übersetzt werden können, was nicht zuletzt mit den sprechenden Eigennamen zusammenhängt (soweit sie nach körperlichen und geistigen Eigenschaften, Berufen, Spitznamen, Herkunft usw. gebildet sind), die im französischen Original stehenbleiben müssen.

In Str. XIII wird ein »maistre Robert Valee« bedacht, ebenfalls ein Alters- und Studiengenosse Villons, der 1449 den Grad eines Lizentiaten der Rechte erworben hatte. Wie andere Mitglieder seiner Familie war er Anwalt, und man darf vermuten, daß Villon von ihm einen Dienst oder eine Gefälligkeit erbeten hatte, die er entweder gar nicht oder doch nur schlecht leistete:

Dem Anwalt, Herrn Robert Valee,
dem armen Schreiber beim Gericht
– was Berg, was Tal ist, weiß er nicht –,
bestimme ich als Hauptlegat,
daß man's ihm unverzüglich gibt,
die Hose, die »Zum Beinschutz« ist,
damit er draus Jehanne de Millieres
recht ehrbar eine Haube macht.

Die Kohärenz dieser Strophe ist bisher weder von den Kommentatoren noch von den Übersetzern erfaßt worden: Villon bildet mit dem Namen »Valee« (›Tal‹) eine Interpretatio nominis. Valee wird antiphrastisch zum »povre clergon en Parlement«, dem (geistig) armen Parlamentsschreiberlein, das den Unterschied zwischen Berg (»mont«) und Tal (»valee«), gemeint ist zwischen Oben und Unten, nicht kennt. Er ist entweder zu beschränkt oder übergescheit. Villon vermacht ihm seine »brayes«, seine »kurzen Hosen«, ein damals übliches Kleidungsstück. Sie sind wiederum nicht frei disponibel, sondern befinden sich »aux Trumillieres«, im Gasthaus »Zu den Beinschienen«, ebenfalls einem wichtigen Teil der Ritterrüstung. Ein erster Gag besteht darin, daß man die Zeile auch übersetzen kann: »die vor den Beinschienen hängen«, denn die Hosen wurden (wozu wohl?) heruntergelassen. Damit ist aber der Bereich des Unten (»valee«) angesprochen. Was soll der Erbe nun damit anfangen? Er soll für eine gewisse Jehanne de Millieres, von der die positivistische Forschung herausgefunden hat, daß am Parlement de Paris ein Prozeß gegen sie anhängig war, sie also nicht als besonders ehrbar galt, »auf ehrbare Weise eine Haube daraus machen«. Da die »Haube« die Kopfbedekkung der Matronen, der verheirateten Frauen, war – damit ist jetzt der Bereich des Oben anvisiert –, erklärt sich das »honnestement« (»auf ehrbare Weise«) als Anspielung auf den Lebenswandel von Valees Freundin, die vielleicht seine juristischen Dienste in Naturalien bezahlte. Oben und

Unten könnten dann auch auf die soziale Zugehörigkeit des Anwalts und der Dirne (?) anspielen.

Ein weiteres Mitglied der Familie Merchant, diesmal Perrenet Merchant, genannt »le Bastard de la Barre«, wird in Str. XXIII bedacht, ohne daß man seine Verwandtschaft mit Ytier bisher geprüft hätte. Auch er kommt im *Großen Testament* wieder vor, und zwar in V. 764 f., wo das vorliegende Legat vervollständigt wird, in V. 937 f. als Überbringer einer Ballade und in V. 1094 f. als Falschspieler:

> Item, dem Perrenet Merchant,
> auch Bastard de la Barre genannt,
> weil er ein guter »Händler« ist,
> laß ich drei Bündel Stroh als Erbe,
> um's auf dem Boden auszubreiten
> und Liebeshändel drauf zu leisten,
> womit sein Leben er verdient,
> denn andren »Handel« kennt er nicht.

Auch hier haben Kommentatoren und Übersetzer bisher den Sinnzusammenhang nicht erfaßt. Perrenet Merchant war »sergent à verge«, d. h. »Polizeibüttel mit Schlagstock«, am Châtelet. Villon nennt ihn sonst nur den »Bastard de la Barre« oder »Perrenet de la Barre«. Es muß dabei offenbleiben, ob er der illegitime Sohn eines Adligen la Barre war oder, was eher zu vermuten steht, daß »Bastard« ein Schimpfname ist, weil er vielleicht wirklich ein uneheliches Kind war oder dies doch unterstellt werden sollte. Das Wort »barre« ist vielschichtig und bedeutet soviel wie ›verge‹, ›bâton‹, also ›Stock‹ – man könnte ihn den »Bastard mit dem Schlagstock« nennen –, dann auch ›Gerichtsschranke‹, wohin er die Verbrecher führte, aber es bezeichnet natürlich auch den Bastardbalken, der das Wappen der unehelichen Abkömmlinge durchkreuzte, und zu guter Letzt die Rute, das »membrum virile«. Die vorliegende Strophe spielt abermals mit der Bedeutung des Familiennamen »Merchant« (›Kaufmann‹) bzw. hier »Kuppler« (»marchand d'amour«).

Die Strohbündel (»glyons de feurre«) bekommt Perrenet, weil Villon in der Fiktion immer noch seine aristokratische Habe verteilt, nach dem Vieh in Str. XXII jetzt die Streu, die gleichzeitig als improvisiertes Liebeslager für den professionellen Kuppler dient; indirekt ist damit auch die Reitmetaphorik, das Bespringen des Remontenhengstes (vgl. T 760 ff.), angesprochen.

Wir brechen an dieser Stelle die Beispielserie ab. Es soll in einem Ausblick noch gezeigt werden, daß auch das *Große Testament* ähnlichen Mechanismen gehorcht und ohne das *Kleine* nicht verstanden werden kann.

Das Große Testament

Das *Große Testament* ist wesentlich länger und unübersichtlicher als das *Kleine*, wofür es verschiedene Gründe gibt: Es könnte sein, daß sich seine Abfassung über mehrere Jahre erstreckt hat und die Zeitangabe 1461 (V. 81) nur dazu dient, die Lebensmitte zu markieren, in der sich der Dreißigjährige, vom »démon de midi« gepackt – wir würden heute von der »midlife-crisis« sprechen – über seine »condition humaine« Rechenschaft ablegt. Auch ist es möglich, daß Villon ältere Achtzeiler, die für das *Kleine Testament* bestimmt waren und verworfen wurden, oder sonstige Gelegenheitsballaden nachträglich in den größeren Zusammenhang des *Großen* einpaßte.

Bei genauem Hinsehen ähnelt das *Große Testament* dem *Kleinen* in Aufbau und Struktur – es handelt sich beide Male um Testamente mit aller dazugehörigen Formelhaftigkeit –, doch gibt es auffällige Unterschiede: Villon geht diesmal von der Fiktion des Sterbenden aus, dem auch noch die bitterste Sozialkritik erlaubt ist: »Der Sterbende darf alles sagen« (»Qui meurt a ses loix de tout dire«, V. 728) wird zur Schlüsselzeile. Weiterhin vertieft er das Armutsmotiv (XXXV f.). Immer wieder bezeichnet er sich als arm

(XXXIV), als armen Alten (»povre viellart«, V. 424), armen Liebhaber (V. 657), armen Scholaren (»ung povre petit escolier«, V. 1886), als armen Villon (»povre Villon«, V. 1997), der sich mit den anderen Armen, den Bettlern, Dirnen, Zuhältern, Findelkindern, Kranken, Blinden und alten Weibern, solidarisiert (XXIX–XXXI; CXLIV–CLX) und gegen die Reichen, die Pfandleiher, Wucherer, Geldeinnehmer, Pfennigfuchser und Pfeffersäcke, polemisiert (CI–CIV; CXIV–CXX; CXXVI f.; CLXVI–CLXIX). Mit der Armut verbindet sich das Alter, der Rückblick auf die verlorene Jugendzeit (XXII; XLIV; LXXI; LXXXII), das Erkennen der Sündhaftigkeit (V. 103, 105, 261, 294), der Gedanke an den nahenden Tod (XIV; XVI). Die häufigen Selbstanklagen legitimieren zugleich die Anklage der anderen, getreu dem biblischen Gleichnis vom reichen Mann und vom armen Lazarus, der nach dem Tod in Abrahams Schoß ruhen darf und dessen Mahnerrolle Villon übernimmt (vgl. Lk. 16,19–31 in Str. LXXXII).

Auch das *Große Testament* hat einen Rahmen, dessen erste Hälfte von Strophe I bis LXXIX reicht, also gut ein Drittel des Gesamtwerks ausmacht und dessen zweite Hälfte die Strophen von CLXXVI bis zum Ende, d. h. noch einmal 150 Verse, umspannt. In diesem Rahmen sind neben den in Testamenten üblichen Angaben alle Selbstaussagen und persönlichen Erfahrungen von Armut, Alter, Tod und Vergänglichkeit enthalten, die verallgemeinert werden können und vielfach Balladen bzw. Legate bilden, z. B. nach Baruch 3,16 (»Wo sind die Gebieter der Völker?«) die Motive des »Ubi sunt?« (V. 225, 329 ff., 493), nach Horaz (*Oden* I,11,8) die des »Carpe diem« (V. 537) und der Vanitas (XXVIII; XLVIII), das Motiv von Tod und Totentanz (XL ff., CLXXI), »verkehrte Welt« (LXVII–LXIX) usw. Aus dem *Kleinen Testament* greift Villon die Tradition des Melancholikers auf (V. 179), der schwarz wie eine Brom- oder Maulbeere, närrisch, traurig, sinnlich und schwach ist (vgl. auch den »vin morillon« in V. 2022, von dem er kurz vor seinem Ende kostet und welcher die dunkle Farbe mit dem Tod – »mort« – assoziiert), und ordnet sich damit abermals in die Tradition der satirisch-komischen Dichtung ein. Auch das Motiv des unglücklichen Liebhabers tritt wieder in Erscheinung (XXV; LXV–LXXI), um den zweiten Teil des Rahmens zu dominieren, bis in V. 2001, einer fast wörtlichen Reprise von L 47, Villons Ende als Märtyrertod im Dienst Amors hingestellt wird. Die treulose(n) Geliebte(n) erwähnt er diesmal namentlich: Rose, Marthe und Catherine de Vaucelles (LXV–LXX; XC–CIII). Dies dient der Satire, der Frauenschmähung, aber auch der Sozialkritik und dem Plädoyer für Huren, Alte und Betschwestern.

Neu ist am *Großen Testament* aber auch die scharfe Polemik gegen den Bischof von Orléans, Thibault d'Aucigny, der Villon offenbar in Meung-sur-Loire einkerkern ließ, wie gegen die kirchliche Gerichtsbarkeit ganz allgemein (I–VI; LXXIII f.; CXXIII–CXXV). Villon wendet sich an den König, wünscht ihm alles Gute und eine große Nachkommenschaft (VII–XI), die einem Bischof ohnehin verwehrt ist, und stellt das Testament, indem er für die staatliche und gegen die kirchliche Gewalt votiert, unter seine Schirmherrschaft. Dies ist besonders augenfällig, weil er sich offen als Sünder zu erkennen gibt, mithin den Trost der Kirche nötig hätte, aber den Bischof verspottet und ihm eine Behandlung nach dem alttestamentlichen »Auge um Auge, Zahn um Zahn« an den Hals wünscht (III f.). Vielleicht verbirgt sich dahinter eine Stellungnahme des Autors in der sich zuspitzenden Auseinandersetzung zwischen Kirche und Staat, geistlicher und weltlicher Rechtsprechung, oder der Versuch, auf den König in dem Sinne einzuwirken, daß die Pragmatische Sanktion von Bourges (1438) erhalten bleibe. Aus Haß gegen seinen Vater setzte Ludwig XI. sie am 27. November 1461 kurzfristig wieder außer Kraft, um dann definitiv den Einfluß der Staatsgewalt über die französische Nationalkirche zu sichern. Die Parabel von Kaiser

Alexander und dem Seeräuber Diomedes (XVII–XXI) steht für den hochherzigen Monarchen Ludwig XI. und den Coquillard und Einbrecher Villon, der nur hoffen und wünschen kann, einen ebenso gnädigen Alexander zu finden (V. 161 ff.).

Das *Große Testament* ist aber nicht nur lehrhaft-moralisierend, wenngleich stellenweise ernster als das *Kleine*, denn Villon ironisiert immer wieder das Sterben und retardiert es: Auf ganz naturalistische Ansätze (XLI; LXXI; LXXIX), die den Verfall des Körpers und die Leibesschwäche beschreiben, folgen Phasen der Erholung, in denen der Testierende erneut Zukunftspläne schmiedet (XXV; V. 665 ff.). Die Balladen, Rondeaux und Lais mit ihrer Liedhaftigkeit verleihen dem *Großen Testament* zusätzlich eine mitreißende Frische; die Legate gegen die Juristen des Châtelet, die nach wie vor den Löwenanteil ausmachen, haben nichts von ihrer Bösartigkeit eingebüßt. Mehrere Erben sind uns bereits aus dem *Kleinen Testament* bekannt, werden also zweimal bedacht, andere werden neu eingeführt, wieder andere ausgespart; warum Villon diese Unterschiede macht, wissen wir nicht.

Die Legate stehen abermals in Bezug zum Namen oder Beruf des Bedachten, doch wird dem Leser weniger sprachliche Phantasie abverlangt als im *Kleinen Testament*. Meist sind die Legate nutzlos, weil der Erbe sie schon besitzt oder nichts damit anfangen kann; neu ist, daß häufig offen auf Laster und Schwächen angespielt wird wie Trunksucht (IIC; CI; CXXIV; CXXXVII), Völlerei (CV), Impotenz oder übersteigerte Sexualgier (XCVII; CXL; CXXVIII; CLXXIX), Unehrlichkeit (CVIII; CXIV), Adelsmanie (CII), Streitsucht (CIX) und ähnliches mehr. Wurden die Legate im *Kleinen Testament* vielfach entmaterialisiert, da sie nur als Bilder (Wirtshausschilder oder Hausmarken) existierten, sind im *Großen* mehrfach Balladen und Gedichte das Legat, was die Einfügung derartiger Texte geschickt sanktioniert (ab der »Ballade pour prier Nostre Dame«, V. 873–909, bis zur »Bergeronnecte«, V. 1784–95).

Es kann keinem Zweifel unterliegen, daß der Verfasser bewußt die Tradition der höfischen neuplatonischen Lyrik parodiert, d. h. sie mit den gleichen Ideen und Stilmitteln in ihr Gegenteil verkehrt. Diese Tendenz wird vor dem Hintergrund der zeitgenössischen Wirklichkeit verständlich. Villon ist ein Dichter der Stadt, der Stadt Paris, die zwar im Hundertjährigen Krieg (1339–1453) gelitten hat, aber sich doch schnell wieder erholt. In diesem Krieg ist die französische Aristokratie schwer gebeutelt worden und verlor Glanz und Ansehen. Dies begann in der Schlacht bei Crécy (1346), in der die englischen Formationen einfacher Bogenschützen und geschickt eingesetzte hölzerne Kanonen leicht mit den französischen Ritterheeren fertig wurden, die noch an die Turnierregeln glaubten und die Handschuhe ihrer Herzensdamen am Helm trugen. Sie lernten nur wenig aus dieser vernichtenden Schlappe, denn 1356 bei Maupertuis ging es ihnen ähnlich, abermals 1415 bei Azincourt. Auch waren in Paris Volksaufstände an der Tagesordnung, bei denen sich Studenten und Handwerker verbündeten und der Monarchie zeigten, daß sie in ihren Augen vielleicht zwar keine »Ehre« besaßen, aber daß vor allem sie das Heer der Steuerzahler stellten und das Land nach all den Verwüstungen allein wieder aufbauen konnten. Ohne das einfache Bauernmädchen Johanna (V. 349 f.) wäre Frankreich verloren gewesen. Als eines der Hauptergebnisse des Hundertjährigen Krieges bleibt festzuhalten, daß er dem höfisch-aristokratischen Geist des Mittelalters das Totenglöcklein läutete. Damit ging auch dessen Literatur, die Ritterromane und die Liebeslyrik, langsam unter. Zwar hatte es schon immer als Gegenbild gegen die neuplatonische Dichtung eine erdverbundene, sozialkritische, satirisch-komische Gegenbewegung gegeben (z. B. die lateinische Vagantenlyrik eines Hugo von Orléans, Walter von Châtillon oder Archipoeta), doch blühte sie vor allem dann, wenn sich in wirtschaftlich erstarkenden Städten eine intellektuelle Elite herausbildete, so im Umbrien und der Toskana des 13. und 14. Jahrhunderts (Cecco Angiolieri, Rustico di Filippo, Bindo Bonichi, Niccolò del Rosso usw.). Da verwundert es nicht, daß sich mit dem Namen Villon auch in Frankreich eine ähnliche Tendenz breitmacht. Nur vordergründig ist nämlich Villon ein Märtyrer der höfischen Liebe; in Wirklichkeit verkehrt er sie in allem in ihr Gegenteil: Die Frauen sind lüstern, wie es ihrer Natur entspricht (V. 611). Sie wollen es mit allen Männern treiben (LX–LXII) und tun es vorzugsweise für Geld (LIX). Die Liebe macht daher dumm und ist gefährlich (V. 625–656), doch zur Strafe vergeht die weibliche Schönheit nur allzu bald (XLVI–LVI; V. 533–560; 942–969), so daß den alternden Frauen nur noch Bedauern und Resignation bleibt. Zwischen dem unglücklichen Liebhaber und den Frauen wird auf diese Weise eine Art Gleichgewicht hergestellt.

Was versteht man, kurz gesagt, unter neuplatonischer Liebe? Sie beruht auf einer Dreieckskonstellation, an der Amor, die Herrin und der Liebende beteiligt sind, und zwar in dieser hierarchischen Abfolge. Diese Liebe ist unsinnlich, nicht auf Vollzug gerichtet. Die Geliebte ist ein Abbild des Guten und Schönen, des »Kalokagathon«. Wenn der Liebende sie erblickt, dringt ihr Bild durch seine Augen ins Herz, den Sitz der Seele. Er will sich ihr, von Liebe ergriffen, nähern und auf das Niveau ihrer Schönheit und Güte heraufsteigen. Denn Liebe ist Veredelung, bedeutet moralische Besserung. Die Herrin ist jung, schön und unnahbar. Durch den Verzicht wird der Liebende zwar in unglaubliche Qual gestürzt, doch bewirkt gerade die Sublimierung des Liebesschmerzes seine Läuterung. Es versteht sich von selber, daß Liebender und Geliebte Geistesaristokraten sind.

Villon tut zwar so, als sei er in diesem Sinn ein Liebesmärtyrer (LXV), aber wir sahen schon, wie die Sprache das Gegenteil von Idealität zum Ausdruck bringt. Die weiteren Stilisierungen, die wir bereits angedeutet haben, beweisen ebenfalls seinen Antiidealismus: Er ist ein »paillard«, ein Lüstling (V. 1622), ein »pêcheur«, ein Sünder (V. 103, 105), ein Coquillard und Verbrecher, ein armer Habenichts, ein Melancholiker und Vagabund. Dementsprechend ist auch die Frau nicht mehr eine hohe Herrin, die Liebe kein unsinnlicher Veredelungsprozeß. Neu ist jedoch im Vergleich mit der mittelalterlichen Frauenschmähung, dem »vituperium feminae«, daß sich Villon mit den Frauen auf eine Stufe stellt (V. 1625) und seiner Kritik dadurch eine neue Dimension beimißt. Was hier für die Frauensatire ausgeführt wurde, gilt mutatis mutandis auch für alle anderen Gruppensatiren. Villon setzt sich selber herab, begibt sich auf das Niveau seiner »Opfer«, um dadurch nur um so sachkundiger und überzeugender zu kritisieren.

Ein Schema, das die Erben im wesentlichen nach ihrer sozialen Gruppenzugehörigkeit ordnet, soll ein rasches Zurechtfinden im *Großen Testament* ermöglichen (S. 31–35).

Übersetzungen

Die Dichtungen, die unter dem Namen von François Villon zirkulieren, sind in Deutschland durch zahlreiche Übersetzungen und Nachdichtungen bekannt, seit Karl Klammer (d. i. K. L. Ammer) 1907 den Deutschen als erster »ihren Villon« schenkte (eine Version, auf die Bert Brecht in der *Dreigroschenoper* zurückgriff) oder Paul Zech 1931 *Die Balladen und lasterhaften Lieder des Herrn François Villon in deutscher Nachdichtung* vorlegte. Sieht man von einzelnen Übertragungen in Gedichtanthologien ab, in die meist nur Balladen aus dem *Großen Testament* aufgenommen werden, die unabhängig und losgelöst vom Kontext stehen, wurde das *Kleine* insgesamt sechsmal (K. L. Ammer, 1907; Paul Zech, 1931; Martin Löpelmann, 1937; Walther Küchler, 1956; Carl Fischer, 1963; Martin Remané, 1964), das *Große* außer von den Genannten noch fünfmal separat übersetzt (Joseph Chapiro, 1931; Wolfgang Benndorf, 1937;

Walter Widmer, 1949; Nora Urban, 1967; Ernst Stankovski, 1981). Mit Ausnahme der Prosafassung Chapiros sind alle Übertragungen gereimt, doch gelingt es keinem Übersetzer, die Legate, deren Sinn sich nur bei genauer Kenntnis des mittelfranzösischen Originals und der Zeit- und Ortsgeschichte von Paris erschließt, im Deutschen nachzuahmen.

Angesichts dieser Zahl von Übersetzungen stellt sich zwangsläufig die Frage nach der Notwendigkeit einer weiteren Übertragung. Hierauf gibt es mehrere Antworten: Die ästhetisch interessanten Fassungen sind eher Nachdichtungen oder weisen Überlängen auf (Widmer); auch enthalten sie gelegentlich (Ammer; Zech) apokryphe Texte aus zeitgenössischen Sammlungen, die mit Villon nichts zu tun haben. Die philologisch genaueren Übertragungen sind z. T. schwerfällig (Löpelmann; Küchler), zudem vielfach im Buchhandel vergriffen (Benndorf; Löpelmann; Fischer), andere (Stankovski) sind weder künstlerisch noch historisch-philologisch interessant. Auch bieten einige einen veralteten Basistext, der nicht den Erkenntnissen der neuesten Villon-Philologie Rechnung trägt.

Die vorliegende Übersetzung umfaßt beide Testamente, da das *Kleine* nicht ohne das *Große* verständlich ist und umgekehrt. Sie verzichtet auf den Reim und bietet stattdessen eine rhythmisierte Fassung, die die Achtsilber durch vierhebige Jamben wiedergibt, ohne sich um männlichen oder weiblichen Versausgang zu kümmern. Am Ende schließt sich ein ausführlicher Wort- und Sachkommentar an, der alle Anspielungen auf Personen, Orte und Ereignisse auflöst und sprachlich schwierige Passagen erklärt. Im Einzelfall soll die Entscheidung des Übersetzers für eine von mehreren Möglichkeiten transparent gemacht und das philologische Schwergewicht dieser Ausgabe unterstrichen werden. Als Textausgabe wird die von Jean Rychner und Albert Henry (»Textes littéraires français«) zugrunde gelegt, deren Lesarten die Erkenntnisse der Vorgänger mustergültig zusammenfassen und in vielen Einzelheiten noch verbessern.

Von dieser Ausgabe wurde nur ganz selten (L 155; 228; T 662; 1715; 1901) abgewichen. Auch der Kommentar von Rychner und Henry erwies sich in allen Fragen und Zweifelsfällen als außerordentlich gründlich und hilfreich und wurde oft für meinen eigenen Kommentar benutzt, desgleichen der von André Lanly, dem eine adäquate neufranzösische Übertragung vorausgeht, die anhand von Rychner und Henry revidiert wurde.

Bauplan des Großen Testaments

Der Erblasser (1. Teil)

Zeitpunkt des Testierens (I–XI)

Erster Ansatz zum »Testament«; erste Kritik an Bischof Thibault d'Aucigny (I–VI)
Dank an und Lob für König Ludwig XI. (VII–IX)
Zweiter Ansatz zum »Testament« (X–XI)

Innerer Zustand Villons im Augenblick des Testierens; Rückblicke (XII–LXXI)

Der Sünder (XII–XVI)
»Diomedes und Alexander« (XVI–XXI)
Jugend und Alter (XXII–XXIX)
Arm und Reich (XXX–XXXVI)
Tod und Vergänglichkeit (XXXVII–XLVI)
»Ballade des dames du temps jadis« (»Ballade von den Damen vergangener Zeiten«) (329–356)
»Ballade des seigneurs du temps jadis« (»Ballade von den Herren vergangener Zeiten«) (357–384)
»Ballade en vieil langage françois« (»Ballade in altertümlichem Französisch«) (385–412)
Klagen der Schönen Helmschmiedin (XLVII–LVI)
»Ballade ›La belle Heaulmiere aux filles de joie‹« (»Ballade der ›Schönen Helmschmiedin an die Freudenmädchen‹«) (533–560)
Dritter Ansatz zum »Testament« (LVII)
Die Gefahren der Liebe
»Double Ballade sur le mesme propos« (»Doppelballade über denselben Gegenstand«) (625–672)
Persönliche Liebeserfahrung (LXV–LXXI)

Endgültiger Beginn des »Testaments« (LXXII–LXXXIV)

Todesahnung (LXXII)
Zweite Anklage gegen Thibault d'Aucigny (LXXIII–LXXIV)

Erinnerung an das »Lais« (LXXV–LXXVII)
Abfassung des »Testaments« (LXXVIII–LXXIX)
Präambel und theologische Abschweifungen über die Gleichheit vor dem Tod (LXXX–LXXXIV)

Die Legate

Gott und die Angehörigen (LXXXV–XCIV)

la gloriëuse Trinité (die Dreifaltigkeit) (LXXXV)
nostre grant mere la terre (die große Mutter Erde) (LXXXVI)
maistre Guillaume de Villon, mon plus que pere (Ziehvater) (LXXXVII–LXXXVIII)
ma povre mere (Mutter) (LXXXIX)
»Ballade pour prier Notre Dame« (»Ballade, um zur Gottesmutter zu beten«) (873–909)
ma chiere rose (die Geliebte, »Rose«) (XC–XCIII)
»Ballade a s'amye« (»Ballade an seine Freundin«) (942–969)
Ythier Merchant (Rivale?) (XCIV)
»Lay« (»Lied«) (978–989)

Kreditgeber (XCV–CIII)

maistre Jehan Cornu (Steuereinnehmer; noch Rivale?) (XCV–XCVI)
maistre Piere Saint Amant; sa femme (Hausbesitzer, königlicher Schatzbeamter; seine Frau) (XCVII)
sire Denis Hyncelin, esleu de Paris (Friedensrichter; Vorsteher der Kaufmannschaft) (XCVIII)
maistre Guillaume Charüau, mon advocat (IC)
Fournier, mon procureur (Rechtsbeistand) (C)
maistre Jacques Raguier (Oberküchenmeister) (CI)
Merebuef; Nicolas de Louviers (Tuchhändler) (CII)
Robert Turgis (Tavernenbesitzer) (CIII–CIV)

Polizisten (CV–CXV)

Jehan Raguier, sergent des Douze (Berittener der Leibwache des Prévôt de Paris) (CV)

Prince des Sotz (Prinz der Narrenzunft), erhält Michault du Four (Polizeibüttel) (CVI)
Unze Vings sergens (Fußsoldaten) erhalten Denis Richier und Jehan Valecte (Polizisten) (CVII)
Perrenet, le bastart de la Barre (Polizeibüttel) (CVIII)
Chollet (Polizist und Wachsoldat) (CIX)
Jehan le Lou, homme de bien et bon merchant (Polizeispitzel und Gesundheitspolizist) (CX)
Jehan Mahé, genannt l'Orfevre de Boys (Goldschmied und Polizist?) (CXI)
Jehan Riou, cappitaine des archiers (Hauptmann der Bogenschützen) (CXII–CXIII)
Robinet Trouscaille (Polizist?) (CXIV)
Perrot Girard, barbier juré du Bourg la Royne (Zunftbarbier?) (CXV)

Ordensleute; kirchliche Gerichtsbarkeit (CXVI–CXXV)

Freres mendïans (Bettelmönche); Devotes, Beguines (religiöse Frauengemeinschaften) (CXVI–CXIX)
frere Baude (de la Mare), demourant en l'ostel des Carmes (Karmelitermönch) (CXX)
le seelleur de l'Eveschié (Siegelbewahrer beim Bischofsgericht) (CXXI)
la petite Macee d'Orleans (Maître Macé, Richter) (CXXII)
Françoys de la Vacquerie, promocteur (Ankläger) (CXXIII)
maistre Jehan Laurens (Ankläger) (CXXIV)
Jehan Cotart, procureur en court d'Eglise (Rechtsbeistand am kirchlichen Gerichtshof) (CXXV)
»Ballade et oroison« (»Ballade und Gebet für Jean Cotard«) (1238–65)

Wucherer und Reiche (CXXVI–CXXXVII)

le jeune (Germain) Marle (Geldwechsler) (CXXVI)
mes troys povres orphelins (drei »Waisen«: Colin Laurens, Girard Gossouyn, Jean Marceau) (CXXVII–CXXX)
mes povres clergons (arme »Studenten«: Guillaume Cotin, Thibaut de Victry; Parlamentsräte und wohlhabende Kanoniker) (CXXXI–CXXXIV)

Michault Cul d'Ou; sire Charlot Tarrenne (reiche Bürger von Paris) (CXXXV)
seigneur de Grigny (Philippe de Brunel, Grundherr) (CXXXVI)
Jehan (= Thibault) de la Garde (Großkaufmann) (CXXXVII)

Juristen am Châtelet und Verwaltungsbeamte
(CXXXVIII–CXLIII)

Basennier, noctaire et greffier criminel; Mautaint; Rosnel (Notare und Untersuchungsrichter) (CXXXVIII)
le seigneur qui sert saint Christofle (Robert d'Estouteville, Prévôt de Paris) (CXL)
»Ballade pour Robert d'Estouteville« (»Ballade für Robert d'Estouteville«) (1378–1405)
Jehan Perdriel; Françoys son second frere (Verwaltungsbeamte in verschiedenen Funktionen) (CXL–CXLI)
»Ballade des langues ennuyeuses« (»Ballade von den Lästerzungen«) (1422–56)
Andry Courault (Rechtsbeistand) (CXLII–CXLIII)
Ballade »Les Contreditz Franc Gontier« (»Widerlegung von Franc Gontier«) (1473–1506)

Gesellschaftliche Randexistenzen und Ausgestoßene
(CXLIV–CLXIX)

Madamoiselle de Bruyeres (Catherine de Béthisy, eine bigotte Frau) (CXLIV)
»Ballade des femmes de Paris« (»Ballade von den Frauen von Paris«) (1515–42)
mont de Montmertre (dekadentes Frauenkloster) (CXLVI)
varletz et chamberieres (Diener und Zofen) (CXLVII)
filles de bien (die ehrbaren Mädchen) (CXLVIII–CXLIX)
la Grosse Margot (Prostituierte) (CL)
»Ballade de la Grosse Margot« (»Ballade von der dicken Margot«) (1591–1627)
Marïon l'Idolle; la grant Jehanne de Bretaigne (Prostituierte) (CLI)
Noel Jolis (Zuhälter?) (CLII)
l'Ostel Dieu; povres hospitaulx (Spitäler) (CLIII)
Colin Galerne, mon barbier (Barbier und Bader) (CLIV)
Enffans trouvés et perduz (Findelkinder) (CLV–CLIX)

»Ballade de bonne doctrine« (»Ballade von der rechten Lebensweise«) (1692–1719)
.XV. Vings de Paris (die 300 Blinden von Paris) (CLX)
testes entassees en ces charniers (die Totenschädel der Toten im Beinhaus) (CLXI–CLXIV)

Legate an Personen, die vorher vergessen wurden (?) (CLXVI–CLXXIII)

Jacquet Cardon (reicher Tuch- und Strumpfhändler) (CLXVI)
»Bergeronnecte« (»Schäferlied«) (1784–95)
maistre Lomer (Kanoniker von Notre-Dame) (CLXVII)
amans enfermes (die Liebeskranken) (CLXVIII)
maistre Jacques James (Dampfstubenbesitzer, Bordellwirt) (CLXIX)
le camus seneschal (Pariser Bürger oder hoher Hofbeamter) (CLXX)
le chevallier du guet (Anführer der Pariser Nachtwache) (CLXXI)
Chappelain (Aufsichtsbeamter am Châtelet) (CLXXII)

Der Erblasser (2. Teil)

Die Beisetzung (CLXXIII–CLXXXVI)

Vollmacht für Jehan de Calaiz, honnorable homme (Notar am Châtelet und Testamentsprüfer) (CLXXIII–CLXXV)
Beisetzungswünsche; Anweisungen für das Grab und die Grabinschrift (CLXXVI–CLXXVII)
Epitaph (CLXXVIII)
»Verset« (»Versikel«) (1892–1903)
Die Glöckner (Volant; Jehan de la Garde) (CLXXIX–CLXXX)
Die Testamentsvollstrecker (Mertin Bellefoye; sire Colombel; Michiel Juvenel; Phelippe Bruneau; Jacques Raiguier; Jacques James) (CLXXXI–CLXXXIV)
Des testamens le Maistre, Thomas Tricquot (Testamentsrevisor) (CLXXXV)
luminaire, Kerzenschmuck (Guillaume du Ru) (CLXXXVI)
»Ballade de mercy« (»Ballade des Erbarmens«) (1968–95)
»Ballade de conclusion« (»Abschließende Worte des Leichenbitters«) (1996–2023)

Le Lais
Das Kleine Testament

I

L'an quatre cens cinquante six,
Je, Françoys Villon, escollier,
Considerant, de sens rassis,
Le frain aux dens, franc au collier,
Qu'on doit ses euvres conseillier,
Comme Vegece le racompte,
Saige Rommain, grant conseillier,
Ou autrement on se mescompte . . .

II

En ce temps que j'ay dit devant,
Sur le Noël, morte saison,
Que les loups se vivent du vent
Et qu'on se tient en sa maison,
Pour le frimas, pres du tyson,
Me vint ung vouloir de briser
La tres amoureuse prison
Qui faisoit mon cueur debriser.

III

Je le feiz en telle façon,
Voyant celle devant mes yeulx
Consentant a ma deffaçon
Sans ce que ja luy en fust mieulx;
Dont je me dueil et plains aux cieulx,
En requerant d'elle vengence
A tous les dieux venerïeux,
Et du grief d'amours allegence.

I

Im Jahre vierzehnsechsundfünfzig
hab ich, Françoys Villon, Scholar,
als ich bedachte, klaren Sinns,
den Zaum im Maul und angeschirrt,
daß vor der Tat man überlegt,
wie es Vegetius uns erklärt,
der weise Römer, der gut rät,
wo nicht, verkalkuliert man sich . . .

II

Zu diesem Zeitpunkt, wie gesagt,
um Weihnacht, jene tote Zeit,
wo sich vom Wind die Wölfe nähren
und gerne man zu Hause bleibt,
der Kälte wegen, dicht beim Herd,
kam mir ein Plan, daß ich zerbräche
den Kerker meiner Liebespein,
der ständig mir mein Herz zerbrach.

III

Und wie beschlossen, ward's getan,
weil jene ich vor Augen sah,
die meinen Untergang gewollt,
obwohl's ihr keinen Vorteil brachte;
drob klag den Himmeln ich mein Leid
und bitte alle Liebesgötter,
sie zu bestrafen und zugleich
mir meine Liebespein zu lindern.

IV

Et se j'ay prins en ma faveur
Ses doulx regars et beaux semblans
De tres decevante saveur
Me tresparsans jusques aux flans,
Bien ils ont vers moy les piés blancs
Et me faillent au grant besoing:
Planter me fault aultres complans
Et frapper en ung aultre coing.

V

Le regart de celle m'a prins
Qui m'a esté felonne et dure;
Sans ce qu'en riens j'aye mesprins,
Veult et ordonne que j'endure
La mort et que plus je ne dure.
Si n'y vois secours que fouïr;
Rompre veult la vive soudure
Sans mes piteulx regretz ouïr.

VI

Pour obvier a ses dangers,
Mon mieulx est, ce croy, de partir.
A Dieu! Je m'en vois a Angers,
Puis qu'el ne me veult impartir
Sa grace ne me departir.
Par elle meurs, les menbres sains;
Au fort, je suys amant martir,
Du nombre des amoureux sains.

IV

Hab ich als günstig ausgelegt
die sanften Blicke, holden Züge,
die voll verräterischer Süße
bis an die Hüften mich durchbohrten,
so war'n sie treulos doch wie Schecken,
unzuverlässig in der Not:
Muß andre Felder drum bebaun,
in andre Stempel Münzen schlagen.

V

Mich nahm der Blick von *der* gefangen,
die zu mir hart und treulos war;
und ohne, daß ich was verbrochen,
will und befiehlt sie, daß ich leide
den Tod und nicht mehr länger lebe.
So bleibt als Ausweg mir nur Flucht;
sie will die Lötverbindung brechen,
mein klagend Elend nicht erhören.

VI

Um zu begegnen ihrem Drohn,
ist's, glaub ich, besser fortzugehn.
Adieu! Ich will nach Angers ziehn,
da sie mir ihre Gunst nicht schenkt,
als Ganzes nicht und nicht geteilt.
Für sie sterb ich, an Gliedern heil,
kurz, Liebesmärtyrer ich bin,
zähl zu den Liebesheiligen gar.

VII

Combien que le depart me soit
Dur, si fault il que je l'eslongne;
Comme mon povre sens consoit,
Aultre que moy est en quelongne,
Dont oncques soret de Boulongne
Ne fut plus alteré d'humeur.
C'est pour moy piteuse besongne:
Dieu en veuille ouÿr ma clameur!

VIII

Et puys que departir me fault
Et du retour ne suys certain
(Je ne suys homme sans deffault,
Ne qu'aultre d'assier ne d'estain;
Vivre aux humains est incertain
Et aprés mort n'y a relaiz)
– Je m'en vois en pays lointain –,
Si establis ce present laiz.

IX

Premierement, ou nom du Pere,
Du Filz et du Saint Esperit,
Et de sa glorïeuse Mere
Par qui grace riens ne perit,
Je laisse, de par Dieu, mon bruyt
A maistre Guillaume Villon,
Qui en l'onneur de son nom bruyt,
Mes tentes et mon pavillon.

VII

Wie schwer mir auch der Abschied fällt,
entfernen muß ich mich von ihr;
mein alberner Verstand begreift's:
ein andrer Strang ist auf dem Rocken!
Drum war kein Bückling von Boulogne
je ohne Saft, wie ich es bin.
Das ist für mich ein schlimmes Spiel:
Wollt' Gott mein Flehen doch erhören!

VIII

Da ich nun einmal scheiden muß,
nicht weiß, ob je ich wiederkehre
(bin ja kein fehlerloser Mensch,
auch nicht aus Stahl, nicht mal aus Zinn;
die Lebenszeit ist ungewiß,
kein Aufschub bleibt mehr nach dem Tod)
– auch reis ich in ein fernes Land –,
errichte ich dies Testament.

IX

Zum ersten, in Gott Vaters Namen,
des Sohnes und des Heiligen Geists,
auch dem der Mutter, hochgeehrt,
dank deren Gnade nichts vergeht,
will meinen Ruf, das walte Gott,
ich Herrn Guillaume Villon vererben,
der nur erklingt zu seiner Ehr,
auch meine Zelte und mein Wappen.

X

Item, a celle que j'ay dit
Qui si durement m'a chassé
Que je suis de joye interdit
Et de tout plaisir dechassé,
Je lesse mon cueur enchassé,
Palle, piteux, mort et transy.
Elle m'a ce mal pourchassé,
Mais Dieu luy en face mercy!

XI

Item, a maistre Ytier Merchant,
Auquel je me sens tres tenu,
Laisse mon branc d'acier tranchant,
Et a maistre Jehan le Cornu,
Qui est en gaige detenu
Pour ung escot sept solz montant;
Je veul, selon le contenu,
Qu'on leur livre . . . en le rachetant!

XII

Item, je laisse a Sainct Amant
Le Cheval blanc avec *la Mule*,
Et a Blaru mon dÿamant
Et *l'Asne royé* qui recule.
Et le decret qui articule
Omnis utriusque sexus
Contre la Carmeliste bulle
Laisse aux curés pour mettre sus.

X

Item vermach ich jener da,
die mich so grausam fortgejagt,
daß alle Freude mir verwehrt
und keine Lust mir mehr erlaubt,
mein Herz, gefaßt in einen Schrein,
ganz bleich und elend, tot und starr.
Sie hat dies Unheil mir bewirkt,
doch möge Gott ihr gnädig sein!

XI

Item, ich laß Ytier Merchant,
dem ich mich sehr verpflichtet weiß,
mein schneidend scharfes Schwert aus Stahl,
auch Meister Jehan le Cornu,
das leider grad verpfändet ist
für eine Zechschuld: sieben Sous;
sie solln's, so lautet ja mein Text,
bekommen . . . wenn sie's eingelöst.

XII

Item vermach ich Sainct Amant
zum *Weißen Roß* das *Maultier* noch,
und Blaru meinen Diamant,
das *Zebra* auch, das rückwärts geht.
Und den Artikel des Dekrets
Omnis utriusque sexus
laß ich den Pfarrern, will ihn gegen
die Karmeliterbulle setzen.

XIII

Et a maistre Robert Valee,
Povre clergon en Parlement
Qui n'entent ne mont ne valee,
J'ordonne principalement
Qu'on luy baille legierement
Mes brayes, estans *aux Trumillieres*,
Pour coyffer plus honnestement
S'amye Jehanne de Millieres.

XIV

Pour ce qu'il est de lieu honneste
Fault qu'il soit mieulx recompensé,
Car le Saint Esperit l'admoneste,
Obstant ce qu'il est insensé.
Pour ce, je me suis pourpensé,
Puis qu'il n'a sens ne q'une aulmoire,
De recouvrer sur Mau Pensé,
Qu'on luy baille, l'*Art de memoire*.

XV

Item, pour assigner la vie
Du dessus dit maistre Robert,
Pour Dieu, n'y aiés point d'envye,
Mes parens, vendés mon haubert,
Et que l'argent, ou la plus part,
Soit emploié dedens ces Pasques
A acheter a ce poupart
Une fenestre emprés Sainct Jacques.

XIII

Dem Anwalt, Herrn Robert Valee,
dem armen Schreiber beim Gericht
– was Berg, was Tal ist, weiß er nicht –,
bestimme ich als Hauptlegat,
daß man's ihm unverzüglich gibt,
die Hose, die *Zum Beinschutz* ist,
damit er draus Jehanne de Millieres
recht ehrbar eine Haube macht.

XIV

Und weil er stammt aus gutem Haus,
soll er ein beßres Erbe haben,
denn das befiehlt der Heilige Geist,
auch hat er »Zins« nicht und »Verstand«.
Und weil, so hab ich mir gedacht,
er »Sinn« nur hat für *einen* Schrank
– er hol sie bei Frau Dummheit ab –,
geb man ihm die *Gedächtniskunst*.

XV

Item, zum Lebensunterhalt
des vorgenannten Herrn Robert
– bei Gott, beneidet ihn doch nicht –,
ihr Vettern, nehmt mein Kettenhemd,
verkauft's, und den Erlös, zum Teil,
soll man bis Ostern drauf verwenden,
um diesem kleinen Schelm zu kaufen
ein Ladenfenster bei Saint-Jacques.

XVI

Item, laisse et donne en pur don
Mes gans et ma houcque de soye
A mon amy Jacques Cardon,
Le glan aussi d'une saulsoye,
Et tous les jours une grasse oye
Et ung chappon de haulte gresse,
Dix muys de vin blanc comme croye,
Et deux procés, que trop n'engresse.

XVII

Item, je lessë a noble homme
Regnier de Montigny trois chiens;
Aussi a Jehan Raguier la somme
De cent frans prins sur tous mes biens;
Mais quoy? Je n'y comprens en riens
Ce que je pourray acquerir:
L'en ne doit trop prendre des siens
Ne ses amys trop surquerir.

XVIII

Item, au seigneur de Grigny
Laisse la garde de Nygon
Et six chiens plus qu'a Montigny,
Vicestre, chastel et donjon;
Et a ce malostru changon,
Moutonnier, qui le tient en procés,
Laisse troys coups d'un escourgon
Et coucher paix et aise es ceps.

XVI

Item vermach ich schuldenfrei
ein Handschuhpaar, mein Seidencape
dem lieben Freunde Jacques Cardon,
auch Eicheln eines Weidenbuschs
und eine fette Gans pro Tag
nebst einem dicken Mastkapaun,
zehn Scheffel Wein, wie Kreide weiß,
Prozesse – zwei, um schlank zu bleiben.

XVII

Item laß ich dem Edelmann
Regnier de Montigny drei Hunde;
auch laß ich Jehan Raguier die Summe
von hundert Francs aus meiner Habe.
Doch halt! Da rechne ich nicht ein,
was ich mir noch erwerben kann:
Zuviel nehm' man den Seinen nicht
noch überfordre man die Freunde.

XVIII

Item, dem Herren von Grigny
laß ich zur Aufsicht Schloß Nigeon,
sechs Hunde mehr als Montigny,
Bicêtre auch mit Burg und Turm;
ich laß dem üblen Wechselbalg
Mouton, der mit ihm prozessiert,
drei Schläge mit dem Bügelriemen,
auch soll im Block er friedlich ruhn.

XIX

Item, au Chevalier du guet,
Le Hëaulme luy establis,
Et aux pietons qui vont d'aguet
Tastonnans par ces establis,
Je leur laissë ung beau riblis,
La Lanterne a la *Pierre au Let*,
Voire, mes j'aray *les Troys Lis*,
S'ilz me mainent en Chastellet.

XX

Et a maistre Jacques Raguier
Laisse *l'Abeuvroir Popin*,
Perches, poivré; au *Gros Figuier*
Tous jours le choiz d'un bon loppin,
Le trou de *la Pomme de Pin*,
Cloz et couvert, au feu la plante,
Enmaillotté en jacopin,
Et qui vouldra planter si plante!

XXI

Item, a maistre Jehan Mautaint
Et maistre Pierre Basannier,
Le gré du seigneur qui attainct
Troubles, forfaiz, sans espargnier;
Et a mon procureur Fournier,
Bonnetz cours, chausses semelees
Taillees sur mon cordouennier,
Pour porter durant ces gelees.

XIX

Item, setz für den Wachhauptmann
ich gleich den *Helm* als Erbe fest;
den Fußsoldaten, die bedacht
sich durch der Händler Stände tasten,
laß ich ein schönes Diebesgut,
am *Milchstein* nämlich die *Laterne*;
doch die *Drei Lilien* sind für mich,
wenn sie ins Châtelet mich führen!

XX

Und Maistre Jacques Raguier
laß ich als Erbe *Popins Tränke*,
auch Barsch in Pfeffer; in der *Feige*
wähl' er sich täglich einen Happen;
dazu das Loch *Zum Tannenzapfen*
als Unterschlupf, den Fuß am Feuer
in eine Kutte eingemummelt,
und wer da »säen« will, der »säe«!

XXI

Item, für Maistre Jehan Mautaint
und Maistre Pierre Basannier
die Gunst des Herrn, der rücksichtslos
Verbrecher jagt und Störenfriede;
mein Rechtsbeistand Fournier erhält
zu Scheitelkäppchen Sohlenstrümpfe,
bei meinem Schuster zugeschnitten
und während dieses Frosts zu tragen.

XXII

Item, a Jehan Trouvé, boucher,
Laisse *le Mouton*, franc et tendre,
Et ung tacon pour esmouchier
Le Beuf couronné qu'on veult vendre,
Et *la Vache*, qui pourra prendre
Le villain qui la trousse au col:
S'il ne la rend, qu'on le puist pendre
Et estrangler d'un bon licol!

XXIII

Item, a Perrenet Merchant,
Qu'on dit le Bastard de la Barre,
Pour ce qu'il est ung bon merchant,
Luy laisse troys gluyons de feurre
Pour estendre dessus la terre
A faire l'amoureux mestier,
Ou il luy fauldra sa vie querre,
Car il ne scet autre mestier.

XXIV

Item, au Loup et a Cholet
Je laisse a la foys ung canart
Prins sur les murs, comme on souloit,
Envers les fossés, sur le tart,
Et a chacun ung grant tabart
De cordelier jusques aux piez,
Busche, charbon, des poys au lart,
Et mes houseaulx sans avanpiez.

XXII

Item, dem Fleischer Jehan Trouvé
laß ich den *Hammel*, gut und zart,
nebst einer Klatsche für die Fliegen
am *Kronenochsen*, der zum Kauf steht,
auch an der *Kuh*, fängt man den Schelm,
der sie sich auf den Buckel lädt:
Gibt er sie nicht, ach könnte man
mit einem Halfter ihn erwürgen!

XXIII

Item, dem Perrenet Merchant,
auch Bastard de la Barre genannt,
weil er ein guter »Händler« ist,
laß ich drei Bündel Stroh als Erbe,
um's auf dem Boden auszubreiten
und Liebeshändel drauf zu leisten,
womit sein Leben er verdient,
denn andren »Handel« kennt er nicht.

XXIV

Item, dem Loup und dem Cholet
laß ich gemeinsam eine Ente,
wie's Brauch, zu fangen auf den Mauern
dicht bei den Gräben, abends spät,
und eine Franziskanerkutte,
schön weit, für jeden, knöchellang,
auch Brennholz, Kohle, Erbsen, Speck
und meine Schäfte ohne Fuß.

XXV

Item, je lessë en pitié
A troys petis enffans tous nudz
Nonmés en ce present traictié
– Povres orphelins inpourveuz,
Tous deschaussez, tous despourveuz,
Et desnuez comme le ver
(J'ordonne qu'ilz seront pourveuz,
Au moins pour passer cest yver) –,

XXVI

Premierement Colin Laurens,
Girard Gossuïn, Jehan Marceau,
Desprins de biens et de parens,
Qui n'ont vaillant l'anse d'un seau,
Chacun de mes biens ung fesseau
Ou quatre blancs, s'ilz l'aiment mieulx;
Ilz mengeront maint bon morseau,
Les enffans, quant je seray vieulx.

XXVII

Item, ma nominacïon,
Que j'ay de l'Université,
Laisse par resignacïon,
Pour seclurre d'adversité
Povres clercs de ceste cité
Soubz cest intendit contenus;
Charité m'y a incité
Et Nature, les voyans nudz.

XXV

Item, aus Mitleid lasse ich
drei kleinen Knaben, nackt und bloß,
in diesem Schriftsatz gleich genannt
– 's sind arme Waisen, mittellos,
ganz ohne Schuhe, ohne Kleid
und ganz entblößt wie nur ein Wurm
(ich will, daß man sie gut versorgt,
daß sie den Winter noch durchstehn) –,

XXVI

zunächst Colin Laurens, und dann
Girard Gossuïn und Jehan Marceau,
die ohne Gut und Eltern sind,
nicht einen Eimerhenkel haben,
von meiner Habe einen »Schlag«
und, ziehn sie's vor, vier Heller blank;
sie solln manch guten Bissen speisen,
die Kinder, wenn ich alt und grau.

XXVII

Item, die Pfründenanwartschaft
hier bei der Universität
laß ich durch gültigen Rechtsverzicht,
um aus der Not sie zu befrein,
den armen Klerikern der Stadt,
die ich in diesem Schriftstück nenn;
dazu zwang mich die Caritas
und die Natur, die nackt sie sahn:

XXVIII

C'est maistre Guillaume Cottin
Et maistre Thibault de Vittry,
Deux povres clercs parlans latin,
Humbles, bien chantans au lectry,
Paisibles enffans sans estry;
Je leur laisse sans recevoir
Sur la maison Guillot Gueutry,
En attendant de mieulx avoir.

XXIX

Item, et j'adjoinctz a la crosse
Celle de la rue Saint Anthoine
Ou ung billart de quoy on crosse,
Et tous les jours plain pot de Seine;
Aux pigons qui sont en l'essoyne
Enserrés soubz trappe voliere,
Mon miroüer bel et ydoyne
Et la grace de la geolliere.

XXX

Item, je lesse aux hospitaux
Mes chassis tissus d'arignie,
Et aux gisans soubz les estaulx
Chacun sur l'eul une grongnee,
Trambler a chiere renfrongnee,
Megres, velus et morfondus,
Chausses courtes, robe rongnee,
Gelez, murdriz et enfondus.

XXVIII

Ich denke an Guillaume Cottin
und Maistre Thibault de Vittry,
zwei Schüler, sprechen gar Latein,
voll Demut, singen gut am Pult,
friedfertig sind sie, streiten nicht;
den Mietzins tret ich ihnen ab,
den Guillot-Gueutrys Haus abwirft,
und hoffe, Beßres noch zu kriegen.

XXIX

Item, zum Krummstab füge ich
noch *den* aus der Rue Saint Antoine,
ein Queue vielleicht, zum Kugelstoß,
auch täglich tüchtig Seinewasser;
den Täubchen, die in großer Not
in der Voliere eingesperrt,
laß meinen guten Spiegel ich,
die Gunst auch der Beschließerin.

XXX

Und den Spitälern lasse ich
voll Spinnweb meine Fensterflügel;
wer unter einer Marktbank schläft,
der soll ein blaues Auge kriegen,
mit steifem Antlitz zittre er,
ganz mager, struppig und verschnupft,
mit kurzen Hosen, Fetzenrock,
klamm, ganz zerschlagen und durchnäßt.

XXXI

Item, je laisse a mon barbier
Les rongneures de mes cheveux
Plainement et sans destourbier;
Au savetier mes soulliers vieulx,
Et au freppier mes habitz tieulx
Que quant du tout je les delesse;
Pour mains qu'ilz ne cousterent neufz
Charitablement je leur lesse.

XXXII

Item, je laisse aux Mendïans,
Aux Filles Dieu et aux Beguines,
Savoureux morceaulx et fryans,
Chappons, flaons, grasses gelines,
Et puis prescher les .XV. signes
Et abatre pain a deux mains.
Carmes chevauchent noz voisines,
Mais cela, ce n'est que du mains.

XXXIII

Item, laisse le *Mortier d'or*
A Jehan, l'espicier, de la Garde,
Une potence de sainct Mor,
Pour faire ung broyer a moustarde.
Et celluy qui fist l'avangarde
Pour faire sur moy griefz exploiz:
De par moy, saint Anthoine l'arde!
– Je ne luy feray autre laiz.

XXXI

Item, ich lasse dem Barbier
von meinem Haarschnitt alle Schnipsel
uneingeschränkt und ungestört;
dem Schuster meine alten Schuh',
dem Trödler Kleider, so beschaffen,
daß ich sie doch gleich ausrangier;
für weniger, als ihr Neupreis war,
laß ich aus Nächstenliebe sie.

XXXII

Item, ich laß den Bettelmönchen,
den Gottesschwestern und Beginen
schmackhafte und gar leckre Bissen:
Kapaune, Auflauf, fette Hennen,
daß sie die »Fünfzehn Zeichen« predigen
und »Brot« mit beiden Händen pflücken.
Wenn Karmeliter unsre Fraun
besteigen, nein, das ist nicht schlimm!

XXXIII

Item, den *Goldnen Mörser* soll
Jehan de la Garde, der Kaufmann, haben,
vom Heiligen Maurus eine Krücke,
um einen Senfbrei sich zu stampfen.
Und wer als erster vorgeprescht,
mir zugesetzt, Sankt Anton soll
von mir aus ihn verbrennen lassen!
– Kein andres Erbe laß ich ihm.

XXXIV

Item, je lesse a Mirebeuf
Et a Nicolas de Louviers,
A chacun l'escaille d'un œuf
Plaine de francs et d'escus vieulx.
Quant au concierge de Gouvieulx,
Pierre de Rousseville, ordonne,
Pour le donner entendre mieulx,
Escus telz que le Prince donne.

XXXV

Finablement, en escripvant,
Ce soir, seulet, estant en bonne,
Dictant ces laiz et descripvant,
J'ouys la cloche de Serbonne,
Qui tous jours a neuf heures sonne
Le salut que l'ange predit;
Si suspendis et mis en bonne
Pour prier comme le cueur dit.

XXXVI

Ce faisant, je m'entroubliay,
Non pas par force de vin boire,
Mon esperit comme lÿé.
Lors je sentis dame Memoire
Reprendre et mectre en son aulmoire
Ses especes colaterales,
Oppinative faulse et voire
Et autres intellectualles,

XXXIV

Item, ich lasse Mirebeuf
und auch Nicolas de Louviers,
den beiden, eine Eierschale
voll Francs und alten Talerstücken.
Doch dem Verwalter von Gouvieulx,
Pierre de Rousseville, bestimme ich,
damit er mich genau versteht,
Geldstücke, die »der Prinz« verschenkt.

XXXV

Zum Schluß, als einsam ich so schrieb
an diesem Abend, gut gestimmt,
und dies Vermächtnis aufgesetzt,
hört' ich die Glocke der Sorbonne,
die jeden Tag um neun Uhr läutet
den Gruß, den einst der Engel sprach;
da brach ich ab, ließ gut es sein,
wollt' beten, wie das Herz befiehlt.

XXXVI

Dabei vergaß ich Zeit und Raum,
doch nicht, weil ich betrunken war,
in Fesseln war mein Geist gelegt.
Ich spürte, Frau Memoria
nahm und verschloß in ihrem Schrank
die *species collaterales*,
oppinativa, falsch und wahr,
und andre *intellectuales*.

XXXVII

Et meismement l'estimative,
Par quoy prospective nous vient,
Simulative, formative,
Desquelles souvent il advient
Que, par leur trouble, homme devient
Fol et lunatique par moys;
Je l'ay leu, se bien m'en souvient,
En Aristote aucunesfois.

XXXVIII

Dont le sensitif s'esveilla
Et esvertua Fantasie,
Qui les organes resveilla
Et tint la souveraine partie
En suspens et comme mortie
Par oppressïon d'oubliance,
Qui en moy s'estoit espartie
Pour monstrer de Sens la lïance.

XXXIX

Puis que mon sens fut a repos
Et l'entendement desmellé,
Je cuiday finer mon propos,
Mais mon ancrë estoit gelé
Et mon cierge trouvay soufflé;
De feu je n'eusse peu finer,
Si m'endormis, tout enmouflé,
Et ne peuz autrement finer.

XXXVII

Nicht minder die *aestimativa*,
aus der die *prospectiva* stammt,
simulativa, *formativa*,
durch die es öfters mal geschieht,
daß, wenn sie wirr, der Mensch verrückt
und monatsweise »launisch« wird.
Mich dünkt, ich las das, seh ich's recht,
einstmals im Aristoteles.

XXXVIII

Der Sensitiv erwachte drauf,
belebte neu die Phantasie,
die die Organe aufgeweckt
und die den obren Teil, der herrscht,
wie kraftlos in der Schwebe hielt,
weil ihn Vergessen niederdrückte,
das in mir sich verbreitet hatte,
des Geistes Bindung anzuzeigen.

XXXIX

Dann, als mein Sinn zur Ruhe kam,
die Urteilskraft sich frei gemacht,
da wollte ich mein Werk beenden,
doch war die Tinte ganz erstarrt,
die Kerze fand ich ausgeblasen;
da ich kein Feuer machen konnte,
ging ich zur Ruh, ganz eingemummelt,
und konnte anders nicht mehr enden.

XL

Fait au temps de la dite datte
Par le bien renommé Villon,
Qui ne mengue figue ne datte,
Sec et noir comme escouvillon;
Il n'a tente ne pavillon
Qu'il n'ait lessié a ses amis,
Et n'a mais q'un peu de billon
Qui sera tantost a fin mis.

Explicit.

XL

Dies schrieb am vorgenannten Tag
der ehrenwerte Franz Villon,
der Feigen nicht noch Datteln speist,
ganz dürr und schwarz, wie ’n Ofenwisch;
er hat kein Zelt, kein Wappenschild,
die er nicht seinen Freunden ließ,
hat nur ein wenig Kupfergeld,
doch das wird bald zu Ende sein.

Explicit.

Le Testament
Das Große Testament

I

En l'an de mon trentiesme aage,
Que toutes mes hontes j'euz beues,
Ne du tout fol ne du tout saige
Non obstant maintes peines eues,
Lesquelles j'ay toutes receues
Soubz la main Thibault d'Aucigny . . .
S'esvesque il est, signant les rues,
Qu'il soit le mien, je le regny.

II

Mon seigneur n'est ne mon evesque,
Soubz luy ne tiens s'il n'est en friche;
Foy ne luy doy n'ommaige avecque,
Je ne suis son serf ne sa biche.
Peu m'a d'une petite miche
Et de froide eaue tout ung esté;
Large ou estroit, moult me fut chiche:
Tel luy soit Dieu qu'il m'a esté!

III

Et s'aucun me vouloit reprendre
Et dire que je le maudiz,
Non faiz, se bien me scet comprendre;
En riens de luy je ne mesdiz.
Vecy tout le mal que j'en dis:
S'il m'a esté misericors,
Jhesus, le roy de paradis,
Tel luy soit a l'ame et au corps!

I

Im Jahr, in dem ich dreißig werde,
gekostet hab von aller Schande,
kein ganzer Narr, kein Weiser bin,
trotz vieler Strafen, die ich büßte
und die ich all' empfangen habe
durch Bischof Thibault d'Aucigny . . .
ist er gleich Bischof, Segen spendend,
daß er der meine, streit ich ab.

II

Ist nicht mein Herr, mein Bischof nicht,
gab mir kein Lehen außer Brache;
schuld keine Treu ihm, keinen Eid,
bin nicht sein Diener, nicht sein »Reh«.
Er hat mit wenig Brot und Wasser
mich einen Sommer lang verköstigt;
ob weit, ob eng sein Herz, ein Knauser:
Gott sei zu ihm, wie er zu mir!

III

Und wenn mich jemand tadeln wollte
und sagen, daß ich ihn verwünsch,
so tu ich's nicht, versteht er's recht;
ich sage ihm nichts Übles nach.
Hier ist das Schlechte, das ich sag:
Wenn er zu mir barmherzig war,
soll Jesus, Paradieseskönig,
ihn gleich an Leib und Seel' behandeln.

IV

Et s'esté m'a dur ne cruel,
Trop plus que cy je ne raconte,
Je veul que le Dieu eternel
Luy soit dont semblable a ce compte.
Et l'Eglise nous dit et compte
Que prions pour noz annemys;
Je vous diray j'ay tort et honte,
Quoy qu'il m'aist fait, a Dieu remys.

V

Sy prieray pour luy de bon cueur,
Pour l'ame du bon feu Cotart;
Mais quoy! ce sera donc par cueur,
Car de lire je suis fetart.
Priere en feray de picart:
S'il ne le scet, voise l'apprendre,
S'il m'en croit, ains qu'il soit plus tart,
A Douay ou a L'Ysle en Flandre!

VI

Combien, s'oÿr veult que l'on prie
Pour luy, foy que doy mon baptesme,
Obstant qu'a chacun ne le crye,
Il ne fauldra pas a son esme:
Ou psaultier prens, quant suis a mesme,
Qui n'est de beuf ne cordouen,
Le verselet escript septiesme
Du psëaulme *Deus laudem*.

IV

Und war er zu mir grausam, hart,
mehr, als ich hier berichten kann,
so wollt' ich, daß der ewige Gott
mit gleicher Münze ihm's vergelte.
Doch da die Kirche uns befiehlt,
daß wir für unsre Feinde beten,
so sag ich: Ich hab Schmach und Schande,
die er mir tat, Gott überlassen.

V

Für ihn bet ich, von Herzen gern,
beim Seelenheil Jean Cotarts selig;
doch wie? Ich tu's aus dem Gedächtnis,
zum Lesen bin ich ja zu faul.
Wie ein Pikarde werd ich beten:
Versteht er's nicht, geh' er und lern's,
so er mir glaubt, eh es zu spät,
nach Douai oder Lille in Flandern.

VI

Doch will er hören, was man betet
für ihn, wird er, dank meiner Taufe,
obwohl ich's nicht hinausposaune,
in seinem Warten nicht enttäuscht:
Sobald ich kann, such ich im Psalter,
der nicht aus Rind- noch Ziegenleder,
den siebten Vers, der steht geschrieben
vom Psalm, der anfängt *Deus laudem*.

VII

Si prie au benoist filz de Dieu,
Qu'a tous mes besoings je reclame,
Que ma povre priere ait lieu
Vers luy, de qui tiens corps et ame,
Qui m'a preservé de maint blasme
Et franchy de ville puissance;
Loué soit il, et Nostre Dame,
Et Loÿs, le bon roy de France,

VIII

Auquel doint Dieu l'eur de Jacob
Et de Salmon l'onneur et gloire
– Quant de prouesse, il en a trop,
De force aussi, par m'ame, voire –,
En ce monde cy transsitoire
Tant qu'il a de long ne de lé,
Afin que de lui soit memoire,
Vivre autant que Mathussalé,

IX

Et douze beaux enffans, tous masles,
Veoir de son cher sang royal,
Aussi preux que fut le grant Charles,
Conceuz en ventre nuptïal,
Bons comme fut saint Marcïal.
Ainsi en preigne au feu daulphin!
Je ne lui soubzhaicte autre mal,
Et puis paradis en la fin.

VII

So bete ich zu Gottes Sohn,
zu dem ich fleh in aller Not,
daß mein Gebet etwas bewirkt
bei ihm, der Leib und Seel' mir gab,
der mich vor manchem Leid bewahrt'
und mich aus roher Macht befreit';
Lob Ihm und unsrer Lieben Frau
und Ludwig, Frankreichs gutem König.

VIII

Gott schenk' ihm Jakobs Glück zum Lohn
und Ehr' und Ruhm des Salomon
– nicht Tapferkeit, er hat genug,
noch Kraft, bei meiner Seelen Treu –,
dazu auf Erden, die vergeht,
so weit in Läng' und Breit' sie reicht,
damit man seiner stets gedenkt,
das Alter des Methusalem,

IX

zwölf schöne Kinder, Söhne nur,
aus seinem teuren Königsblut,
so tapfer wie der große Karl,
gezeugt in ehelichem Schoß
und mutig wie einst Sankt Martial:
Das werd' dem Ex-Dauphin zuteil!
Ich wünsche ihm kein Ungemach
und nach dem Tod das Paradies.

X

Pour ce que foible je me sens,
Trop plus de biens que de sancté,
Tant que je suis en mon plain sens,
Sy peu que Dieu m'en a presté,
Car d'autre ne l'ay emprunté,
J'ay ce testament tres estable
Fait, de derreniere voulenté,
Seul pour tout et inrevocable.

XI

Escript l'ay l'an soixante et ung,
Lors que le roy me delivra
De la dure prison de Mehun
Et que vie me recouvra,
Dont suis, tant que mon cueur vivra,
Tenu vers luy m'usmilier,
Ce que feray jusqu'il moura:
Bienfait ne se doit oublier.

XII

Or est vray qu'aprés plains et pleurs
Et angoisseux gemissemens,
Aprés tritresses et douleurs,
Labeurs et griefz cheminemens,
Travail mes lubres sentemens,
Esguisez comme une pelocte,
M'ouvrist plus que tous les commens
D'Averroÿs sur Arristote.

X

Doch weil ich heute schwach mich fühl,
am Beutel, nicht am Wohlbefinden,
hab ich, solang ich noch bei Sinnen,
so wenig Gott mir Sinn verliehen,
denn sonstwo hab ich nie geborgt,
dies Testament ganz unverbrüchlich
hier aufgesetzt, als letzten Willen,
unwiderruflich, einzig gültig.

XI

Ich schrieb's im Jahre einundsechzig,
als mich der König freigesetzt
aus harter Kerkerhaft in Meung
und mir mein Leben wiedergab,
wofür ich mich, solang mein Herz
noch schlägt, in Demut vor ihm neige;
das tu ich bis zu seinem Tod:
das Gute soll man nicht vergessen.

XII

Das ist wohl wahr, nach Klagen, Tränen
und Seufzern voller Angst und Pein,
nach Not und Schmerzen allzusehr
und Mühsal, schweren Wanderungen,
hat Leiden mir die dumpfen Sinne,
die »scharf wie Bälle«, mehr geöffnet
als alle Glossen des Averroës,
der Aristoteles glossierte.

XIII

Combien, au plus fort de mes maulx,
En cheminant sans croix ne pille,
Dieu, qui les pelerins d'Esmaulx
Conforta, ce dit l'Euvangille,
Me monstra une bonne ville
Et pourveut du don d'esperance:
Combien que pechiez si soit ville,
Riens ne het que perseverance.

XIV

Je suis pecheur, je le sçay bien,
Pourtant ne veult pas Dieu ma mort,
Mais convertisse et vive en bien,
Et tout autre que pechié mort.
Combien qu'en peché soye mort,
Dieu vit, et sa misericorde,
Se conscïence me remort,
Par sa grace pardon m'acorde.

XV

Et comme le noble *Roumant*
De la Rose dit et confesse
En son premier commancement
C'on doit jeune cueur en jeunesse,
Quant on le voit viel en viellesse,
Excuser, helas! il dit voir;
Ceulx donc qui me font telle presse
En meureté ne me vouldroient voir.

XIII

Und doch, in meiner tiefsten Not,
als ich des Wegs zog mittellos,
wies Gott, der einst vor Emmaus
die beiden Pilger tröstete,
mir eine gute Stadt als Ziel
und schenkte neue Hoffnung mir.
Wie niedrig auch die Sünde ist,
Gott haßt nur den verstockten Sünder.

XIV

Ich bin ein Sünder, weiß es wohl,
und doch will Gott nicht meinen Tod,
ich soll mich bessern, richtig leben,
wie jeder, den die Sünde zwackt.
Bin ich gleich tot in meiner Sünd':
Gott lebt und übt Barmherzigkeit,
und wenn mich mein Gewissen drückt,
schenkt er aus Gnade mir Verzeihn.

XV

Und wenn im edelen *Roman*
der Rose gleich zu Anbeginn
der Dichter darlegt und gesteht,
man soll dem jungen Herz die Jugend,
wenn es in Ehren alt geworden,
verzeihn, so hat er, wahrlich, recht;
die aber, die mich jetzt verklagen,
wolln meine Reife nicht erkennen.

XVI

Se pour ma mort le bien publicque
D'aucune chose vaulsist mieulx,
A mourir comme ung homme inique
Je me jugasse, ainsi m'est Dieux! 124
Griefz ne faiz a jeunes ne vieux,
Soie sur piez ou soye en bierre:
Les mons ne bougent de leurs lieux
Pour ung povre, n'avant n'arriere. 128

XVII

Ou temps qu'Alixandre regna,
Ungs homs nommé Dïomedés
Devant lui on lui admena
Engrillonné pousses et detz 132
Comme larron, car il fut des
Escumeurs que voyons courir;
Sy fut mis devant ce cadés
Pour estre jugiez a mourir. 136

XVIII

L'empereur si l'araisonna:
«Pourquoy es tu laron en mer?»
L'autre responce lui donna:
«Pourquoy laron me faiz clamer? 140
Pour ce qu'on me voit escumer
En une petïote fuste?
Se comme toy me peusse armer,
Comme toy empereur je feusse. 144

XVI

Und wenn das allgemeine Wohl
durch meinen Tod befördert würde,
ich würde mich wie einen Schelm
zum Tod verdammen, helf' mir Gott!
Doch schad ich weder Jung noch Alt,
ob aufrecht oder auf der Bahre:
Die Berge rührn sich nicht vom Fleck
für einen Armen, keinen Zoll.

XVII

Als Alexander noch regierte,
ward ein gewisser Diomed
ihm eines Tages vorgeführt;
an Hand und Daumen trug er Fesseln,
grad wie ein Dieb, denn er gehörte
zu den Piraten, die da räubern.
Er ward gestellt vor diesen Richter,
daß er den Todesspruch empfing.

XVIII

Der Kaiser sprach ihn also an:
»Warum bist du ein Seepirat?«
Zur Antwort gab der andre ihm:
»Was schiltst du einen Räuber mich?
Ist's, weil man mich auf kleinem Schiff
auf Raub ausziehn sieht auf dem Meer?
Könnt' ich wie du zum Kriege rüsten,
dann wär' ich Kaiser, so wie du.

XIX

Mais que veulx tu! de ma fortune,
Contre qui ne puis bonnement,
Qui si faulcement me fortune,
Me vient tout ce gouvernement.
Excusez moy aucunement
Et saichiez qu'en grant povreté,
Ce mot se dit communement,
Ne gist pas grande loyaulté.»

XX

Quant l'empereur ot remiré
De Dïomedés tout le dit,
«Ta fortune je te mueray
Mauvaise en bonne», ce lui dist.
Si fist il; onc puis ne mesdit
A personne, mais fut vray homme.
Valere pour vray le bauldit
Qui fut nommé le Grant a Romme.

XXI

Se Dieu m'eust donné rencontrer
Ung autre piteux Alixandre
Qui m'eust fait en bon eur entrer,
Et lors qui m'eust veu condescendre
A mal, estre ars et mis en cendre
Jugié me feusse de ma voys.
Neccessité fait gens mesprendre
Et fain saillir le loup du boys.

XIX

Was willst du? Aus dem Schicksal mein,
dem ich nicht widerstehen kann,
das immer neidisch auf mich war,
erwächst mir diese Lebensart.
Entschuldigt mich doch irgendwie
und wißt, in großer Armut findet
– dies Wort ist allgemein bekannt –
sich niemals große Redlichkeit!«

XX

Und als der Kaiser alle Worte
des Diomedes abgewogen,
hat er: »Ich will zum Guten wenden
dein schlimmes Los« zu ihm gesagt.
Er tat's; und jener hat nie mehr
gelästert, ward ein Ehrenmann.
Valerius erzählt's als wahr,
den man in Rom den Großen nannte.

XXI

Wenn Gott mich hätte treffen lassen
solch einen gnädigen Alexander,
der mir den Weg zum Glück gewiesen,
und man mich dann hätt' straucheln sehn,
mit eigner Stimme hätt' ich mich
zum Feuertode selbst verdammt.
Die Not ist's, die uns irren läßt,
den Wolf treibt Hunger aus dem Wald.

XXII

Je plains le temps de ma jeunesse,
Ouquel j'ay plus qu'autre gallé
Jusqu'a l'entree de viellesse,
Qui son partement m'a cellé:
Il ne s'en est a pié alé
N'a cheval, helas! comment don?
Soudainement s'en est vollé
Et ne m'a laissié quelque don.

XXIII

Alé s'en est, et je demeure,
Povre de sens et de savoir,
Triste, failly, plus noir que meure,
Qui n'ay ne cens, rente n'avoir.
Des miens le mendre, je dy voir,
De me desavouer s'avance,
Oubliant naturel devoir
Par faulte d'un peu de chevance.

XXIV

Si ne crains avoir despendu
Par friander ne par lescher;
Par trop amer n'ay riens vendu
Qu'amis me peussent reprouchier,
Au moins qui leur couste moult cher;
Je le dy et ne croys mesdire.
De ce je me puis revanchier:
Qui n'a meffait ne le doit dire.

XXII

Der Jugendzeit gilt meine Reue,
in der ich mehr als andre praßte,
bis zum Beginn der alten Tage;
sie hat ihr Scheiden mir verschwiegen
und ist zu Fuß nicht fortgezogen,
auch nicht zu Pferd, wie also, ach?
Ganz plötzlich ist sie fortgeflogen
und ließ mir kein Geschenk zurück.

XXIII

Fort ist sie nun, ich aber bleibe,
an Wissen arm und an Verstand,
bin traurig, mutlos, brombeerschwarz,
hab weder Zins, noch Gut, noch Rente,
und noch der Letzte meiner Sippe
ist schnell zur Hand, mich zu verleugnen,
die Pflicht vergessend der Natur,
nur weil ein wenig Geld mir fehlt.

XXIV

Kein Vorwurf trifft, ich hätt' verschwendet
mein Geld für Schmausen und für Prassen;
nichts gab ich aus für Liebesdienste,
daß mich die Sippschaft tadeln könnte,
nichts jedenfalls, was sie belastet;
das sage ich und lüge nicht.
Dagegen kann ich mich wohl wehren:
Wer nichts verbrach, klag' sich nicht an.

XXV

Bien est verté que j'é aymé
Et aymeroye voulentiers;
Mais triste cueur, ventre affamé,
Qui n'est rassasïé au tiers,
M'oste des amoureux sentiers.
Au fort, quelc'um s'en recompence
Qui est remply sur les chantiers,
Car la dance vient de la pance!

XXVI

Bien sçay, se j'eusse estudïé
Ou temps de ma jeunesse folle
Et a bonnes meurs dedïé,
J'eusse maison et couche molle . . .
Mais quoy! je fuyoie l'escolle
Comme fait le mauvaiz enffant.
En escripvant ceste parolle,
A peu que le cueur ne me fent.

XXVII

Le dit du Saige trop lui feiz
Favourable, bien en puis mais!
Qui dist: «Esjoïs toy, mon filz,
En ton adolessence», mes
Ailleurs sert bien d'un autre mes,
Car «Jeunesse et adolessance»
– C'est son parler, ne moins ne mes –
«Ne sont qu'abuz et ygnorance».

XXV

Es ist wohl wahr, ich hab geliebt
und würde gerne weiter lieben;
doch trübes Herz und leerer Bauch,
der nur zum Drittel satt geworden,
vertreibt mich von der Liebe Pfaden.
Kurzum, ein andrer nutz' es aus,
der rund ist wie ein volles Faß,
denn nach dem Fressen kommt der Tanz!

XXVI

Hätt' ich studiert, das weiß ich wohl,
in meiner tollen Jugendzeit,
geführt ein sittenstrenges Leben,
ich hätt' ein Haus, ein weiches Bett . . .
Doch leider schwänzte ich die Schule,
wie es die bösen Buben tun.
Wie ich dies alles niederschreibe,
will es mir schier das Herz zerbrechen.

XXVII

Dem Wort des Weisen schenkte ich
zu viel Vertraun – da steh ich nun –,
das lautet: »Freue dich, mein Sohn,
in deiner Jugend«, doch sodann
serviert er uns ein andres Mahl,
denn: »Jugendalter, Jünglingszeit«
– genauso lauten seine Worte –
»sind nichts als Trug und Ignoranz.«

XXVIII

Mes jours s'en sont alez errant,
Comme, dit Job, d'une touaille
Font les filletz, quant tixerant
En son poing tient ardente paille:
Lors s'il y a nul bout qui saille,
Soudainement il le ravit.
Sy ne crains plus que riens m'assaille,
Car a la mort tout s'assouvit.

XXIX

Ou sont les gracïeux galans
Que je suivoye ou temps jadiz,
Si bien chantans, si bien parlans,
Sy plaisans en faiz et en diz?
Les aucuns sont mors et roidiz,
D'eulx n'est il plus riens maintenant
– Respit aient en paradis,
Et Dieu saulve le remenant!

XXX

Et les autres sont devenuz,
Dieu mercy, grans seigneurs et maistres;
Les autres mendient tous nuz
Et pain ne voient qu'aux fenestres;
Les autres sont entrez en cloistres
De Celestins et de Chartreux,
Bostés, houlsés com pescheurs d'oestres.
Voyez l'estat divers d'entr'eux!

XXVIII

Mein Leben ist so schnell vergangen
wie – Hiob sagt's – der Leinwand Fäden,
wenn in der Hand der Webermeister
den Strohwisch hält, sie abzubrennen:
Steht aber noch ein Ende vor,
entfernt er es mit raschem Griff.
So fürcht ich keinen Schicksalsschlag,
denn alles endet mit dem Tod.

XXIX

Wo sind die freundlichen Kumpane,
mit denen einst ich Umgang pflegte,
die so froh sangen, heiter scherzten,
gut aufgelegt zu Tat und Wort?
Die einen sind nun tot und steif,
es ist von ihnen nichts geblieben
– sie mögen ruhn im Paradies,
die übrigen errette Gott!

XXX

Und andre wurden, Gott sei Dank,
zu großen Herren, zu Gebietern;
doch dritte betteln nackt und bloß,
sehn Brot nur in den Ladenfenstern;
noch andre traten in ein Kloster
bei Zölestinern und Kartäusern,
gestiefelt wie die Austernfischer.
Bedenkt die Standesunterschiede!

XXXI

Aux grans maistres Dieu doint bien fere,
Vivans en paix et en requoy;
En eulx il n'y a que reffaire,
Si s'en fait bon taire tout quoy.
Mais aux povres qui n'ont de quoy,
Comme moy, Dieu doint pascïence.
Aux autres ne fault qui ne quoy,
Car assez ont pain et pictence.

XXXII

Bons vins ont, souvent embrochez,
Saulces, brouestz et groz poissons,
Tartes, flans, oefz fritz et pochetz,
Perduz et en toutes façons.
Pas ne ressemblent les maçons
Que servir fault a si grant peine:
Ilz ne veullent nulz eschançons,
De soy verser chacun se paine.

XXXIII

En cest incident me suis mis,
Qui de riens ne sert a mon fait.
Je ne suis juge ne commis
Pour pugnir n'assouldre meffait:
De tous suis le plus imparfait;
Loué soit le doulx Jhesu Crist!
Que par moy leur soit satiffait:
Ce que j'ay escript est escript.

XXXI

Die Herren lass' Gott Gutes tun
und sorgenfrei in Ruhe leben;
bei ihnen gibt's nichts zu verbessern,
drum schweigt man besser über sie.
Den Armen aber, die nichts haben,
wie mir, mag Gott Geduld bescheren.
Die andren brauchen wirklich nichts,
sie haben Brot und Fleisch genug.

XXXII

Sie haben Weine, frisch gezapft,
Ragouts, auch Saucen, große Fische,
Gebäck und Torten, Eierspeisen,
pochiert, gestockt, auf jede Art.
Sie ähneln nicht den Maurersleuten,
die mühsam man bedienen muß:
Sie wollen keinen Mundschenk haben,
ein jeder schenkt sich selber ein.

XXXIII

Ich bin ein wenig abgeschweift,
obwohl's nicht meiner Sache dient.
Nicht Richter bin ich, abgestellt
zu strafen oder freizusprechen:
bin unvollkommen, mehr als alle;
Lob sei Dir, süßer Jesu Christ!
Ich will sie um Verzeihung bitten:
doch was ich schrieb, das ist geschrieben.

XXXIV

Laissons le moustier ou il est,
Parlons de chose plus plaisante;
Ceste matiere a tous ne plest,
Ennuieuse est et desplaisante. 268
Povreté, chagrine, doulente,
Tousjours, despiteuse et rebelle,
Dit quelque parolle cuisante;
S'elle n'ose, si le pense elle. 272

XXXV

Povre je suis de ma jeunesse,
De povre et de peticte extrasse;
Mon pere n'eust oncq grant richesse,
Ne son ayeul nommé Orrace; 276
Povreté tous nous suit et trace.
Sur les tumbeaux de mes ancestres,
Les ames desquelz Dieu embrasse,
On n'y voit couronnes ne ceptres. 280

XXXVI

De povreté me gremantant,
Souventeffoiz me dit le cueur:
«Homme, ne te doulouse tant
Et ne demaine tel douleur! 284
Se tu n'as tant qu'eust Jaques Cueur,
Mieulx vault vivre soubz groz bureau
Pouvre, qu'avoir esté seigneur
Et pourrir soubz riche tumbeau.» 288

XXXIV

Das Kloster bleibe, wo es ist,
laßt uns von Heitererem sprechen;
dies Thema liegt wohl allen nicht,
denn lästig ist's und ärgerlich.
Die Armut, klagend, weinerlich,
auch widerspenstig, voller Trotz,
sagt oft im Zorn ein scharfes Wort;
wenn sie's nicht wagt, so denkt sie's doch.

XXXV

Arm bin ich seit der Jugendzeit,
stamm ab aus armem, kleinem Haus;
mein Vater war vermögend nicht
und auch Orrace, sein Vorfahr, nicht;
die Armut stellt uns allen nach,
und auf den Gräbern meiner Ahnen
– Gott nehme ihre Seelen auf –
sieht weder Zepter man noch Kronen.

XXXVI

Wenn meine Armut ich beklag,
so tröstet oftmals mich mein Herz:
»Mensch, quäle dich doch nicht so sehr
und gräm dich nicht in solchem Schmerz!
Bist du nicht reich wie einst Jacques Cueur,
ists besser arm, in grobem Kleid
zu leben, denn erst Herr zu sein
und faulen unterm Marmorstein.«

XXXVII

Qu'avoir esté seigneur . . . Que dis?
Seigneur, lasse! ne l'est il mais?
Selon les davitiques diz
Son lieu ne congnoistra jamaiz. 292
Quant du seurplus, je m'en desmez:
Il n'appartient a moy, pecheur;
Aux theologiens le remectz,
Car c'est office de prescheur. 296

XXXVIII

Sy ne suis, bien le considere,
Filz d'ange portant diadame
D'estoille ne d'autre sidoire:
Mon pere est mort, Dieu en ait l'ame! 300
Quant est du corps, il gist soubz lame;
J'entens que ma mere mourra
– El le scet bien, la povre femme! –
Et le filz pas ne demourra. 304

XXXIX

Je congnois que pouvres et riches,
Sagez et folz, prestres et laiz,
Nobles, villains, larges et chiches,
Petiz et grans, et beaulx et laitz, 308
Dames a rebrassés colletz,
De quelconque condicïon,
Portans atours et bourreletz,
Mort saisit sans excepcïon. 312

XXXVII

Erst Herr zu sein? . . . Was sagst du da?
Ein Herr, oh weh! Ist er's nicht mehr?
Wie David in den Psalmen sagt,
kennt er hier keine feste Statt.
Was weiter kommt, betrifft mich nicht,
es geht mich Sünder gar nichts an,
den Theologen weis ich's zu,
der Predigermönche Amt ist das.

XXXVIII

Ich bin gewißlich, weiß es wohl,
kein Engelssohn, der eine Krone
mit einem Stern noch Sternbild trägt:
Mein Vater starb, so gnad' ihm Gott!
Sein Leib ruht unterm Leichenstein;
die Mutter, weiß es, wird bald sterben
– sie ahnt es wohl, die arme Frau –,
und auch der Sohn, der bleibt nicht hier.

XXXIX

Ich weiß, daß alle, arm und reich,
ob Weise, Narren, Priester, Laien,
ob Bauern, Herrn, Verschwender, Knauser,
ob klein, ob groß, schön und entstellt,
ob Fraun mit umgelegten Kragen,
wes Standes sie auch immer sei'n,
die Turmfrisuren, Kopfputz tragen,
der Tod holt ohne Unterschied.

XL

Et meure Paris ou Elayne,
Quicunques meurt meurt a douleur
Telle qu'il pert vent et alaine,
Son fiel se criesve sur son cueur,
Puis sue Dieu scet quel sueur . . .
Et n'est qui de ses maulx l'alege,
Car enffant n'a, frere ne seur,
Qui lors voulsist estre son pleige.

XLI

La mort le fait fremir, pallir,
Le nez courber, les vaines tendre,
Le col enffler, la chair moslir,
Joinctes et nerfz croistre et estendre . . .
Corps femenin, qui tant est tendre,
Poly, souëf, si precïeulx,
Te fauldra il ces maulx attendre?
Oy, ou tout vif aler es cieulx.

Ballade

Dictes moy ou n'en quel pays
Est Flora la belle Romaine,
Archipïadés ne Thaÿs,
Qui fut sa cousine germaine,
Echo parlant quant bruyt on maine
Dessus riviere ou sur estan,

XL

Ob Paris stirbt, ob Helena,
wer immer stirbt, er stirbt mit Qual,
er ringt nach Luft, sein Atem stockt,
die Galle überm Herzen platzt,
dann schwitzt er Gott weiß welchen Schweiß...
Und niemand lindert ihm sein Leid,
denn Kinder nicht, noch Brüder, Schwestern,
die möchten dann sein Bürge sein.

XLI

Der Tod läßt zittern ihn, erbleichen,
krümmt ihm die Nase, dehnt die Adern,
sein Hals schwillt an, das Fleisch wird schlaff,
Gelenke knirschen, Sehnen spannen . . .
Du Frauenleib, der du so zart,
so glatt und kostbar und so weich,
mußt du auch dieses Los erdulden?
Ja, oder gleich zum Himmel fahren.

Ballade

Sagt mir doch wo, in welchem Land,
ist Flora, schönste Römerin,
wo Archipiades und Thaïs,
die ihre Base ersten Grades,
wo Echo, die zu uns nur spricht,
wenn überm Fluß und Teich wir lärmen,

Qui beaulté ot trop plus qu'umaine.
Mais ou sont les neiges d'anten?

Ou est la tres saige Esloÿs,
Pour qui chastré fut et puis moyne
Pierre Esbaillart a Saint Denys?
Pour son amour eust ceste essoyne.
Semblablement, ou est la royne
Qui commanda que Buriden
Fust gecté en ung sac en Saine?
Mais ou sont les neiges d'anten?

La Royne Blanche comme liz
Qui chantoit a voix de seraine,
Berte au plat pié, Bietrix, Aliz,
Haranburgis qui tint le Maine,
Et Jehanne la bonne Lorraine
Qu'Engloys brulerent a Rouen,
Ou sont ilz, ou, Vierge souveraine?
Mais ou sont les neiges d'anten?

Prince, n'enquerrez de sepmaine
Ou elles sont ne de cest an
Qu'a ce reffraing ne vous remaine:
Mais ou sont les neiges d'anten?

Ballade

Qui plus, ou est ly tiers Calixte,
Derrenier decedé de ce nom,
Quy quatre ans tint le papalixte,
Alfonce, le roy d'Arragon,

die übermenschlich schön gewesen?
Wo ist der Schnee vom letzten Jahr?

Wo ist die kluge Heloïse,
für die entmannt und Mönch geworden
Pierre Abälard in Saint Denis?
Dies war der Lohn für seine Liebe!
Wo, frag ich, ist die Königin,
die den Befehl gab, Buridan
im Sack zu werfen in die Seine?
Wo ist der Schnee vom letzten Jahr?

Die Königin Blanche, lilienweiß,
die lieblich sang wie die Sirene
und Berta Klumpfuß, Bietrix, Aliz,
wo Erembourg, Herrin von Maine,
Johanna aus Lothringerland,
von England in Rouen verbrannt,
wo sind sie, Jungfrau-Königin?
Wo ist der Schnee vom letzten Jahr?

Fragt, Fürst, mich doch nicht wochenlang,
wo sie geblieben, auch kein Jahr,
sonst muß ich Euch den Kehrreim nennen:
Wo ist der Schnee vom letzten Jahr?

Ballade

Wer noch? Wo ist Kalixt der Dritte,
der Letztverstorbne dieses Namens,
vier Jahre war er Papst gewesen;
Alfons, der König Aragoniens,

Le gracïeux duc de Bourbon,
Et Artus le duc de Bretaigne,
Et Charles septiesme le bon?
Mais ou est le preux Charlemaigne?

Semblablement, le roy scotiste
Qui demy face ot, ce dit on,
Vermaille comme une emastiste
Depuis le front jusqu'au menton,
Le roy de Chippre de renom,
Helas! et le bon roy d'Espaigne
Duquel je ne sçay pas le nom?
Mais ou est le preux Charlemaigne?

D'en plus parler je me desiste,
Le monde n'est qu'abusïon;
Il n'est qui contre mort resiste
Ne qui treuve provisïon.
Encore faiz une questïon:
Lancellot, le roy de Behaygne,
Ou est il? ou est son tayon?
Mais ou est le preux Charlemaigne?

Ou est Clacquin le bon Breton,
Ou le comte daulphin d'Auvergne,
Et le bon feu duc d'Alençon?
Mais ou est le preux Charlemaigne?

der gnädige Herzog von Bourbon
und Herzog Artus von Bretagne,
der Siebte Karl, den gut man nannte?
Wo ist der tapfre Charlemagne?

Und weiter, wo der Schotten König,
der eine Hälfte des Gesichts,
so sagt man, rot wie Blutstein hatte,
vom Scheitel bis herab zum Kinn?
Und Zyperns König, reich an Ruhm,
auch Spaniens tapfrer König, ach,
des Namen ich vergessen habe?
Wo ist der tapfre Charlemagne?

Ich will hier gar nichts weiter sagen,
die Welt ist nur ein Truggebild';
dem Tod kann niemand widerstehn,
noch einen Schutz dagegen finden.
Ich stell noch eine letzte Frage:
Der böhmische König Ladislaus,
wo ist er? Wo sind seine Ahnen?
Wo ist der tapfre Charlemagne?

Wo ist Claquin, Bretone kühn,
der Graf, Dauphin von der Auvergne,
von Alençon der selige Herzog?
Wo ist der tapfre Charlemagne?

Ballade

Car ou soit ly sains appostolles,
D'aubes vestuz, d'amys coeffez,
Qui ne seint fors saintes estolles
Dont par le col prent ly mauffez
De mal talant tous eschauffez,
Aussi bien meurt que cilz servans,
De ceste vie cy buffez:
Autant en emporte ly vens!

Voire, ou soit de Constantinobles
L'emperieres au poing dorez,
Ou de France le roy tres nobles,
Sur tous autres roys decorez,
Qui pour ly grant Dieux adorez
Batist esglises et couvens,
S'en son temps il fut honnorez,
Autant en emporte ly vens!

Ou soit de Vïenne et Grenobles
Ly daulphin, ly preux, ly senez,
Ou de Dijon, Salins et Dolles
Ly sires filz le plus esnez,
Ou autant de leurs gens prenez,
Heraux, trompectes, poursuivans,
Ont ilz bien boutez soubz le nez,
Autant en emporte ly vens!

Princes a mort sont destinez
Et tous autres qui sont vivans;
S'ilz en sont courcez n'atinez,
Autant en emporte ly vens!

Ballade

Sogar der heilige Apostel,
mit Albe und Amikt bekleidet,
der sich mit heiligen Stolen gürtet,
damit am Hals den Teufel packt,
der ganz von Bosheit ist entbrannt,
stirbt wie der letzte Laienbruder,
aus diesem Leben fortgeweht:
Das alles trägt der Wind von dannen!

Konstantinopels Kaiser selbst,
den goldnen Apfel in der Hand,
auch Frankreichs König, vornehm sehr,
vor allen andren ausgezeichnet,
der für den Gott, den wir verehren,
Abteien, Kirchen, Klöster baut,
– ward er zu seiner Zeit geehrt –:
Das alles trägt der Wind von dannen!

Und auch von Vienne und von Grenoble
der kluge, tapfere Dauphin,
und auch der Älteste des Herrn
von Dijon, von Salins und Dôle,
auch ihre Leute allesamt,
Trompeter, Herold' und Gefolge,
und hätten sie sich vollgefressen:
Das alles trägt der Wind von dannen!

Selbst Fürsten sind dem Tod geweiht
wie alle andren Erdenkinder;
auch wenn sie drüber zornig sind:
Das alles trägt der Wind von dannen!

XLII

Puisque pappes, roys, filz de roys
Et conceuz en ventre de roynes
Sont enseveliz mors et froys
– En aultruy mains passent leurs regnes –,
Moy, povre marcerot de regnes,
Morrai ge pas? Oy . . . se Dieu plaist!
Mais que j'aye fait mes estraines,
Honneste mort ne me desplaist.

XLIII

Ce monde n'est perpetuel,
Quoy que pense riche pillart;
Tous sommes soubz mortel coustel:
Ce confort prens, povre viellart,
Lequel d'estre plaisant raillart
Ot le bruyt, lors que jeune estoit,
C'on tendroit a fol et paillart
Si, viel, a raillier se mestoit.

XLIV

Car s'en jeunesse il fut plaisant,
Ores plus riens ne dit qui plaise
– Tousjours viel singe est desplaisant,
Moue ne fait qui ne desplaise –;
S'il se taist affin qu'il complaise,
Il est tenu pour fol recreu;
S'il parle, on lui dist qu'il se taise
Et qu'en son prunier n'a pas creu.

XLII

Da Päpste, Könige, Königssöhne
und die gezeugt mit Königinnen,
bestattet werden, tot und starr
– an andre geht ihr Reich dann über –,
muß da ich armer Silbenkrämer
erst recht nicht sterben? Doch . . . Gott will's!
Wenn meine Waren Absatz fanden,
scheu' ich nicht ehrenvollen Tod.

XLIII

Nicht ewig dauert diese Welt,
was auch der reiche Raffer denkt;
uns allen droht des Todes Schwert:
der Trost bleibt mir, dem armen Greis,
der in dem Ruf des Spötters einst
in seiner Jugend hat gestanden,
doch den für toll und dreist man hielte,
wenn er, jetzt alt, noch spotten wollte.

XLIV

Denn wenn er, jung, Gefallen weckte,
sagt er jetzt nichts mehr, was gefällt
– ein alter Affe stets mißfällt,
macht nur Grimassen, die mißfallen –;
und wenn er schweigt, um zu gefallen,
gilt er als ausgemachter Narr;
doch spricht er, heißt es, er soll schweigen,
weil's nicht auf seinem Mist gewachsen.

XLV

Or lui convient il mendïer,
Car ad ce force le contrainct;
Regrectë huy sa mort et hier,
Tristesse son cueur si estraint!
Se, souvent, n'estoit Dieu qu'il craint,
Il feroit ung orrible fait,
Et advient qu'en ce Dieu enffraint
Et que lui mesme se deffait.

XLV

Aussi ces povres famelettes
Qui vielles sont et n'ont de quoy,
Quant ilz voient ces pucellettes
Empruncter elles a requoy,
Ilz demandent a Dieu pourquoy
Sy tost nacquirent n'a quel droit.
Nostre Seigneur se taist tout quoy,
Car au tancer il le perdroit.

XLVII

Advis m'est que j'oy regrecter
La belle qui fut hëaulmiere,
Soy jeune fille soubzhaicter
Et parler en telle maniere:
«A! Viellesse felonne et fiere,
Pourquoy m'as si tost abatue?
Qui me tient, qui, que ne me fiere
Et qu'a ce coup je ne me tue?

XLV

Jetzt bleibt ihm nur der Bettelstab,
denn dazu zwingt ihn harte Not;
den Tod ersehnt er Tag für Tag,
so sehr drückt Trauer ihm das Herz!
Und oft, wär' da nicht Angst vor Gott,
vollbrächt' er schwere Missetat;
doch manchmal bricht er das Gebot
und bringt sich selber um sein Leben.

XLVI

So geht's den armen Weiblein auch,
die alt sind, nichts zu beißen haben,
wenn sie blutjunge Mädchen sehn,
die Kupplerdienst von ihnen fordern;
sie fragen Gott, warum so früh
sie wärn geborn, mit welchem Recht;
doch unser Herr, der schweigt ganz still,
denn käm's zum Streit, verlör' er wohl.

XLVII

Mir ist, als hörte ich noch klagen
die einst so schöne Helmschmiedin,
wie sie in ihre Mädchenzeit
zurück sich sehnte und so sprach:
»Ha! Alter, grausam und gemein,
was hast du mich so früh erdrückt?
Wer hält mich, daß ich nicht erstech
mich selbst, mich mit dem Stich entleibe?

XLVIII

Tollu m'as la haulte franchise
Que Beaulté m'avoit ordonné
Sur clers, merchans et gens d'Eglise,
Car lors il n'estoit homme né 464
Qui tout le scien ne m'eust donné,
Quoy qu'il en feust des repentailles,
Mais que lui eusse abandonné
Ce que reffusent truandailles. 468

XLIX

A maint homme l'ay reffusé,
Qui n'estoit a moy grant sagesse,
Pour l'amour d'un garson rusé,
Auquel j'en feiz grande largesse. 472
A qui que je feisse fynesse,
Par m'ame, je l'aymoye bien;
Or ne me faisoit que rudesse
Et ne m'amoit que pour le mien. 476

L

Sy ne me sceust tant detraîner,
Fouller aux piez, que ne l'aymasse,
Et m'eust il fait les rains trayner,
S'il m'eust dit que je le baisasse, 480
Que tous mes maulx je n'oubliasse.
Le glouton, de mal entaichié,
M'embrassoit . . . J'en suis bien plus grasse!
Que m'en rest'il? Honte et pechié. 484

XLVIII

Die höchste Macht nahmst du mir fort,
die Schönheit über Schreiber, Pfaffen
und Handelsherren mir verliehen;
denn damals gab's nicht einen Mann,
der mir nicht alles gern gegeben,
wie sehr es ihn auch später reute,
wenn ich ihm nur gelassen hätte,
was jetzt die Bettler selbst verschmähn.

XLIX

Ich hab es manchem Mann verwehrt,
was meinerseits nicht weise war,
weil einen Taugenichts ich liebte,
den reichlich ich damit beschenkt'.
Wie viele ich auch gleich umgarnte,
bei meiner Seel', ihn liebte ich;
doch er hat mich nur roh gequält
und liebte mich nur für mein Geld.

L

So konnte er mich gar nicht zerren
und treten, daß ich ihn nicht liebte!
Und hätte er mich totgeschleift
und dann gesagt, ich sollt' ihn küssen,
mein ganzes Leid hätt' ich vergessen.
Der gierige Lump, der Bösewicht,
umarmte mich ... Das macht schön satt!
Was bleibt mir jetzt? Nur Schmach und Schande.

LI

Or est il mort passé trente ans,
Et je remains, vielle, chenue.
Quant je pense, lasse! au bon temps,
Que me regarde toute nue
– Quelle fuz, quelle devenue! –
Et je me voy si tres changee,
Povre, seiche, maigre, menue,
Je suis presque toute enraigee.

LII

Qu'est devenu ce front poly,
Cheveux blons, ces sourciz voultiz,
Grant entreuil, ce regard joly,
Dont prenoie les plus soubtilz,
Ce beau nez droit, grant ne petiz,
Ces petites joinctes orreilles,
Menton fourchu, cler viz traictiz,
Et ces belles levres vermailles;

LIII

Ces gentes espaulles menues,
Ces braz longs et ces mains traictisses,
Petiz tetins, hanches charnues,
Eslevees, propres et faictisses
A tenir amoureuses lices,
Ces larges reins, ce sadinet
Assiz sur grosses fermes cuisses
Dedens son petit jardinet?

LI

Nun ist er tot, schon dreißig Jahr,
und ich blieb alt und weiß zurück.
Gedenk ich, ach, der guten Zeit
und schau mich nackt im Spiegel an
– wie war ich einst, wie bin ich jetzt! –
und seh, wie ich verändert bin,
vertrocknet, mager, klein und arm,
so könnt' ich fast vor Zorn vergehn.

LII

Was blieb von meiner glatten Stirn,
dem Blondhaar und dem Brauenschwung,
dem Augenstand, dem Schelmenblick,
mit dem ich noch den Schlausten fing,
der schönen Nase, zierlich-grad,
den Öhrchen, die so eng anlagen,
dem Grübchenkinn, den reinen Zügen,
und meinen schönen Purpurlippen;

LIII

was von den hübschen Schultern schmal,
den schlanken Armen, feinen Händen,
den kleinen Brüstchen, runden Hüften,
hochragend und dafür geschaffen,
zu trotzen manchem Liebesstreit,
der Kruppe breit, dem süßen Ding
auf starken Schenkeln, drall und fest,
versteckt in seinem Garten klein?

LIV

Le front ridé, les cheveux griz,
Les sourciz cheux, les yeulx estains,
Qui faisoient regars et ris
Dont mains meschans furent actains,
Nez courbes, de beaulté loingtaings,
Orreilles pendentes, moussues,
Le visz paly, mort et destains,
Menton froncé, levres peaussues

LV

– C'est d'umaine beaulté l'yssue . . . –,
Les braz cours et les mains contraictes,
Des espaulles toutes bossues,
Mamelles, quoy? toutes retraictes,
Telles les hanches que les tectes,
Du sadinet, fy! Quant des cuisses,
Cuisses ne sont plus, mais cuissectes
Grivelees comme saulcisses!

LVI

Ainsi le bon temps regretons,
Entre nous, povres vielles soctes,
Assises bas, a crouppetons,
Tout en ung tas, comme peloctes,
A petit feu de chenevoctes,
Tost alumees, tost estainctes . . .
Et jadiz fusmes si mignotes!
Ainsi en prent a maint et maintes.»

LIV

Die Stirn voll Runzeln, grau das Haar,
die Brauen licht, die Augen stumpf,
die Blicke warfen, fröhlich lachten,
wodurch manch armer Kerl getroffen;
die Nase krumm und nicht mehr schön,
die Ohren hängend, voller Moos,
das Antlitz bleich, erstorben, fahl,
das Kinn geschrumpft, die Lippen schlaff

LV

– das ist der Menschen Schönheit Ende . . . –,
die Arme kurz, die Hände steif,
die Schultern ganz und gar verbuckelt,
die Brüste, wie? sind ganz verschrumpelt,
die Hüften erst, die Warzen auch.
Das süße Ding, pfui! Und die Schenkel
sind keine Schenkel – Schenkelchen
und braun gesprenkelt wie zwei Würste!

LVI

So träumen von der guten Zeit
wir dummen Alten miteinander,
gebückt, auf unsren Fersen hockend,
auf einem Haufen, dicht geknäult,
ums kleine Feuer hanfner Stengel,
die, schnell entflammt, auch schnell erlöschen . . .
Und einstmals waren wir so hübsch!
So geht es manchem wohl und mancher.«

Ballade

«Or y pensez, belle Gantiere,
Qui escolliere souliez estre,
Et vous, Blanche la Savetiere,
Or est il temps de vous congnoistre:
Prenez a destre et a senestre,
N'espargniez homme, je vous prie,
Car vielles n'ont ne cours ne estre
Ne que monnoye qu'on descrye.

Et vous, la gente Saulcissiere,
Qui de dancer estes adestre,
Guillemete la Tappiciere,
Ne mesprenez vers vostre maistre:
Tost vous fauldra clore fenestre;
Quant deviendrez vielle, fleterye,
Plus ne servirez q'un viel prestre
Ne que monnoye c'on descrye.

Jehanneton la Chapperonniere,
Gardez qu'amy ne vous empestre;
Et Katherine la Bourciere,
N'envoyez plus les hommes paistre,
Car qui belle n'est ne perpestre
Leur male grace mais leur rie,
Laide viellesse amour n'impestre
Ne que monnoye c'on descrye.

Filles, vueilliez vous entremectre
D'escouter pourquoy pleure et crye:
Pource que je ne me puis mectre
Ne que monnoye c'on descrye.»

Ballade

»Ihr, schöne Handschuhmacherin,
denkt dran, die Ihr Novizin wart,
und Blanche, Ihr, die Schusterin,
jetzt ist es Zeit, taxiert euch nur!
Greift zu, wie's kommt, mal links, mal rechts,
schont keinen Mann, ich bitte euch,
denn Alte sind jetzt ohne Wert
wie Geld, das außer Kurs gesetzt.

Und Ihr auch, hübsche Metzgerin,
die Ihr geschickt im Tanzen seid,
Guillemete, Teppichwirkerin,
gehorcht nur Eurer Meisterin:
Bald müßt Ihr Eure Läden schließen!
Seid Ihr erst einmal alt und welk,
dient Ihr nur noch den alten Pfaffen,
wie Geld, das außer Kurs gesetzt.

Laßt, Haubenmachrin Jehanneton
von Eurem Freund Euch nicht behindern;
Ihr, Katherine, Beutelnäherin,
schickt keine Männer mehr zum Teufel;
wer nicht sehr schön ist, sollte nicht
den Mann vergraulen, sondern lächeln,
und garstige Vetteln liebt man nicht,
wie Geld, das außer Kurs gesetzt.

Ihr Mädchen, müht euch zu verstehn,
warum ich weine, bitter klage:
Ich kann mich nicht in Umlauf bringen
wie Geld, das außer Kurs gesetzt.«

LVII

Ceste leçon icy leur baille
La belle et bonne de jadiz.
Bien dit ou mal, vaille que vaille,
Enregistrer j'ay fait ses diz
Par mon clerc Fremin l'estourdiz,
Aussi rassiz que je pense estre,
S'il me desment, je le mauldiz:
Selon le clerc est deu le maistre.

LVIII

Sy apperçoy le grant danger
Ouquel omme amoureux se boute.
Et qui me vouldroit laidanger
De ce mot, en disant: «Escoute!
Se d'amer t'estrange et reboute
Le barrat de celles nommees,
Tu faiz une bien folle doubte,
Car ce sont femmes diffamees.

LIX

S'ilz n'ayment fors que pour l'argent,
On ne les ayme que pour l'eure;
Rondement ayment toute gent
Et rient lors quant bourse pleure.
De celles cy n'est qui ne queurre;
Mais en femmes d'onneur et nom
Franc homme, se Dieu me sequeure,
Se doit emploier, ailleurs non.»

LVII

Die Mahnung hier erteilet ihnen,
die einstmals schön war und geschickt.
Ob recht sie sprach, ob schlecht, wie immer,
was sie gesagt, ließ ich notieren
vom Schreiber Firmin, dem Zerstreuten,
ein klarer Kopf, grad so wie ich;
straft er mich Lügen, fluch ich ihm,
denn wie der Diener, so der Herr.

LVIII

Auch ich erkenne die Gefahr,
in die ein Liebender sich stürzt.
Und wer mich darum tadeln will,
daß ich so sprach, und sagt: »Hör zu!
Wenn dir der Vorgenannten List
die Liebesfreuden arg vergällt,
so irrst du dich, bist wirklich dumm,
denn das sind Frauen ohne Ehr'.

LIX

Denn sind sie nur für Geld bereit,
liebt man sie auch nur stundenweise;
sie lieben rundum alle Welt
und lachen, wenn der Beutel weint.
Doch suchen sie nur Abenteuer;
um Frauen, ehrbar, gut beleumdet,
soll sich der Edle, helf mir Gott,
bemühen, doch um andre nicht.«

LX

Je prens qu'aucun dye cecy,
Sy ne me contente il en rien.
En effect, il conclud ainsi,
Et je le cuide entendre bien,
Qu'on doit amer en lieu de bien.
Assavoir mon se ces fillectes
Qu'en parolles toute jour tien,
Ne furent ilz femmes honnestes?

LXI

Honnestes si furent vrayement,
Sans avoir reprouches ne blasmes.
Sy est vray qu'au commencement
Une chacune de ces femmes
Lors prindrent, ains qu'eussent diffames,
L'une ung clerc, ung lay, l'autre ung moyne,
Pour estaindre d'amours les flasmes
Plus chaudes que feu saint Anthoyne.

LXII

Or firent selon ce decret
Leurs amys, et bien y appert:
Ilz amoient en lieu secret,
Car autre d'eulx n'y avoit part.
Touteffoiz ceste amour se part,
Car celle qui n'en avoit q'um
De celluy s'eslongne et depart
Et ayme mieulx aimer chascun.

LX

Gesetzt, es spräche jemand so,
kann er mich doch nicht überzeugen.
Er kommt fürwahr ja zu dem Schluß,
versteh ich seine Meinung recht,
man liebe nur, die ehrbar sind.
Dann möcht' ich wissen, ob die Mägdlein,
mit denen Tag für Tag ich spreche,
nicht früher einmal ehrbar waren?

LXI

Sie waren ehrbar, das ist wahr,
zu tadeln nicht und nicht zu schmähn.
Doch nahm sich gleich zu Anbeginn
von diesen Frauen eine jede,
bevor sie ihren Ruf verloren,
ob Mönch, ob Kleriker, ob Laien,
um ihre Liebesglut zu löschen,
die heißer als Antoniusfeuer.

LXII

Sie nahmen sich auf diese Weise
erst *einen* Freund, das ist wohl wahr,
sie liebten nur ihn ganz allein,
kein andrer hatte daran teil.
Doch solche Liebe sich verzweigt,
denn die, die einen nur geliebt,
geht von ihm fort, läßt ihn allein
und will viel lieber alle lieben.

LXIII

Qui les meut a ce? G'ymagine,
Sans l'onneur des dames blasmer,
Que c'est nature femeninne
Qui tout unyement veult amer.
Autre chose n'y sçay rimer
Fors qu'on dit a Rains et a Troys,
Voire a L'Isle et a Saint Omer,
Que six ouvriers font plus que trois.

LXIV

Or ont ces folz amans le bont
Et les dames prins la vollee.
C'est le droit loier qu'amans ont,
Toute foy y est vïollee.
Quelque doulx baisier n'acollee,
De chiens, d'oiseaulx, d'armes, d'amours,
C'est pure verté devollee,
Pour une joye cent doulours.

Double Ballade

Pour ce, aymez tant que vouldrez,
Suivez assemblees et festes,
En la fin ja mieulx n'en vauldrez
Et n'y romperez que voz testes.
Folles amours font les gens bestes:
Salmon en ydolatria,
Sanson en perdit ses lunectes.
Bien eureux est qui rien n'y a!

LXIII

Was treibt sie denn? Ich meine wohl
und will der Frauen Ehr' nicht kränken:
Das ist die weibliche Natur,
die alle Männer lieben will.
Sonst wüßt' ich keinen andren Reim
als den, es heißt in Reims und Troyes,
und selbst in Lille und Saint Omer:
Sechs Männer schaffen mehr als drei.

LXIV

Die dummen Freier stehn im Aus,
die Damen schmettern ihre Bälle!
Das ist der Lohn für wahre Liebe,
und Treu und Glauben sind verletzt.
Wie süß die Küsse, das Umhalsen:
Bei Hunden, Vögeln, Waffen, Fraun,
die Wahrheit ist nur zu bekannt –
für eine Freude hundert Schmerzen.

Doppelballade

Drum liebt, soviel ihr lieben mögt,
sucht Feste auf und Lustbarkeiten,
am Ende steigt ihr nicht im Wert
und stumpft nur eure Sinne ab.
Der Liebeswahn macht Menschen dumm:
trieb Salomon zum Götzendienst,
nahm Samson gar sein Augenlicht.
Beneidenswert, wer frei davon!

Orpheüs le doulx menestrier,
Jouant de fluctes et musectes,
En fut en danger de murtrier
Chien Cerberuz a quatre testes;
Et Narcisus ly beaulx honnestes
En ung parfont puis se noya
Pour l'amour de ses amourectes.
Bien eureux est qui rien n'y a!

Sardana le preux chevallier,
Qui conquist le resne de Crestes,
En voulut devenir moullier
Et filler entre pucellectes;
David ly roys, saiges prophetes,
Crainte de Dieu en oublia,
Voyant laver cuisses bien fetes.
Bien eureux est qui rien n'y a!

Amon en voult deshonnorer,
Faignant de menger tartelectes,
Sa seur Thamar et defflorer,
Qui fut incestes deshonnestes;
Herodes, pas ne sont sornectes,
Saint Jehan Baptiste en decola
Pour dances, saulx et chansonnectes.
Bien eureux est qui rien n'y a!

De moy, povre, je vueil parler:
J'en fuz batu comme a ru telles,
Tout nu, ja ne le quiers celler.
Qui me fist macher ces groselles
Fors Katherine de Vauselles?
Noel le tiers ot, qui fut la,
Mitaines a ces nopces telles.
Bien eureux est qui riens n'y a!

Und Orpheus gar, der Spielmann süß,
der Dudelsack und Flöte spielte,
nahm die Gefahr auf sich, zu töten
den Zerberus mit den vier Köpfen;
Narziß, der schöne, edle Knabe,
ertrank im tiefen Brunnenschacht,
er tat dies seiner Lieb zuliebe.
Beneidenswert, wer frei davon!

Sardanapal, der Ritter wert,
der 's Kreterreich hat eingenommen,
wollt' sich zur Weiberart bekehren
und mit den jungen Mädchen spinnen;
und König David, der Prophet,
vergaß aus Liebe Gottesfurcht,
als er im Bade Schenkel sah.
Beneidenswert, wer frei davon!

Es wollte Amnon gar entehren,
indem er tat, als äß' er Küchlein,
die Schwester Thamar, und sie schänden,
das war ein schimpflicher Inzest;
Herodes – das ist nicht erfunden –
des Täufers Haupt vom Rumpfe trennte
für Tänze, Sprünge, kleine Lieder.
Beneidenswert, wer frei davon!

Jetzt will ich von mir Armem sprechen:
Man schlug wie Leinwand mich am Bache
ganz nackt, ich will es nicht verhehlen.
Wer ließ mich diese Pillen schlucken,
wenn nicht Katherine de Vauselles?
Und auch Noël, im Bund der Dritte,
bekam bei dieser Feier Prügel.
Beneidenswert, wer frei davon!

Mais que ce jeune bachelier
Laissast ces jeunes bachelectes?
Non, et le deust on vif bruler
Comme ung chevaucheur d'escouvettes! 668
Plus doulces lui sont que cyvetes,
Mais touteffoiz fol s'i fya:
Soient blanches, soient brunectes,
Bien eureux est qui riens n'y a! 672

LXV

Se celle que jadiz servoye
De si bon cueur et loyaulment,
Dont tant de maulx et griefz j'avoye
Et souffroye tant de tourment, 676
Se dit m'eust au commancement
Sa voulenté, mais nennil, las!
J'eusse mis paine aucunement
De moy retraire de ses las. 680

LXVI

Quoy que je lui voulsisse dire,
Elle estoit preste d'escouter
Sans m'acorder ne contredire.
Qui plus, me souffroit acouter 684
Joingnant d'elle, pres sacouter . . .
Et ainsi m'aloit amusant
Et me souffroit tout raconter,
Mais ce n'estoit qu'en m'abusant. 688

Doch sollte nun der junge Bursch
deswegen von den Mädchen lassen?
Nein, würde man ihn selbst verbrennen
lebendig wie den Besenreiter!
Sind süßer ihm als Moschuskatzen,
doch ist ein Narr, wer ihnen traut,
ob sie nun blond sind, ob brünett.
Beneidenswert, wer frei davon!

LXV

Wenn jene, der ich einst gedient
mit edlem Herzen, treu ergeben,
um die ich dann viel Kummer litt
und solche Qual erdulden mußte,
zu Anfang gleich erklärt mir hätte,
was sie im Sinn trug, aber nein!
Ich hätte alles drangesetzt,
aus ihrem Netz mich zu befrein.

LXVI

Was ich ihr auch erzählen mochte,
sie war bereit, mir zuzuhören,
und sagte weder ja noch nein.
Dazu ließ sie mich bei sich liegen,
an sie geschmiegt, ins Ohr ihr flüstern . . .
So hielt sie lange mich zum besten
und ließ mich alles ihr erzählen,
doch führte sie mich hinters Licht.

LXVII

Abusé m'a et fait entendre
Tousjours d'un que ce feust ung autre:
De farine que ce feust cendre,
D'un mortier ung chappel de faultre,
De viel machefer que feust peaultre,
D'ambesars que c'estoient ternes
– Tousjours trompeur autruy engautre
Et rend vecyes pour lanternes –,

LXVIII

Du ciel une paille d'arrain,
Des nues une peau de veau,
Du main que c'estoit le serain,
D'un troingnon de chou ung naviau,
D'orde servoyse vin nouveau,
D'une truye ung molin a vent
Et d'une hart ung escheveau,
D'un graz abé ung poursuivant.

LXIX

Ainsi m'ont Amours abusé
Et pourmené de l'uys au pesle.
Je croy qu'omme n'est si rusé,
Fust fin com argent de coupelle,
Qui n'y laissast linge, drappelle,
Mais qu'il fust ainsi manïé
Comme moy, qui partout m'appelle
L'amant remis et renÿé.

LXVII

Sie narrte mich und ließ mich glauben,
daß eines stets ein andres sei:
Mehl wäre Asche eigentlich,
ein Samtbarett ein Hut aus Filz,
und Eisengraupe gutes Zinn,
ein Einerpasch ein Dreierpasch
– ein Gauner stets den andren täuscht,
gibt Schweineblasen für Laternen –,

LXVIII

der Himmel eine Kupferpfanne,
die Wolken wären Kälberfelle,
der Morgen schon der Abendschein,
ein Kohlstrunk eine weiße Rübe
und schales Bier gleich neuem Wein,
die Wurfmaschine eine Mühle,
ein Stück der Schnur ein ganzer Strang,
ein fetter Abt ein schlanker Knapp'.

LXIX

So hat die Liebe mich getäuscht
und an der Nase rumgeführt!
Ich glaube, keiner ist so schlau,
wär' fein er wie Kapellensilber,
daß er nicht Hemd und Rock verloren,
wär' er wie ich mißhandelt worden,
der ich mich allerorten nenn'
den Liebenden, den man verstieß.

LXX

Je regnye Amours et despite
Et deffie a feu et a sang.
Mort par elles me precepicte,
Et ne leur en chault pas d'un blanc.
Ma vïelle ay mis soubz le banc,
Amans ne suiveray ja maiz;
Se jadiz je fuz de leur renc,
Je declaire que n'en suis maiz;

LXXI

Car j'ay mis le plumail au vent:
Or les suive qui a actente!
De ce me taiz doresnavant,
Car poursuivre vueil mon entente.
Et s'aucun m'interrogue ou tente
Comment d'Amours j'ose mesdire,
Ceste parolle le contente:
«Qui meurt a ses loix de tout dire».

LXXII

Je congnois approucher ma seuf,
Je crache blanc comme coton
Jacoppins groz comme ung estuef.
Qu'esse a dire? Que Jehanneton
Plus ne me tient pour valleton,
Mais pour ung viel usé rocquart:
De viel porte voix et le ton,
Et ne suis q'un jeune cocquart.

LXX

Ich leugne Amor, trotze ihm
und fordre ihn zu blutigem Streit.
Der Tod vernichtet mich durch ihn,
doch schert's ihn nicht den kleinsten Deut.
Die Leier legt' ich untern Tisch,
nie folg ich mehr den Liebenden;
und kämpft' ich einst in ihren Reihn,
will ich nie mehr dazugehören.

LXXI

Den Helmbusch warf ich in die Luft,
es folge ihnen, wer noch hofft!
Von nun an schweige ich davon,
will meinen Plan zu Ende führen.
Und wenn mich jemand fragt, bedrängt,
wie Liebe ich zu schmähen wage,
dann mag ihm dieser Satz genügen:
»Der Sterbende darf alles sagen.«

LXXII

Ich weiß, mein letzter Durst, der naht,
schon ist mein Speichel watteweiß,
Mönchskotzen spei ich, ballengroß.
Was heißt das? Daß mich Jehanneton
nicht mehr für einen Jüngling hält,
vielmehr für einen alten Gaul.
Ich spreche wie ein alter Greis
und bin doch nur ein junger Hahn.

LXXIII

Dieu mercy . . . et Tacque Thibault,
Qui tant d'eaue froide m'a fait boire,
En ung bas, non pas en ung hault,
Menger d'angoisse mainte poire,
Enferré . . . Quant j'en ay memoire,
Je prie pour luy, *et relicqua*,
Que Dieu lui doint, et voire voire,
Ce que je pense, *et cetera*.

LXXIV

Touteffoiz, je n'y pense mal
Pour lui, et pour son lieutenant,
Aussi pour son officïal
Qui est plaisant et advenant,
Que faire n'ay du remenant
Mais du petit maistre Robert:
Je les ayme tout d'un tenant,
Ainsi que fait Dieu le Lombart.

LXXV

Sy me souvient bien, Dieu mercis,
Que je feiz a mon partement
Certains laiz, l'an cinquante six,
Qu'aucuns, sans mon consentement,
Voulurent nommer testament;
Leur plaisir fut, non pas le myen.
Mais quoy! on dit communement
Qu'ung chacun n'est maistre du scien.

LXXIII

Gott sei's gedankt . . . und »Tacque« Thibault,
der mich ließ kaltes Wasser saufen
im tiefen Loch, nicht obenauf,
mir manche Angstbirn' gab zu fressen,
im Eisen . . . Denke ich daran,
bet ich für ihn, *et reliqua*,
Gott schenke ihm, jawohl, fürwahr,
das, was ich denk, *et cetera*.

LXXIV

Indessen, Böses wünsche ich
nicht ihm noch seinem Stellvertreter
und auch nicht seinem Offizial,
der »freundlich« ist und »liebenswert«;
ich hab nur mit dem Rest zu tun,
nehm aber Meister Robert aus:
Ich liebe alle drei vereint
wie der Lombarde Gott den Herrn.

LXXV

Ich weiß noch sehr wohl, Gott sei Dank,
daß ich beim Abschied ausgesetzt
Legate anno sechsundfünfzig,
die, ohne daß ich zugestimmt,
als »Testament« bezeichnet wurden.
Das mag man tun, mir paßt das nicht.
Was soll's? Der Spruch ist allbekannt:
Nicht jeder ist des Seinen Herr.

LXXVI

Pour les revocquer ne le diz,
Et y courrust toute ma terre.
De pictié ne suis reffroydiz
Envers le bastard de la Barre:
Parmy ses troys gluyons de feurre
Je lui donne mes vielles nattes;
Bonnes seront pour tenir serre
Et soy soustenir sur les pates.

LXXVII

S'ainsi estoit qu'aucun n'eust pas
Receu le laiz que je lui mande,
J'ordonne qu'aprés mon trespas
A mes hoirs en face demande.
Mais qui sont ilz? Si le demande
Morreau, Prouvins, Robin Turgis:
De moy, dictes que je leur mande,
Ont eu jusqu'au lit ou je gis.

LXXVIII

Somme, plus ne diray q'un mot,
Car commencer vueil a tester.
Devant mon clerc Fremin qui m'ot,
S'il ne dort, je vueil protester
Que n'entens homme detester
En ceste presente ordonnance,
Et ne la vueil manifester . . .
Synom ou royaume de France.

LXXVI

Nicht widerrufen will ich sie,
selbst wenn mein ganzes Land draufgeht.
Mein Mitleid ist noch nicht ganz kalt
mit jenem Bastard de la Barre:
Zu den drei Schütten Stroh von einst
schenk ich ihm meine alten Matten;
sie taugen noch, um »durchzuhalten«
und sich die Knie abzustützen.

LXXVII

Hat jemand aber nicht bekommen,
was ich ihm hinterlassen habe,
so soll er es nach meinem Tod
von meinen Erben für sich fordern.
Wer sind sie? Er verlang' es von
Morreau, Prouvins, Robin Turgis:
Sie haben, könnt ihr ihnen sagen,
was mir gehörte, selbst mein Bett.

LXXVIII

Kurzum, ich sag nur noch ein Wort
und will beginnen zu testieren.
Ich will vor Firmin, meinem Schreiber,
der's hört, so er nicht schläft, bezeugen,
daß in der jetzigen Verfügung
ich niemand »detestieren« will,
sie auch nicht publizieren möchte
als innerhalb von Frankreichs Grenzen.

LXXIX

Je sens mon cueur qui s'affoiblist
Et plus je ne puis papïer.
Fremin, siez toy pres de mon lit,
Que l'en ne me viengne espïer.
Pren ancre tost, plume, pappier,
Ce que nomme escriptz vistement,
Puis fay le partout coppïer.
Et vecy le commancement.

LXXX

Ou nom de Dieu, Pere eternel,
Et du Filz que vierge parit,
Dieu au Pere coeternel
Ensemble et le Saint Esperit,
Qui sauva ce qu'Adam perit
Et du pery parre les cyeulx . . .
Qui bien ce croit peu ne merit,
Gens mors estre faiz petiz dieux.

LXXXI

Mors estoient et corps et ames,
En dampnee perdicïon,
Corps pourriz et ames en flasmes,
De quelconque condicïon.
Touteffoiz fais exepcïon
Des patriarches et prophetes,
Car, selon ma concepcïon,
Oncques grant chault n'eurent aux fesses.

LXXIX

Mein Herz wird schwach, ich fühl es wohl,
kann kaum den Mund zum Sprechen öffnen.
Firmin, setz dich hier dicht ans Bett,
daß man mich nicht belauschen kann.
Nimm Tinte, Feder und Papier
und was ich sage, schreib geschwind,
dann mach es überall bekannt.
Und hier ist also der Beginn.

LXXX

Bei Gott, dem Vater ewiglich,
dem Sohn auch, den die Magd gebar,
der ewig wie der Vater ist,
und göttlich wie der Heilige Geist,
der Adams Sündenfall geheilt,
die Himmel mit den Sündern schmückt . . .
Dem, der dran glaubt, gebührt Verdienst,
daß Tote kleine Götter werden.

LXXXI

Sie waren tot an Leib und Seel',
in alle Ewigkeit verdammt,
der Leib verfault, die Seel' in Flammen,
wes Standes sie auch immer waren.
Indessen nehm ich davon aus
die Patriarchen und Propheten,
denn ihnen, stelle ich mir vor,
war's niemals heiß am Hinterteil.

LXXXII

Qui me diroit: «Qui vous fait mectre
Si tres avant ceste parolle,
Qui n'estes en theologie maistre?
A vous est presumpcïon folle»,
C'est de Jhesus la parabolle
Touchant du riche ensevely
En feu, non pas en couche molle,
Et du ladre de dessus ly.

LXXXIII

Se du ladre eust veu le doyz ardre,
Ja n'en eust requis reffrigere
N'au bout d'icelluy doiz aerdre
Pour raffreschir sa maschoüoire.
Pÿons y feront macte chierre,
Qui boyvent pourpoint et chemise!
Puis que boiture y est si chiere,
Dieux nous garde de la main mise!

LXXXIV

Ou nom de Dieu, comme j'ay dit,
Et de sa glorïeuse Mere,
Sans pechié soit parfait ce dit
Par moy, plus maigre que chimere.
Se je n'ay eu fievre eufumere,
Ce m'a fait divine clemence;
Mais d'autre dueil et perte amere
Je me tais, et ainsi commence.

LXXXII

Und sagt da jemand: »Wer erlaubt,
daß solche Meinung Ihr verkündet,
habt nie Theologie studiert?
Aus Eurem Mund ist's Dünkel toll!«
So sag ich, Jesu Gleichnis lehrt's,
vom Reichen, der ins Feuer kam
und nicht auf weiche Bettestatt,
dieweil der Arme oben thront.

LXXXIII

Hätt' auch des Armen Hand gebrannt,
hätt' keine Kühlung er erbeten,
nicht ihre Spitze packen wollen,
um seinen Kiefer zu erfrischen.
Dort machen Zecher saure Mienen,
die Wams und Hemd und Kleid versaufen!
Da dort Getränke teuer sind,
schütz' Gott uns vor des Teufels Griff!

LXXXIV

Im Namen Gottes, wie gesagt,
und seiner Mutter, rühmenswert,
sei sündelos dies Werk beendet,
bin ich gleich magrer als Chimären.
Und litt ich nie an Eintagsfieber,
so dank ich dies des Himmels Huld;
von andrem Kummer und Verlust,
da schweige ich und fang jetzt an.

LXXXV

Premier doue de ma povre ame
La glorïeuse Trinité,
Et la commande a Nostre Dame,
Chambre de la divinité,
Priant toute la charité
Des dignes neuf ordres des cieulx
Que par eulx soit ce don porté
Devant le trosne precïeulx.

LXXXVI

Item, mon corps j'ordonne et laisse
A nostre grant mere la terre;
Les vers n'y trouveront grant gresse,
Trop lui a fait fain dure guerre.
Or lui soit delivré grant erre,
De terre vint, en terre tourne!
Toute chose, se par trop n'erre,
Voulentiers en son lieu retourne.

LXXXVII

Item, et a mon plus que pere,
Maistre Guillaume de Villon,
Qui esté m'a plus doulx que mere,
Enffant eslevé de maillon
– Degecté m'a de maint boullon
Et de cestuy pas ne s'esjoye;
Sy lui requier a genoullon
Qu'il m'en laisse toute la joye –,

LXXXV

Primo, mit meiner armen Seele
beschenk ich die Dreifaltigkeit,
empfehl sie Unsrer Lieben Frau,
ihr, dem Gefäß der Göttlichkeit;
und bitte die barmherzige Liebe
der neun hochwürdigen Engelschöre,
daß sie die demutsvolle Gabe
empor vor Gottes Thron hintragen.

LXXXVI

Item vermach und hinterlasse
ich meinen Leib der Mutter Erde;
die Würmer finden dran kaum Fett,
zu hart hat Hunger ihn bekriegt.
Er sei ihr schleunigst übergeben,
aus Staub er kam, zu Staub er wird!
Und alles, wenn ich mich nicht irr,
kehrt gern an seinen Ort zurück.

LXXXVII

Item, ihm, meinem mehr als Vater,
Magister Guillaume de Villon,
der sanfter war als eine Mutter,
als kaum den Windeln ich entwuchs
– befreite mich aus mancher Not
und freut sich über diese nicht;
drum fleh ich ihn auf Knien an,
daß allen Spaß dran er mir läßt –,

LXXXVIII

Je lui donne ma libraryre
Et le roumant du Pet au Deable,
Lequel maistre Guy Tabarye
Grossa, qui est homs veritable.
Par cayeulx est soubz une table;
Combien qu'il soit rudement fait,
La matiere est si tres notable
Qu'elle admende tout le meffait.

LXXXIX

Item, donne a ma povre mere,
Pour saluer nostre Maistresse,
Qui pour moy ot douleur amere,
Dieu le scet, et mainte tritresse
– Autre chastel n'ay ne forteresse
Ou me retraye corps ne ame
Quant sur moy court malle destresse,
Ne ma mere, la povre femme –.

Ballade

Dame du ciel, regente terïenne,
Emperiere des infernaulx paluz,
Recevez moy, vostre humble crestïenne,
Que comprinse soye entre voz esleuz,
Ce non obstant qu'oncques riens ne valuz.
Les biens de vous, ma dame, ma maistresse,
Sont trop plus grans que ne suis pecheresse,

LXXXVIII

ihm laß ich meine Bibliothek,
auch den Roman »Der Teufelsfurz« –
ihn hat Magister Tabarye
kopiert und ist ein »wahrer« Mann.
»Heftweise« liegt er unterm Tisch;
ist er recht kunstlos auch verfaßt,
so ist der Stoff doch merkenswert,
daß er die ganze Untat sühnt.

LXXXIX

Item, der armen Mutter laß
ein Grußlied ich für Unsre Herrin,
die um mich bittren Schmerz erlitten,
weiß Gott, und Traurigkeit genug;
– denn andre Zuflucht hab ich nicht,
um Leib und Seele drin zu bergen,
wenn schlimmes Unglück mich befällt,
auch meine arme Mutter nicht.

Ballade

Du Himmelskönigin, Herrscherin der Erden,
du Kaiserin der höllischen Gefilde,
mich demutsvolles Christenweib nimm auf,
laß zu den Auserwählten mich gehören,
wenngleich ich kein Verdienst auf Erden hatte.
Doch Deine Gaben, meine hohe Herrin,
sind größer als das Ausmaß meiner Sünden,

Sans lesquelz biens ame ne peult merir
N'avoir les cieulx; je n'en suis jangleresse:
En ceste foy je vueil vivre et mourir.

A vostre Filz dictes que je suis scienne;
De luy soient mes pechiez aboluz.
Pardonne moy comme a l'Egipcïenne,
Ou comme il fist au clerc Theophiluz,
Lequel par vous fut quicte et absoluz,
Combien qu'il eust au deable fait promesse.
Preservez moy que ne face jamaiz ce,
Vierge portant, sans rompture encourir,
Le sacrement c'on celebre a la messe:
En ceste foy je vueil vivre et mourir.

Femme je suis povrecte et ancïenne,
Qui riens ne sçay, oncques lettres ne leuz.
Au moustier voy, dont suis parroissïenne,
Paradiz paint, ou sont harpes et leuz,
Et ung enffer, ou dampnez sont bouluz;
L'un me fait paour, l'autre joye et lïesse.
La joye avoir me fais, haulte deesse,
A qui pecheurs doivent tous recourir,
Comblés de foy, sans faincte ne parresse:
En ceste foy je vueil vivre et mourir.

Vous portastes, digne Vierge, princesse,
Jhesus regnant qui n'a ne fin ne cesse.
Le Tout Puissant, prenant nostre foiblesse,
Laissa les cieulx et nous vint secourir,
Offrit a mort sa tres clere jeunesse.
Nostre Seigneur tel est, tel le confesse:
En ceste foy je veul vivre et mourir.

und ohne sie verdient sich keine Seele
den Himmel; sag es ohne jeden Arg:
Das glaube ich im Leben wie im Sterben.

Sag Deinem Sohn, daß ich ihm ganz gehöre;
er möchte meine Sünden mir vergeben.
Er sei mir gnädig wie der Aegyptiaca
und wie dem schlechten Priester Theophil,
der, Dir sei Dank, gerettet werden konnte,
obwohl dem Teufel er sein Wort verpfändet.
Beschütz mich, daß ich solches niemals tue,
o Jungfrau ohne Fehl, die Du getragen
den Leib des Herren, den die Messe feiert:
Das glaube ich im Leben wie im Sterben.

Ich bin nur eine arme alte Frau,
die gar nichts weiß und niemals lesen konnte.
Ich sehe in dem Münster der Gemeinde
des Himmels Bild, voll Harfen und voll Lauten,
auch eine Hölle, wo die Sünder sieden;
das eine macht mir Angst, das andre Freude.
Laß Freude mich empfinden, Hohe Göttin,
zu der die Sünder Zuflucht nehmen müssen,
voll Glauben, ohne Falsch und ohne Trägheit:
Das glaube ich im Leben wie im Sterben.

Vielwürdige Jungfrau, Fürstin, die getragen,
Iesum, der herrscht, bis alle Zeiten enden,
Lieh unsre Schwäche sich, trotz seiner Allmacht,
Ließ gar den Himmel, kam, um uns zu helfen,
Ob Tod auch seiner teuren Jugend drohte,
Nur er ist, so bekenn ich, unser Herr:
Das glaube ich im Leben wie im Sterben.

XC

Item, m'amour, ma chiere rose,
Ne luy laisse ne cueur ne foye;
Elle aymeroit mieulx aultre chose,
Combien qu'elle ait assés monnoye . . .
Quoy? une grant bourse de soye,
Plaine d'escuz, parfonde et large.
Mais pendu soit il, qui je soye,
Qui luy laira escu ne targe;

XCI

Car elle en a, sans moy, assés.
Mais de cela il ne m'en chault,
Mes plus grans dueilz en sont passés,
Plus n'en ay le croppïon chault.
Si m'en desmez aux hoirs Michault
Qui fut nommé le Bon Fouterre;
Priés pour luy, faictes ung sault,
A Sainct Sathur gist soubz Sancerre.

XCII

Ce non obstant, pour m'acquicter
Envers Amours plus qu'envers elle
– Car oncques n'y peulz acquester
D'espoir une seule estincelle:
Je ne sçay s'a tous si rebelle
A esté, ce m'est grant esmoy,
Mais, par saincte Marie la belle,
Je n'y voy que rire pour moy –,

XC

Item, dem Lieb, der teuren Rose,
ihr laß ich Leben nicht noch Leber;
sie hätte andres lieber auch,
obwohl sie Geld genug schon hat . . .
Was? Einen großen »Seidensäckel«,
voll harter Taler, tief und weit.
Doch soll der hängen, wär's ich selbst,
der Taler ihr und Heller läßt.

XCI

Sie hat genug schon ohne mich,
doch kümmert mich das gar nicht mehr,
mein größter Schmerz drob ist vorbei;
auch brennt mein Steiß deshalb nicht mehr.
Ich überlaß sie Michaults Erben,
der einst der »Wackre Vögler« hieß;
für ihn jetzt betet, springt dann hin
nach Saint Satur, nah bei Sancerre.

XCII

Wohlan, damit ich meine Schuld
bei Amor zahle, nicht bei ihr
– denn niemals konnte ich von ihr
nur einen Hoffnungsstrahl erlangen:
Ich weiß nicht, ob sie wohl zu allen
so spröde war, mich schmerzt das sehr,
doch bei der Heiligen Jungfrau schön,
da gibt es für mich nichts zu lachen –,

XCIII

Ceste ballade luy envoye,
Qui se termine tout par erre.
Qui luy portera? Que je voye . . .
Ce sera Pernet de la Barre,
Pourveu, s'il rencontre en son erre
Ma damoiselle au nez tortu,
Il luy dira sans plus enquerre:
«Orde paillarde, dont viens tu?»

Ballade

Faulse beaulté qui tant me couste chier,
Rude en effect, ypocrite doulceur,
Amour dure plus que fer a macher,
Nommer que puis, de ma deffaçon seur,
Cherme felon, la mort d'un povre cueur,
Orgueil mussé qui gens met au mourir,
Yeulx sans pitié, ne veult droit de rigueur,
Sans empirer, ung povre secourir?

Mieulx m'eust valu avoir esté serchier
Ailleurs secours, ç'eust esté mon honneur.
Riens ne m'eust sceu hors de ce fait hacher:
Trocter m'en fault en fuyte et deshonneur.
Haro, haro, le grant et le mineur!
Et qu'esse cy? Mouray sans coup ferir
Ou pictié veult, selon ceste teneur,
Sans empirer, ung povre secourir?

XCIII

will ich ihr die Ballade schicken,
wo jedes Reimwort schließt mit »R«.
Wer bringt sie ihr? Laßt mich mal sehn . . .
Nun, Pernet de la Barre soll's sein,
doch nur, wenn er auf seiner Runde
mein schiefgenastes Fräulein trifft
und zu ihr unvermittelt sagt:
»Wo kommst du her, gemeine Hure?«

Ballade

Falsch bist du, Schönheit, hoch ist mir dein Preis,
Rauh deine Wirkung, trügerisch die Süße,
Ach Amor, mit dem eisenharten Zaum,
Nenn ich dich, sicher, daß ich unterliege.
Charme voller Trug, des armen Herzens Tod,
O Stolz, verborgen, der die Menschen tötet,
Ihr Augen ohne Mitleid, will das Recht
Statt ihn zu strafen, nicht dem Armen helfen?

Mein Heil hätt' besser ich für mich gesucht
An einem andren Ort, zu meiner Ehre.
Riß mich doch nichts aus dieser Pein heraus:
Trolln muß ich mich und fliehn und bin entehrt,
Helft mir, o helft! So klag ich laut und leis.
Erliegen müßt' ich, nicht mich wehren dürfen?
Will 's Mitleid denn, wie meine Verse klagen,
Statt ihn zu strafen, nicht dem Armen helfen?

Ung temps viendra qui fera dessechier,
Jaunyr, flectrir vostre espanye fleur.
Je m'en reisse, se tant peusse macher
Lors, mais nennil, ce seroit dont folleur:
Viel je seray, vous laide, sans couleur.
Or buvez fort, tant que ru peult courir;
Ne donnez pas a tous ceste douleur:
Sans empirer, ung povre secourir.

Prince amoureux, des amans le greigneur,
Vostre mal gré ne vouldroye encourir,
Mais tout franc cueur doit, par Nostre Seigneur,
Sans empirer, ung povre secourir.

XCIV

Item, a maistre Ythier Merchant,
Auquel mon branc laissay jadiz,
Donne, mais qu'il le mecte en chant,
Ce lay contenant des vers dix,
Et au luz ung *De profundiz*
Pour ses ancïennes amours,
Desquelles le nom je ne diz,
Car il me hairoit a tousjours.

Lay

Mort, j'appelle de ta rigueur,
Qui m'as ma maistresse ravie
Et n'es pas encore assouvye
Se tu ne me tiens en langueur.

Einst kommt die Zeit, die eure volle Blüte 958
vertrocknen, gilben, welken machen wird.
Ich lachte drob, wenn ich noch kauen könnte,
doch nein, das wäre pure Narretei:
Denn ich bin alt, ihr häßlich, ohne Farbe. 962
Drum trinkt, solang das Bächlein fließen mag;
durch Zaudern macht den andren keine Pein,
statt ihn zu strafen, wollt dem Armen helfen!

Verliebter Fürst, Ihr, der Verliebten Größter, 966
ich möchte Euren Mißmut nicht erregen,
doch muß ein edles Herz, Gott sei mein Zeuge,
statt ihn zu strafen, einem Armen helfen!

XCIV

Item, ich geb Ythier Merchant, 970
dem einst mein Schwert ich hinterließ,
vorausgesetzt, daß er's vertont,
dies Lied, es hat der Verse zehn,
ein *De profundis* auch zur Laute 974
für seine einstigen Liebeleien,
doch nenn ich ihre Namen nicht,
sonst haßt' er mich in Ewigkeit.

Lied

Tod, deine Härte klag ich an, 978
hast meine Herrin mir entrissen,
auch ist dein Zorn noch nicht verraucht,
weil du mich weiter schmachten läßt.

Oncques puis n'euz force, vigueur. 982
Mais que te nuysoit elle en vie?
Mort j'appelle de ta rigueur,
Qui m'as ma maistresse ravie.

Deux estions et n'avions q'un cueur; 986
S'il est mort, force est que desvye,
Voirë, ou que vive sans vie,
Comme les ymaiges, par cueur.

Mort j'appelle de ta rigueur,
Qui m'as ma maistresse ravie
Et n'es pas encore assouvye
Se tu ne me tiens en langueur.

XCV

Item, a maistre Jehan Cornu, 990
Autre nouveau laiz lui vueil faire,
Car il m'a tousjours subvenu
A mon grant besoing et affaire.
Pour ce, le jardin lui tranffaire 994
Que maistre Pierre Bobignon
M'arenta, en faisant reffaire
L'uys et redrecier le pignon.

Nie hatte ich seitdem noch Kraft;
was konnte sie dir lebend schaden?
Tod, deine Härte klag ich an,
hast meine Herrin mir entrissen.

Zwei warn wir, hatten nur ein Herz;
nun ist es tot, auch ich muß scheiden,
wahrhaftig, oder leblos leben
wie Schattenbilder, nur zum Schein.

Tod, deine Härte klag ich an,
hast meine Herrin mir entrissen,
auch ist dein Zorn noch nicht verraucht,
wenn du mich weiter schmachten läßt.

XCV

Item, Magister Jehan Cornu
will ich ein neues Erbe lassen,
denn er hat stets mich unterstützt
in großer Not und Widrigkeit.
Drum überschreib ich ihm den Garten,
den mir Herr Pierre Bobignon
verpachtet hat, wenn er das Tor
erneuern läßt, den Giebel richtet.

XCVI

Par faulte d'un huys g'y perdiz 998
Ung grez et ung manche de houe.
Alors, huit faucons, non pas dix,
N'y eussent pas prins une aloue:
L'ostel est seur, mais qu'on le cloue. 1002
Pour enseigne y mis ung havet,
Qui que l'ait prins, point ne m'en loue . . .
Senglante nuyt et bas chevet!

XCVII

Item, et pour ce que la femme 1006
De maistre Piere Saint Amant
– Combien, se coulpe y a a l'ame,
Dieu lui pardonne doulcement! –
Me myt ou ranc de caÿmant, 1010
Pour le *Cheval blanc* qui ne bouge
Lui changë a une jument,
Et la *Mulle* a ung asne rouge.

XCVIII

Item, donne a sire Denis 1014
Hyncelin, esleu de Paris,
Quatorze muys de vin d'Aulnys
Prins sur Turgis a mes perilz;
S'il en buvoit tant que periz 1018
En fust son sens et sa raison,
Qu'on mecte de l'eaue es bariz:
Vin pert mainte bonne maison.

XCVI

Weil's keine Tür gab, ließ ich dort
den Schlagstock und den Wackerstein.
Acht Falken hätten, und selbst zehn,
dort keine Lerche schlagen können:
Das Haus ist sicher, wenn man's schließt.
Ein Dietrich war mein Wappenschild,
wer ihn gespürt, der lobt mich nicht . . .
Verdammte Nacht, als Kissen Stein.

XCVII

Item, da mich die Ehefrau
von Maistre Piere Saint Amant
– ist ihre Seel' drum sündenschwer,
mag Gott ihr gnädig dies verzeihn! –
mit einem Bettler gleichgestellt,
so tausch ich ihm das *Weiße Pferd*,
das lahmt, für eine »Stute« ein,
das *Maultier* für 'nen »Roten Esel«.

XCVIII

Item vermach ich Sire Denis
Hyncelin, dem Schiedsmann von Paris,
vierzehn Schaff Wein, Wein von Aunis,
gekauft auf Rechnung bei Turgis.
Tränk' er davon so viel, daß er
dadurch verlöre den Verstand,
dann gieß' man Wasser in die Fässer:
Der Wein manch gutes Haus verdirbt.

XCIX

Item, donne a mon advocat,
Maistre Guillaume Charüau,
Quoy? que Marchant ot pour estat,
Mon branc; je me taiz du fourreau.
Il aura avec ce ung reau
En change, affin que sa bourse enffle,
Prins sur la chaussee et carreau
De la grant costure du Temple.

C

Item, mon procureur Fournier
Aura pour toutes ses corvees
– Simple sera de l'espargnier –
En ma bourse quatre havees,
Car maintes causes m'a saulvees,
Justes, ainsi Jhesucrist m'aide;
Comme telles se sont trouvees,
Mais bon droit a bon mestier d'aide.

CI

Item, je donne a maistre Jacques
Raguier le *Grant Godet* de Greve,
Pourveu qu'il paiera quatre placques,
Deust il vendre, quoy qu'il lui griesve,
Ce dont on coeuvre mol et greve,
Aler nues jambes en chappin,
Se sans moy boyt, assiet ne lieve
Au trou de la *Pomme de Pin*.

XCIX

Item laß meinem Anwalt ich,
dem Maistre Guillaume Charüau,
was? das, was einst Marchant bekam,
mein Schwert; doch schweig ich von der Scheide,
dazu noch einen Goldreal
in Kleingeld, daß sein Beutel schwillt;
ich fand ihn auf den Pflastersteinen
der großen Wiese vor dem Temple.

C

Item, mein Rechtsbeistand Fournier
soll für die vielen Plackereien
– gar töricht wär's, ihn auszusparen –
aus meinem Sack vier Handvoll haben;
für mich gewann er viele Fälle,
gerechte zwar, bei Jesu Christ,
als solche wurden sie befunden,
doch gutes Recht oft Stütze braucht.

CI

Item kriegt Maistre Jacques Raguier
vom Grève-Platz die *Große Schale*,
wofern er nur vier Groschen zahlt,
müßt' er verkaufen, sich zur Last,
womit man Bein und Wade deckt,
nacktbeinig in den Latschen gehn,
wenn ohne mich er trinkt und zecht
im Kneipenloch *Zum Tannenzapfen*.

CII

Item, quant est de Merebuef
Et de Nicolas de Louviers,
Vache ne leur donne ne beuf,
Car vachiers ne sont ne bouviers,
Mais gans a porter espreviers,
Ne cuidez pas que je me joue,
Et pour prendre perdrys, ploviers,
Sans faillir . . . sur la Machecoue.

CIII

Item, viengne Robert Turgis
A moy, je lui paieray son vin;
Combien, s'il treuve mon logis,
Plus fort fera que le devin.
Le droit lui donne d'eschevin
Que j'ay comme enffant de Paris.
Se je parle ung poy poictevin,
Ice m'ont deux dames apris.

CIV

Illes sont tres belles et gentes,
Demourant a Saint Generou
Prez Saint Julïen de Voventes,
Marche de Bretaigne a Poictou.
Mais i ne dis proprement ou
Yquelles pensent tous les jours;
M'arme! i ne suy moy si treffou,
Car i vueil celer mes amours.

CII

Item, was Merebuef betrifft 1046
und auch Nicolas de Louviers,
laß weder Kuh noch Ochs ich ihnen,
sind ja nicht Kuh- noch Rinderhirten,
doch Handschuh' für die Sperberjagd, 1050
und glaubt nur nicht, ich machte Spaß,
auf Rebhuhn und auf Regenpfeifer,
todsicher . . . bei der Machecoue.

CIII

Item, käm' Robert Turgis her 1054
zu mir, ich zahlt' ihm seinen Wein;
doch findet er mein Hauptquartier,
dann schlägt er jeden Hexenmeister.
Ich lasse ihm das Schöffenrecht, 1058
das als Pariser Kind ich hab.
Und wenn ich »poitevinisch« sprech,
so brachten mir's zwei Damen bei.

CIV

Sie sind sehr schön und liebenswert 1062
und wohnen in Saint-Généroux
bei Saint-Julïen-de-Vouvantes,
liegt bei Bretagne und Poitou.
Doch will ich nicht genau verraten, 1066
wo jeden Tag herum sie streichen;
bei meiner Seel'! Bin doch nicht blöd,
will meine »Liebchen« gut verstecken.

CV

Item, a Jehan Raguier je donne,
Qui est sergent, voire des Douze,
Tant qu'il vivra, ainsi l'ordonne,
Tous les jours une tallemouze
Pour bouter et fourrer sa mouse,
Prinse a la table de Bailly;
A Maubué sa gorge arrouse,
Car au menger n'a pas failly.

CVI

Item, et au Prince des Sotz
Pour ung bon sot Michault du Four,
Qui a la foyz dit de bons motz
Et chante bien «Ma doulce amour»,
Je lui donne, avec le bon jour;
Brief, mais qu'il fust ung peu en point,
Il est ung droit sot de sejour
Et est plaisant ou il n'est point.

CVII

Item, aux Unze Vings sergens
Donne – car leur fait est honneste
Et sont bonnes et doulces gens
Denis Richier et Jehan Valecte –
A chacun une grant cornecte
Pour pendre a leurs chappeaux de faultres,
J'entens a ceulx a pié, hohecte!
Car je n'ay que faire des autres.

CV

Item vermach ich Jehan Raguier,
dem Polizisten bei den »Zwölf«,
sein Leben lang, so setz ich fest,
tagtäglich eine Käseschmiere,
damit er sich das Maul vollstopft,
vom Tisch Baillys soll er sie holen;
er spül' in Maubué die Kehle,
beim Essen war er niemals faul.

CVI

Item, dem Prinz der Narrenzunft
vermache ich Michaut du Four,
der wirklich gute Witze macht
und hübsch »Mein süßes Liebchen« singt,
als rechten Narrn, auch meinen Gruß;
kurz, wenn man ihn nur ausstaffiert,
ist er ein ausgemachter Narr,
doch witzig nur, wo er nicht ist.

CVII

Den elf mal zwanzig Wachsoldaten
laß ich – gar ehrbar ist ihr Amt,
und es sind gute, sanfte Leute,
zumal Richier und Jehan Valecte –
je eine lange, feste Schnur,
um sie zu knüpfen an . . . die Filze,
ich meine die zu Fuß, hoch, hoch!
Mit andren hab ich nichts zu tun!

CVIII

De rechief donne a Perrenet,
J'entens le bastart de la Barre,
Pource qu'il est beau filz et net,
En son escu, en lieu de barre,
Trois dez plombez de bonne quarre
Et ung beau joly jeu de cartes.
Mais quoy! s'on l'ot vecir ne poire,
En oultre aura les fievres quartes.

CIX

Item, ne vueil plus que Chollet
Dolle, trenche douve ne boise,
Relie broc ne tonnelet,
Mais tous ses houstiz changer voise
A une espee lïonnoise,
Et retiengne le hutinet:
Combien qu'il n'ayme bruyt ne noise,
Sy lui plaist il ung tantinet.

CX

Item, je donne a Jehan le Lou,
Homme de bien et bon merchant,
Pource qu'il est linget et flou
Et que Cholet est mal serchant,
Ung beau petit chiennet couchant,
Qui ne laira poullaille en voye.
Le long tabart est bien cachant
Pour les mucer, qu'on ne les voye.

CVIII

Erneut bedenk ich Perrenet,
ich mein den Bastard de la Barre,
weil er ein netter, saubrer Kerl:
geb ihm ins Wappen statt des »Balkens«
drei falsche Würfel, gut gemacht,
dazu ein hübsches Kartenspiel.
Doch wie? Hört, wie er pupst und furzt,
das Quartanfieber kriegt er noch!

CIX

Item, will nicht mehr, daß Chollet
die Dauben glättet, Bretter schneidet,
noch Krug und Faß mit Reifen bindet,
will, daß er all sein Werkzeug tauscht
für einen Degen aus Lyon
und nur den Schlegel einbehält:
Obgleich er Krach und Lärm nicht mag,
hat er ihn doch ein wenig gern.

CX

Item vermach ich Jehan le Lou,
dem guten Kaufmann, ehrenwert,
weil er so schlank und schmächtig ist
und Cholet nicht als »Spürhund« taugt,
ein schönes Hündchen für die Jagd,
das nie ein Huhn läßt auf der Gasse.
Der lange Umhang deckt ihn gut,
es zu verstecken, unsichtbar.

CXI

Item, a l'Orfevre de Boys 1118
Donne cent clouz, queues et testes,
De gingembre sarrazinoys,
Non pas pour acouppler ses boictes,
Mais pour joindre cuz et couëctes 1122
Et couldre jambons et andoulles,
Tant que le let en monte aux tectes
Et le sang en devalle aux coulles.

CXII

Au cappitaine Jehan Riou, 1126
Tant pour lui que pour ses archiers,
Je donne six hures de lou,
Qui n'est pas vïande a porchiers,
Prins a groz matins de bouchiers 1130
Et cuictes en vin de buffet;
Pour manger de ces morceaulx chiers,
On en feroit bien ung mauffait.

CXIII

C'est vïande ung peu plus pesante 1134
Que duvet n'est, plume ne liege;
Elle est bonne a porter en tante
Ou pour user en quelque siege.
S'ilz estoient prins en ung piege, 1138
Que ces matins ne seussent courre,
J'ordonne, moy qui suis son miege,
Que des peaulx sur l'iver se fourre.

CXI

Item, dem »Holzgoldschmied« vermach
ich hundert Näglein, Stiel' und Spitzen,
vom sarazenischen Ingwerstrauch,
nicht, daß er paarweis Schachteln richtet,
nein, daß der Ärsch' und Schwänze fügt
und Schinken an die Würste bindet,
bis daß die Milch die Titten füllt
und 's Blut bis in die Eier sinkt.

CXII

Dem Wachhauptmann Jehan Riou,
ihm wie auch seinen Bogenschützen,
vermache ich sechs Wolfstrophäen;
das ist kein Fleisch für Schweinehirten,
mit Metzgerdoggen fing man sie
und sott sie dann in Tresterwein;
für solche edlen Leckerbissen
beging' wohl mancher ein Verbrechen.

CXIII

Dies Fleisch ein wenig schwerer wiegt
als Flaum, auch Daunen oder Kork;
zur Zeltstadt nimmt man's gerne mit,
auch ißt man's bei Belagerungen.
Doch wenn sie in die Falle gingen,
die Doggen gar nicht jagen könnten,
sag ich als »Arzt«: Aus ihrem Fell
soll er sich Winterpelze machen.

CXIV

Item, a Robinet Trouscaille,
Qui en service, c'est bien fait,
A pié ne va comme une caille
Mais sur roncin gras et reffait,
Je lui donne de mon buffet
Une jacte, qu'emprunceter n'ose;
Sy aura mesnage parfait,
Plus ne lui failloit autre chose.

CXV

Item, donne a Perrot Girard,
Barbier juré du Bourg la Royne,
Deux bacins et ung cocquemart,
Puis qu'a gaignier mect telle peine.
Des ans y a demye douzaine
Qu'en son hostel de cochons gras
M'apatella une sepmaine,
Tesmoing l'abesse de Pourras.

CXVI

Item, aux Freres mendïans,
Aux Devotes et aux Beguines,
Tant de Paris que d'Orleans,
Tant Turlupins que Turlupines,
De graces souppes jacoppines
Et flans leur faiz oblacïon,
Et puis aprés, soubz ces courtines,
Parler de contemplacïon.

CXIV

Item, dem Robinet Trouscaille,
der nie im Dienst, da hat er recht,
zu Fuß wie eine Wachtel schleicht,
vielmehr auf fettem Rosse sitzt,
laß ich aus meinem Tafelsilber
ein Näpfchen, wagt's ja nicht zu borgen;
dann ist sein Hausstand erst komplett,
nichts andres fehlte ihm dazu.

CXV

Item erhält Perrot Girard,
der Zunftbarbier von Bourg-la-Reine,
zwei »Becken«, einen »Wasserkessel«,
weil so sein Leben er verdient.
Ein halbes Dutzend Jahr' ist's her,
daß er in seinem Haus mich nährte
mit »fetten Schweinen« eine Woche;
die Abtsfrau von Pourras bezeugt's!

CXVI

Item bring ich den Bettelbrüdern,
den Gottesschwestern und Beginen,
sei's aus Paris, aus Orléans,
den Turlupins und Turlupinen,
zum Opfer fette »Bettelsuppen«,
von Eierspeisen eine Gabe;
dann, unter ihren Bettvorhängen,
solln sie vom »Kontemplieren« sprechen.

CXVII

Ce ne suis je pas qui leur donne, 1166
Mais de tous enffans sont les meres,
Et Dieu, qui ainsi les guerdonne,
Pour quy seuffrent peines ameres.
Il fault qu'il vivent, les beaulx peres, 1170
Et mesmement ceulx de Paris:
S'ilz font plaisirs a noz commeres,
Ilz ayment ainsi leurs marys.

CXVIII

Quoy que maistre Jehan de Poullieu 1174
En voulsist dire *et relicqua*,
Contraint et en publicque lieu
Honteusement s'en revocqua.
Maistre Jehan de Meun s'en mocqua 1178
De leur façon; si fist Mathieu;
Mais on doit honnorer ce qu'a
Honnoré l'Eglise de Dieu.

CXIX

Sy me soubzmectz, leur serviteur 1182
En tout ce que puis faire et dire,
A les honnorer de bon cueur
Et obeïr sans contredire.
L'omme bien fol est d'en mesdire, 1186
Car soit a part ou en prescher
Ou ailleurs, il ne fault pas dire,
Ces gens sont pour eulx revanchier.

CXVII

Nicht ich bin's, der sie so bedenkt, 1166
es sind die Mütter aller Kinder
und Gott, der sie belohnen will,
für den sie bittre Qualen dulden.
Die lieben Väter müssen leben, 1170
besonders jene aus Paris:
Wenn unsre Weiber sie erfreun,
ist's nur aus Liebe zu den Männern.

CXVIII

Was Maistre Jehan de Poullieu 1174
dazu gesagt *et reliqua*:
Er ward gezwungen, öffentlich
und schmachbedeckt zu revozieren.
Auch Jean de Meung verhöhnte sie, 1178
das gleiche tat Matheolus;
doch soll man ehren, was geehrt
von Gottes Kirche wird auf Erden.

CXIX

So füg ich mich und bin ihr Knecht 1182
in allem, was ich tu und sage,
will herzlich gerne sie verehren,
gehorsam, ohne Widerspruch.
Ein Narr, wer schlecht von ihnen spricht, 1186
denn sei's privat, im Predigtstuhl,
auch sonstwo, das ist ja bekannt,
die Leute könnten Rache nehmen.

CXX

Item, je donne a frere Baude,
Demourant en l'ostel des Carmes,
Portant chierre hardie et baude,
Une sallade et deux guisarmes,
Que Detusca et ses gens d'armes
Ne lui riblent sa caige vert;
Viel est: s'il ne se rent aux armes,
C'est bien le deable de Vauvert.

CXXI

Item, pour ce que le seelleur
Maint estront de mouche a machié,
Donne, car homme est de valleur,
Son seau d'avantaige crachié,
Et qu'il ait le poulce escachié
Pour tout empreindre a une voye;
J'entens celluy de l'Eveschié,
Car les autres, Dieu les pourvoye!

CXXII

Quant des auditeurs messeigneurs,
Leur granche ilz auront lambroissee,
Et ceulx qui ont les culz rongneux,
Chacun une chaize persee,
Mais qu'a la petite Macee
D'Orleans, qui ot ma seinture,
L'amende en soit bien hault tauxee,
Elle est une mauvaise ordure.

CXX

Item ich Bruder Baude laß,
dem aus dem Karmeliterkloster,
mit seinen »kühnen, tapfren« Zügen,
zwei Hellebarden, einen Helm,
damit Detuscas Reiterschergen
ihm nicht den »grünen Käfig« stehlen;
alt ist er: streckt er nicht die Waffen,
ist er der Teufel von Vauvert.

CXXI

Item, weil der Herr Siegelmeister
gar manchen Bienendreck gekaut,
vermach ich ihm, dem Ehrenmann,
sein Siegel, vorher angespuckt,
den Daumen wünsch ich ihm schön platt,
um's ganz auf einmal abzudrücken;
ich meine den vom Bischofssitz,
den andren aber helfe Gott!

CXXII

Den hohen Herren Auditoren
wird ihre Scheuer holzgetäfelt,
und die am Hintern Räude haben,
solln jeder einen Kackstuhl kriegen,
doch nur, wenn sie Macee, der Kleinen,
aus Orléans, der Beuteldiebin,
ein hohes Strafgeld zubemessen;
sie ist ein ganz gemeines Aas.

CXXIII

Item, donne a maistre Françoys, 1214
Promocteur, de la Vacquerie
Ung hault gorgerin d'Escossoys,
Touteffoys sans orfaverie,
Car, quant receut chevallerye, 1218
Il maugrea Dieu et saint George
– Parler n'en oit qui ne s'en rie –
Comme enraigé, a plaine gorge.

CXXIV

Item, a maistre Jehan Laurens, 1222
Qui a les povres yeulx si rouges
Pour le pechié de ses parens
Qui boivent en baris et courges,
Je donne l'envers de mes bouges 1226
Pour tous les matins les torcher;
S'il fust arcevesque de Bourges,
Du cendail eust, mais il est cher.

CXXV

Item, a maistre Jehan Cotart, 1230
Mon procureur en court d'Eglise,
Devoye environ ung patart
– Car a present bien m'en advise –
Quant chicaner me feist Denise, 1234
Disant que l'avoye mauldicte.
Pour son ame, qu'es cieulx soit mise,
Ceste orroison j'ay cy escripte.

CXXIII

Item laß ich Magister Franz,
dem Staatsanwalt, de la Vacquerie,
ein »Halsstück« von der Schotten-Garde,
jedoch eins ohne goldnen Schmuck,
denn als man ihn zum Ritter »schlug«,
flucht' er bei Gott und Sankt Georg
– und wer das hörte, lachte laut –,
als wär' er toll, aus vollem Hals.

CXXIV

Item vermach ich Jehan Laurens,
der arme Augen hat, so rot,
durch seiner Eltern Sündenlast,
die Fässer, Kalebassen soffen,
das Innre meiner Reisetasche,
um jeden Morgen sie zu wischen;
wär' er der Erzbischof von Bourges,
dann hätt' er Taft, der kostet viel!

CXXV

Item, blieb Maistre Jehan Cotart,
dem Anwalt vor dem Kirchgericht,
ich etwa einen Heller schuldig
– denn jetzt erinnr' ich mich daran –,
als mich Denise laden ließ,
weil ich sie schwer verleumdet hätt'.
Damit er in den Himmel kommt,
schrieb ich für ihn hier dies Gebet.

Ballade

Pere Noé qui plantastes la vingne,
Vous aussi, Loth, qui bustes ou rocher,
Par tel party qu'Amours, qui gens engingne,
De voz filles si vous fist approucher
– Pas ne le dy pour le vous reproucher –,
Archedeclin qui bien seustes cest art,
Tous troys vous pry que vous vueilliez prescher
L'ame du bon feu maistre Jehan Cotart.

Jadiz extraict il fut de vostre ligne,
Lui qui buvoit du meilleur et plus cher,
Et ne deust il avoir vaillant ung pigne.
Certes, sur tous c'estoit ung bon archer;
On ne lui sceust pot des mains arracher;
De bien boire ne fut oncques fetart.
Nobles seigneurs, ne souffrez empescher
L'ame du bon feu maistre Jehan Cotart.

Comme homme beu qui chancelle et trespigne
L'ay veu souvent, quant il s'alloit coucher,
Et une foiz il se fist une bigne,
Bien m'en souvient, pour la pie juchier.
Brief, on n'eust sceu en ce monde sercher
Meilleur pïon pour boire tost et tart.
Faictes entrer, quant vous orrez hucher,
L'ame du bon feu maistre Jehan Cotart.

Prince, il n'eust sceu jusqu'a terre cracher,
Tousjours crioit: «Haro, la gorge m'art!»
Et si ne sceust onc sa seuf estancher
L'ame du bon feu maistre Jehan Cotart.

Ballade

O Vater Noah, der gepflanzt die Rebe, 1238
und Loth, auch du, der in der Höhle trank,
derart, daß Amor, der die Menschen täuscht,
dich sich zu deinen Töchtern legen ließ
– ich sag das nicht, um dir dies vorzuwerfen –, 1242
Architriklin, in dieser Kunst erfahren,
euch dreie bitt ich, meldet oben an
die Seele des verstorbenen Cotart.

Er ist vorzeiten eurem Stamm entsprossen, 1246
der stets vom Teuersten und Besten trank,
blieb ihm auch nur der Wert noch eines Kamms.
Gewiß, als Kämpe übertraf er alle,
den Humpen konnte man ihm nicht entreißen; 1250
ging's drum zu saufen, war er niemals faul.
Ihr edlen Herren, haltet sie nicht auf,
die Seele des verstorbenen Cotart.

Nach Art der Säufer, torkelnd, heftig schwankend,
hab ich ihn oft nach Hause gehen sehn,
und einmal gar schlug er sich eine Beule,
ich weiß es noch, weil er beim »Kippen« kippte.
Kurzum, man hätte niemand finden können, 1258
der stärker soff als er, von früh bis spät.
Drum laßt sie ein, wenn ihr sie schreien hört,
die Seele des verstorbenen Cotart.

Mein Fürst, er konnte nicht zu Boden spucken, 1262
schrie stets: »So helft mir, meine Kehle brennt!«
Drum konnte niemals ihren Durst sie löschen,
die Seele des verstorbenen Cotart.

CXXVI

Item, vueil que le jeune Marle
Desormaiz gouverne mon change,
Car de changer enviz me mesle,
Pourveu que tousjours baille en change,
Soit a privé ou a estrange,
Pour troys escus six brectes targes,
Pour deux angelotz ung grant ange,
Car amans doivent estre larges.

CXXVII

Item, j'ay sceu en ce voyaige
Que mes troys povres orphelins
Sont creuz et deviennent en aage
Et n'on pas testes de belins,
Et qu'enffans d'icy a Salins
N'a mieulx saichant leur tour d'escolle.
Or, par l'ordre des Mathelins,
Telle jeunesse n'est pas folle.

CXXVIII

Sy vueil qu'ilz voisent a l'estude;
Ou? sur maistre Pierre Richier.
Le *Donat* est pour eulx trop rude,
Ja ne les y vueil empescher;
Ilz sauront, je l'ayme plus cher,
Ave salus, tiby decus,
Sans plus grans lettres enserchier:
Tousjours n'ont pas clercs l'au dessus.

CXXVI

Item soll mir der junge Marle
hinfort die Wechselstube führen,
denn »wechseln« tu ich gar nicht gern,
vorausgesetzt, er »wechselt« stets
den Bürgern wie den Zugereisten
für drei Ecus sechs Britenschilde,
für zwei Angloten einen »Engel«.
Freigebig solln Verliebte sein!

CXXVII

Ich lernte auch bei dieser Reise,
daß die drei armen Waisenknaben
gewachsen sind und reifer werden,
sind keine solchen Schöpse mehr;
von hier bis Salins kennt kein Kind
so gut wie sie die Schülerstreiche.
Gelt! Dank dem Mathurinerorden
ist diese Jugend nicht mehr dumm.

CXXVIII

Ich will, daß sie zur Schule gehn;
wo? bei Magister Pierre »Richier«.
Der »Donat« ist zu schwer für sie,
darein will ich sie nicht verwickeln.
Solln lernen, was mir lieber ist,
Ave salus, tiby decus
und müssen sich nicht weiter plagen:
Nicht immer siegt, wer Bildung hat.

CXXIX

Cecy estudient, et, ho!
Plus proceder je leur deffens.
Quant d'entendre la grant credo,
Trop forte elle est pour telz enffans.
Mon grant tabart en long je fens,
Sy vueil que la moictié s'en vende
Pour eulx en achecter des flans,
Car jeunesse est ung peu friande.

CXXX

Sy vueil qu'ilz soient informez
En meurs, quoy que couste basture.
Chapperons aront enformez
Et les poulces sur la sainture,
Humbles a toute creature,
Disans: «Han? Quoy? Il n'en est rien!»
Sy diront gens par adventure:
«Vecy enffans de lieu de bien!»

CXXXI

Item, a mes povres clergons,
Ausquelz mes tiltres resigné
– Beaux enffans et droiz comme joncs
Les voyant m'en dessaisiné –,
Sans recevoir leur assigné,
Seur comme qui l'aroit en paulme,
A ung certain jour consigné,
Sur l'ostel de Gueuldry Guillaume.

CXXIX

Das solln sie lernen, und dann Schluß!
Ich will nicht, daß sie weiterschreiten.
Das große »Credo« zu verstehen,
das ist zu schwer für diese Knaben.
Den großen Mantel teil ich längs,
die Hälfte soll man dann verkaufen,
um ihnen »Pudding« zu besorgen;
ein wenig naschhaft ist die Jugend.

CXXX

Sie sollen rechten Anstand lernen,
wie viele Schläge dies auch koste;
die Mützen in die Stirne drücken,
die Daumen an die Gürtel legen,
demütig gegen jedermann
und sprechen: »Wie? Was? Es ist nichts!«
Die Leute sagen dann vielleicht:
»Seht, welche wohlerzognen Knaben.«

CXXXI

Item, den armen Pfäfflein mein,
die einstmals meine Titel kriegten
– als ich gesehn, wie binsengrad
und schmuck sie sind, gab ich sie auf –,
vermachte ich auch »Zinseinnahmen«
so gut, als wärn sie schon kassiert
und an bestimmtem Datum fällig,
aus Guillaume Gueldrys Wohnungsstätte.

CXXXII

Quoy que jeunes et esbatans
Soient, en riens ne me desplaist:
Dedens trente ans ou quarante ans
Bien autres seront, se Dieu plaist!
Il fait mal qui ne leur complest;
Ilz sont tres beaulx enffans et gens,
Et qui les bat ne fiert fol est,
Car enffans si deviennent gens.

CXXXIII

Les bources des Dix et Huit Clercs
Aront, je m'y vueil traveillier;
Pas ilz ne dorment comme loirs,
Qui troys moys sont sans resveillier.
Auffort, triste est le sommeillier
Qui fait aise jeune en jeunesse,
Tant qu'en fin lui faille veillier
Quant reposer deust en viellesse.

CXXXIV

Sy en rescriptz au collateur
Lettres semblables et parreilles;
Or prient pour leur bien faicteur
Ou qu'on leur tire les orreilles!
Aucunes gens ont grans merveilles
Que tant m'encline vers ces deulx,
Mais, foy que doy festes et veilles,
Oncques ne vy les meres d'eulx.

CXXXII

Obwohl sie jung und munter sind,
mißfällt mir das nicht im geringsten:
In dreißig oder vierzig Jahren
sind sie ganz anders, so Gott will!
Der handelt schlecht, der ungefällig;
es sind sehr schöne, edle Knaben,
und wer sie schlägt, der ist ein Narr,
denn aus den Kindern werden Leute.

CXXXIII

Daß Plätze bei den Achtzehn sie
bekommen, dafür will ich sorgen;
sie schlafen ja nicht wie die Rätze
drei Monde, ohne aufzuwachen.
Denn wahrlich, traurig ist der Schlaf,
der in der Jugend wohlsein läßt,
doch zwingt, daß man am Ende wacht,
wenn man im Alter ruhen sollte.

CXXXIV

Ich schreibe drum dem Stiftsverwalter
zwei Briefe, die sich völlig gleichen;
für ihren Gönner solln sie beten,
wo nicht, zieh' man sie an den Ohren!
Es wundern sich gewisse Leute,
daß ich mich so um die zwei kümmre;
ich schwör bei Festen und Vigilien:
Ich kannte beider Mütter nie!

CXXXV

Item, donne a Michault Cul d'Ou
Et a sire Charlot Tarrenne
Cent solz – s'ilz demandent: «Prins ou?»
Ne leur chaille, ilz vendront de manne –
Et une houlse de basenne,
Autant empeigne que semelle,
Pourveu qu'ilz me salueront Jehanne,
Et autant une autre comme elle.

CXXXVI

Item, au seigneur de Grigny,
Auquel jadiz lessay Vissextre,
Je donne la tour de Billy,
Pourveu, se huys y a ne fenestre
Qui soit ne debout ne en estre,
Qu'il mecte tres bien tout a point;
Face argent a destre et senestre,
Il m'en fault et il n'en a point.

CXXXVII

Item, a Thibault de la Garde . . .
Thibault? je mens: il a nom Jehan,
Que lui donrai ge que ne perde?
– Assez j'ay perdu tout cest an,
Dieu y vueille pourvoir, amen! –
Le Barillet? Par m'ame, voire,
Genevoys est plus ancïen
Et plus beau nez a pour y boire.

CXXXV

Item will ich Michault Cul d'Ou
und Herrn Charlot Tarrenne vermachen
einhundert Sous – fragt man: »Woher?«,
soll sie's nicht kümmern, es ist Manna –
und eine lederne »Gamasche«
mit Sohle und mit Oberleder,
wofern sie mir Jehanne grüßen
und eine andre, die ihr gleicht.

CXXXVI

Item, dem Herren von Grigny,
dem einst Bicêtre ich vermachte,
laß ich den Turm noch von Billy,
wofern, gibt's Türen, Fenster drin,
die grade sind und die noch passen,
er alles sehr gut repariert;
Geld mag er links und rechts beschaffen:
Ich brauche es und er hat keins.

CXXXVII

Item, dem Thibault de la Garde . . .
Thibault? Ich lüge: er heißt Jehan,
was geb ich ihm und büß nichts ein?
– Hab dies Jahr schon genug verloren,
Gott mag es mir ersetzen, Amen! –
das *Fäßchen*? Ja, bei meiner Seel',
doch Genevoys hat ältre Rechte
und eine schönre Säufernase.

CXXXVIII

Item, je donne a Basennier,
Noctaire et greffier criminel,
De giroffle plain ung panier
Prins sur maistre Jehan de Rüeil,
Tant a Mautaint, tant a Rosnel,
Et, avec ce don de girofle,
Servir de cueur gent et ysnel
Le seigneur qui sert saint Christofle,

CXXXIX

Auquel ceste ballade donne
Pour sa dame, qui tous biens a.
S'Amour ainsi tous ne guerdonne,
Je ne m'esbahys de cela,
Car au pas conquester l'ala
Que tint Regnier, roy de Cecille,
Ou si bien fist et peu parla
C'oncques Hector fist ne Troïlle.

Ballade

Au point du jour, que l'esprevier s'esbat,
Meu de plaisir et par noble coustume,
Bruyt la mauviz et de joye s'esbat,
Reçoyt son per et se joinct a sa plume,
Offrir vous vueil, ad ce desir m'alume,
Joyeusement ce qu'aux amans bon semble:
Sachiez qu'Amour l'escript en sa volume,
Et c'est la fin pourquoy sommes ensemble.

CXXXVIII

Item vermach ich Basennier, 1362
Notar und Kriminalaktuar,
ein Körbchen voll mit Nelkenwürze,
sie stammt von Maistre Jehan de Rüeil;
geb es auch Mautaint und Rosnel. 1366
Dank diesem Nelkenwürzgeschenk
solln aufrecht und behend sie dienen
dem Herrn, der Sankt Christopher dient.

CXXXIX

Ihm will ich die Ballade geben 1370
für seine Herrin, tugendreich.
Wenn Amor so nicht alle lohnt,
soll mich das weiter nicht verwundern:
Er hat sie im Turnier errungen, 1374
das König René abgehalten,
wo er gut focht und wenig sprach
wie Hektor einst und Troilus.

Ballade

Am Morgen früh, wenn sich der Sperber regt, 1378
Mit voller Lust, aus edeler Gewöhnung,
Braundrossel schlägt, vor Freude sich bewegt,
Ruft den Gefährten, drängt sich ihm zur Seite:
Opfre ich Euch, dazu treibt mich Verlangen, 1382
In Fröhlichkeit, wie's der Verliebten Art;
So wisset alle, Amor hat's befohlen,
Es ist der Grund, daß wir beisammen sind.

Dame serez de mon cueur sans debat,
Entierement, jusques mort me consume,
Lorrier soüef qui pour mon droit combat,
Olivier franc m'otant toute amertume.
Raison ne veult que je desacoustume
– Et en ce vueil avec elle m'assemble –
De vous servir, mais que m'y acoustume,
Et c'est la fin pourquoy sommes ensemble.

Et qui plus est, quant dueil sur moy s'embat
Par Fortune qui souvent si se fume,
Vostre doulx oeil sa malice rabat
Ne plus ne moins que le vent fait la fume.
Sy ne pers pas la graine que je sume
En vostre champ, quant le fruyt me ressemble;
Dieu m'ordonne que le fouÿsse et fume,
Et c'est la fin pourquoy sommes ensemble.

Princesse, oëz ce que cy vous resume:
Que le mien cueur du vostre desassemble
Ja ne sera; tant de vous en presume,
Et c'est la fin pourquoy sommes ensemble.

CXL

Item, a sire Jehan Perdriel
Riens, n'a Françoys son second frere;
Sy m'ont voulu tousjours aidier
Et de leurs biens faire confrere,
Combien que Françoys, mon compere,
Langues cuisans, flanbans et rouges,
My commandement my priere,
Me recommanda fort a Bourges.

Des Herzens Herrin seid Ihr unbestreitbar,
Einzig und ganz, bis mich der Tod verzehrt,
Lind wie der Lorbeer, der mein Recht erkämpft,
Olivengleich, nehmt Ihr mir Bitternis.
Recht und Vernunft wolln, daß ich niemals säume
(**E**s stimmt mein Sinn mit ihr stets überein),
Euch treu zu dienen, muß stets dabei bleiben,
es ist der Grund, daß wir beisammen sind.

Und weiter noch, wenn Kummer mich bestürmt,
weil oft Fortuna so in Zorn gerät,
jagt ihre Arglist Euer Blick von dannen,
genauso wie der Wind den Rauch vertreibt.
Nie ist das Korn, das ich gesät, verloren
auf Eurem Feld, da ja die Frucht mir gleicht;
Gott heißt mich, daß ich es bebau und dünge,
es ist der Grund, daß wir beisammen sind.

So hört nun, Fürstin, was ich Euch erkläre:
Daß jemals sich mein Herz von Eurem trennte,
kann nicht geschehn; das hoff ich auch von Euch,
es ist der Grund, daß wir beisammen sind.

CXL

Item, für Herrn Jehan Perdriel
nichts, noch für Franz, den jüngsten Bruder,
wiewohl sie mir stets helfen wollten,
als Partner ihre Güter teilen,
und obschon Franz, Gevatter mein,
mir »heiße Zungen«, glühend rot,
halb eine Bitte, halb Befehl,
zu Bourges recht stark empfehlen wollte.

CXLI

Sy alé voir en Taillevant
Ou chappitre de fricassure,
Tout au long, derriere et devant,
Lequel n'en parle jus ne sure;
Mais Macquaire, je vous asseure,
A tout le poil cuisant ung deable
Afin qu'il sentist bon l'arseure,
Ce *recipe* m'escript sans fable:

Ballade

En rïagal, en alcenic rocher,
En orpiment, en salpestre et chaulx vive,
En plomb boulant, pour mieulx les esmorcher,
En suye et poix destrempee de lessive
Faicte d'estronc et de pissat de Juisve,
En lavailles de jambes a meseaux,
En raclure de piez et vieulx houzeaux,
En sang d'aspic et drocques venimeuses,
En fiel de loups, de regnars, de blereaux,
Soient frictes ces langues ennuyeuses!

En servelle de chat qui hait pescher,
Noir et si viel qu'il n'ait dent en gencyve,
D'un viel matin qui vault bien aussi chier,
Tout enraigé en sa bave et sallive,
En l'escume d'une mulle poussive
Detrenchee menu a bons cyseaux,
En eaue ou ratz plungent groins et museaux,

CXLI

Ich hab im Taillevant geschaut, 1414
und zwar im Frikassee-Kapitel,
von vorn bis hinten, kreuz und quer,
nur: nirgendwo spricht er davon.
Doch seid versichert, daß Macquaire, 1418
der Teufel brät mit Haut und Haar,
damit sie gut geröstet schmecken,
mir dies *Rezept* ohn' Umschweif' schreibt:

Ballade

In Realgar, in Staub von Arsenik, 1422
in Operment, Salpeter, frischem Kalk,
in flüssigem Blei, um gut sie aufzulösen,
in Ruß und Pech, in Lauge eingeweicht,
gemacht aus Kot und einer Jüdin Harn, 1426
in Wasser, das lepröse Beine wusch,
im Grind der Füße, alter Stiefellappen,
in Vipernblut und Drogen, giftig schwer,
im Gallensaft von Wölfen, Füchsen, Dachsen, 1430
solln alle bösen Lästerzungen schmoren!

Im Hirn der Katze, die das Wasser scheut, 1432
ganz schwarz und alt, daß ohne Zahn ihr Maul,
auch eines Köters, der genauso alt
und rasend ist, mit Geifer und mit Schleim,
im Schaum des Maultiers, das asthmatisch schnauft,
am ganzen Leib mit scharfer Scher' zerstochen,
im Wasser, worein ihre Schnauzen tauchen

Regnes, crappaulx et bestes dangereuses,
Serpens, laissars et telz nobles oiseaux,
Soient frictes ces langues ennuyeuses!

En sublimé dangereux a toucher
Et ou nombril d'une couleuvre vive,
En sang c'on voit es poillectes sechier
Sur ces barbiers, quant plaine lune arrive,
Dont l'un est noir, l'autre plus vert que cyve,
En chancre et fix et en ces ors cuveaulx
Ou nourrisses essangent leurs drappeaux,
En petiz baings de filles amoureuses
– Qui ne m'entant n'a suivy les bordeaux –
Soient frictes ces langues ennuyeuses!

Prince, passez tous ces frians morceaux,
S'estamine, sacz n'avez ne bluteaux,
Parmy le fons d'unes brayes breneuses,
Mais paravant en estronc de pourceaux
Soient frictes ces langues ennuyeuses!

CXLII

Item, a maistre Andry Courault
Les Contreditz Franc Gontier mande;
Quant du tirant seant en hault,
A cestuy la riens ne demande:
Le Saige ne veult que contende
Contre puissant povre homme las,
Affin que ses filletz ne tende
Et qu'il ne trebuche en ses las.

die Ratten, Frösche, Kröten, schlimmen Tiere,
die Schlangen, Echsen, andre edle Vögel, 1440
solln alle bösen Lästerzungen schmoren!

In Sublimat, gefährlich zu berühren, 1442
im Anus einer Natter, die noch lebt,
im Blut, das eingetrocknet in den Becken
bei den Barbieren, wenn der Vollmond naht,
ein Teil ist schwarz, der andre grün wie Lauch, 1446
in Schanker und Geschwür, in schmutzigen Kübeln,
wo Ammen ihre blutigen Windeln spülen,
den kleinen Bidets unsrer Freudenmädchen
(wer's nicht versteht, kennt kein Bordell von innen),
solln alle bösen Lästerzungen schmoren!

Mein Fürst, so gießt nun diese Kostbarkeiten, 1452
wenn Ihr kein Seihtuch habt, nicht Sack noch Sieb,
durch einen Hosenboden, vollgeschissen,
jedoch zuvor in Kot und Schmutz vom Schwein
solln alle bösen Lästerzungen schmoren!

CXLII

Item schick ich Andry Courault 1457
das Gegenstück zum Franc Gontier;
und der Tyrann, der oben thront,
von ihm verlang ich wirklich nichts.
Der Weise will nicht, daß sich streite 1461
der Arme mit dem Mächtigen,
daß der nicht seine Netze spannt
und er dann in die Schlinge geht.

CXLIII

Gontier ne crains: il n'a nulz hommes
Et mieulx que moy n'est herité;
Mais en ce debat cy nous sommes,
Car il loue sa pouvreté,
Estre povre yver et esté,
Et a felicité repute
Ce que tiens a maleureté.
Lequel a tort? Or en discute.

Ballade

Sur mol duvet assiz, ung gras chanoine,
Lez ung brasier, en chambre bien natee,
A son costé gisant dame Sidoine,
Blanche, tendre, polye et attintee,
Boire ypocras a jour et a nuytee,
Rire, jouer, mignonner et baisier,
Et nud a nud pour mieulx des corps s'aisier,
Les vy tous deux par ung trou de mortaise.
Lors je congneuz que, pour dueil appaisier,
Il n'est tresor que de vivre a son aise.

Se Franc Gontier et sa compaigne Elayne
Eussent ceste doulce vie hantee,
D'oignons, cyvotz, qui causent forte alaine,
N'acontassent une bise tostee.
Tout leur maton ne toute leur potee
Ne prise ung ail, je le dy sans noisier.
S'ilz se vantent couchier soubz le rosier,

CXLIII

Fürcht Gontier nicht: hat keinen Knecht 1465
und ist nicht reicher als ich selbst;
doch streiten wir uns nun einmal,
weil er stets seine Armut lobt,
will arm sein winters wie auch sommers 1469
und hält all das für Glücklichsein,
was ich für Unglück halten muß.
Wer ist im Recht? Ich sag's euch gleich.

Ballade

Auf weichem Pfühl ein fetter Pfaffe sitzt 1473
am Kohlenbecken im verhängten Zimmer,
und neben ihm Frau Sidoine liegt,
ganz weiß und zart und glatt und schön geschmückt;
sie trinken Hypokras bei Tag und Nacht, 1477
sie lachen, spielen, herzen sich und kosen,
sind völlig nackt zu höherem Vergnügen –
so sah ich beide durch ein Zapfenloch
und wußte gleich, um Kummer abzumildern, 1481
's gibt nur ein Glück: ein angenehmes Leben.

Wenn Franc Gontier und Lenchen, sein Gespons, 1483
geweiht sich hätten diesem süßen Leben,
sie hätten kaum ihr Röstbrot eingerieben
mit Lauch und Zwiebeln, wegen Mundgeruch.
All ihre Dickmilch, ihren ganzen Eintopf, 1487
acht ich gering, ich sag dies ohne Arg.
Und prahlen sie, sie schliefen unter Rosen,

Lequel vault mieulx? Lit costoyé de cheze?
Qu'en dictes vous? Faut il ad ce muser?
Il n'est tresor que de vivre a son aise.

De groz pain bis vivent, d'orge et d'avoyne,
Et boyvent eaue tout au long de l'annee;
Tous les oyseaux de cy en Babiloyne
A tel escot une seulle journee
Ne me tendroient, non une matinee.
Or s'esbate, de par Dieu, Franc Gontier,
Helayne o luy, soubz le bel esglantier;
Se bien leur est, cause n'ay qu'il me poise,
Mais quoy que soit du laboureux mestier,
Il n'est tresor que de vivre a son aise.

Prince, jugiez, pour tost nous accorder!
Quant est de moy, mais qu'a nulz ne desplaise,
Petit enffant j'ay oÿ recorder:
Il n'est tresor que de vivre a son aise.

CXLIV

Item, pour ce que scet sa Bille
Madamoiselle de Bruyeres,
Donne prescher hors l'Euvangille
A elle et a ses bachelieres,
Pour retraire ces villotieres
Qui ont le bec si affilé,
Mais que ce soit hors cymetieres,
Trop bien au Merchié au fillé.

was ist denn besser? Doch ein Bett mit Stuhl?
Was meint ihr? Muß man da noch überlegen?
's gibt nur ein Glück: ein angenehmes Leben.

Von Schwarzbrot leben sie, von Hafer, Gerste,
sie trinken Wasser nur jahrein, jahraus.
Und was an Vögeln fleugt, von hier bis Kairo,
hielt mich um diesen Preis nicht einen Tag
bei ihnen dort zurück, nicht einen Morgen.
Mag Franc Gontier, bei Gott, sich nun ergötzen
und Lenchen mit ihm unter Heckenrosen;
wenn's ihnen Spaß macht, mich berührt das kaum,
doch was das Leben auf dem Lande angeht,
's gibt nur ein Glück: ein angenehmes Leben.

Nun urteilt, Fürst, daß wir uns schnell vertragen!
Was mich betrifft, wofern das niemand kränkt,
hab ich als kleines Kind schon sagen hören:
's gibt nur ein Glück: ein angenehmes Leben.

CXLIV

Item, weil sie die Bibel kennt,
erlaub ich Fräulein von Bruyeres,
daß draußen sie die Schrift auslegt,
ihr, wie auch ihren Schülerinnen;
sie solln die »Streunerinnen« bessern,
die ein zu spitzes Mundwerk haben,
doch außerhalb der Gottesäcker,
dort, wo »um Garn« gehandelt wird.

Ballade

Quoy qu'on tient belles langaigieres
Florentines, Veniciënnes,
Assés pour estre messaigieres,
Et mesmement les anciënnes,
Mais soient Lombardes, Roumaines,
Genevoyses, a mes perilz,
Pimontoises, Savoysiënnes,
Il n'est bon bec que de Paris.

De beau parler tiennent chayeres,
Ce dit on, Neappolitaines,
Et que bonnes sont cacquetieres
Allemandes et Pruciënnes.
Soient Grecques, Egipciënnes,
De Hongrie ou d'autre pays,
Espaignolles ou Castellannes,
Il n'est bon bec que de Paris.

Brectes, Souyssez ne scevent guerres,
Gasconnes ne Toulousiënnes:
De Petit Pont deux harengieres
Les concluront, et les Lorraines,
Angleches et Callesiënnes
– Ai ge beaucoup de lieux compris? –
Picardes de Vallenciënnes,
Il n'est bon bec que de Paris.

Prince, aux dames parisiënnes
De beau parler donnez le pris;
Quoy qu'on die d'Italiënnes,
Il n'est bon bec que de Paris.

Ballade

Hält man für tüchtige Schwadroneusen
die Frauen aus Florenz, Venedig,
um jede Sache darzulegen,
ja selbst die alten Frauen noch,
auch die aus Rom, der Lombardei,
aus Genua, ich bürg dafür,
aus Piemont und aus Savoyen:
Kein Schnabel gleicht dem von Paris.

Die aus Neapel, sagt man, haben
im schönen Reden Lehrstuhlreife,
und gute Quasselstrippen sind
die preußischen und deutschen Fraun.
Sei'n sie aus Griechenland, Ägypten,
aus Ungarn oder anderswo,
aus Spanien und aus Kastilien:
Kein Schnabel gleicht dem von Paris.

Die aus der Schweiz, aus der Bretagne,
Toulouse, Gascogne können nichts:
Vom Petit Pont zwei Heringsweiber,
die schlagen alle, und selbst die
aus Lothringen, Calais und England
– ob ich genügend Orte nannte? –,
der Pikardie und Valenciennes:
Kein Schnabel gleicht dem von Paris.

Mein Fürst, gebt den Pariserinnen
den ersten Preis im Süßholzraspeln;
rühmt man die Italienerinnen:
Kein Schnabel gleicht dem von Paris.

CXLV

Regarde m'en deux, troys assises
Sur le bas du ply de leurs robes
En ces moustiers, en ces eglises;
Tire t'en pres et ne te hobes;
Tu trouveras la que Macrobes
Oncques ne fist telz jugemens.
Entens, quelque chose en desrobes:
Ce sont tous beaux enseignemens.

CXLVI

Item, et au mont de Montmertre,
Qui est ung lieu moult ancïen,
Je lui donne et adjoincts le tertre
Qu'on dit de mont Valerïen,
Et oultre plus un quartier d'an
Du pardon qu'apportay de Romme;
Sy yra maint bon chrestïen
En l'abbaye ou il n'entre homme.

CXLVII

Item, varletz et chamberieres
De bons hostelz – riens ne me nuyt! –
Feront tartes, flans et goyeres
Et grans ralïatz a mye nuyt
– Riens n'y font sept pintes ne huit
Tant que gisent seigneur et dame –,
Puis aprés, sans mener grant bruyt,
Je leur ramentoy le jeu d'asne.

CXLV

Schau dir nur zwei, drei Weiber an, 1543
wie sie auf ihrem Rocksaum sitzen
dort in den Münstern und den Kirchen;
schleich näher, aber rühr dich nicht;
dann hörst du, daß Macrobius 1547
nie solche weisen Schlüsse zog.
Hör nur gut zu, lern was daraus:
Das alles sind sehr schöne Lehren.

CXLVI

Item, dem Klosterberg Montmartre, 1551
das ist ein altehrwürdiger Ort,
vermach und lasse ich den Hügel,
der Mont »Valerïen« geheißen,
und obendrein ein Vierteljahr 1555
vom Ablaß, den in Rom ich holte;
manch guter Christ eilt zur Abtei,
wo Männer sonst nicht zugelassen.

CXLVII

Item, die Diener und die Zofen 1559
aus guten Häusern – 's stört mich nicht! –
solln Torten, Auflauf, Brandteig backen
und mitternächtens tüchtig schmausen
– acht, sieben Pinten sind ein Klacks, 1563
derweil die Herrschaft liegt und schläft –,
sodann, doch ohne Lärm zu schlagen,
erinnr' ich an den »Eselsritt«.

CXLVIII

Item, et a filles de bien,
Qui ont peres, meres et antes,
Par m'ame, je ne donne rien,
Car j'ay tout donné aux servantes.
Sy feussent ilz de peu contentes . . .
Grant bien leur feissent mains loppins,
Aux povres filles, ennementes,
Qui se perdent aux Jacoppins,

CXLIX

Aux Celestins et aux Chartreux;
Quoy que vie mainent estroicte,
Sy ont ilz largement entre eulx
Dont povres filles ont souffrecte,
Tesmoing Jacqueline et Perrecte,
Et Ysabeau qui dit: «Enné!»
Puis qu'ilz en ont telle disecte,
A peine en seroit on dampné.

CL

Item, a la Grosse Margot,
Tres doulce face et pourtraicture
– Foy que doy, *brulare bigot*,
A si devocte creature,
Je l'ayme de propre nature,
Et elle moy, la doulce sade –,
Qui la trouvera d'aventure,
Qu'on lui lise ceste ballade.

CXLVIII

Item, den wohlehrbaren Mädchen, 1567
die Väter, Mütter, Tanten haben,
bei meiner Seele, laß ich nichts,
denn alles gab ich schon den Mägden,
und wärn mit wenig schon zufrieden . . . 1571
Gar manche »Brocken« wären recht
den armen, die ganz sicherlich
bei Jakobinern unnütz sind,

CXLIX

auch Zölestinern und Kartäusern; 1575
obgleich sie sehr bedürftig leben,
besitzen reichlich sie vereint,
woran die armen Mädchen darben,
was Jacqueline und Perrecte bezeugen, 1579
auch Ysabeau, die »Richtig!« ruft.
Da solchen Hunger sie erleiden,
würd' kaum verdammt, wer ihnen gibt.

CL

Item, der Dicken Margot soll, 1583
dem holden Antlitz und Gesicht
– bei jener Treu, *brulare bigot*,
die solchem frommen Kind ich schulde:
Ich lieb sie ja auf meine Weise 1587
und sie mich auch, das holde Kind –,
wenn jemand sie zufällig trifft,
er die Ballade hier verlesen.

Ballade

Se j'ayme et sers la belle de bon het,
M'en devez vous tenir ne vil ne sot?
Elle a en soy des biens affin soubzhet;
Pour son amour seins boucler et passot.
Quant viennent gens, je cours et happe ung pot,
Au vin m'en voys sans demener grant bruyt;
Je leur tens eaue, froumaige, pain et fruyt.
S'ilz paient bien, je leur diz: «*Bene stat*,
Retournez cy, quant vous serez en ruyt,
En ce bordeau ou tenons nostre estat.»

Mais adoncques, il y a grant deshet,
Quant sans argent s'en vient coucher Mergot;
Voir ne la puis, mon cueur a mort la het.
Sa robe prens, demy seint et seurcot,
Sy lui jure qu'il tendra pour l'escot.
Par les costez se prent, c'est Antecrist,
Crye et jure par la mort Jhesucrist
Que non fera. Lors empoingne ung esclat,
Dessus son nez lui en faiz ung escript,
En ce bordeau ou tenons nostre estat.

Puis paix se fait et me fait ung groz pet,
Plus enffle q'un velimeux escarbot.
Riant m'assiet son poing sur mon sommet,
Gogo me dit, et me fiert le jambot;
Tous deux yvres dormons comme ung sabot.
Et au resveil, quant le ventre lui bruyt,
Monte sur moy, que ne gaste son fruyt,
Soubz elle geins, plus q'un aiz me fait plat;
De paillarder tout elle me destruyt,
En ce bordeau ou tenons nostre estat.

Ballade

Lieb ich die Schöne, diene ihr von Herzen,
müßt ihr mich drum für dumm, verkommen halten?
Sie ist geschickt, erfüllt gern jeden Wunsch,
aus Liebe zur ihr gürt ich Schild und Schwert.
Kommt Kundschaft, hol ich eilends einen Humpen,
besorge Wein und mache keinen Lärm,
ich reiche Wasser, Käse, Brot und Obst.
Bezahlen sie, so ruf ich: »*Bene stat*,
kommt wieder her, sobald die Brunst euch plagt,
in dies Bordell, in dem wir residieren.«

Doch manchmal gibt es Zank und Streiterei,
kommt Margot ohne Geld nach Haus zum Schlafen;
ich mag sie dann nicht sehn, hab Haß im Herzen.
Ich pack ihr Kleid, den Gürtel und die Jacke
und schwöre ihr, das sollt' ihr Anteil sein.
Sie stemmt sich in die Hüften, dieser Teufel,
und kreischt und flucht bei Jesu Christi Tod,
sie dulde's nicht. Dann nehm ich eine Scherbe
und schreibe auf die Nase ihr ein Zeichen,
in dem Bordell, in dem wir residieren.

Wir schließen Frieden, sie läßt einen Furz,
der stärker ist als alle giftigen Käfer,
knallt lachend mir die Faust auf meinen Kopf,
sagt »lieber Schatz« und klapst mich auf den Schinken;
und trunken schlafen wir, still wie ein Kreisel.
Wacht sie dann auf, wenn ihr der Magen knurrt,
steigt sie auf mich, die Frucht nicht zu verderben:
Ich stöhne unter ihr, platt wie ein Brett,
ihr geiles Treiben macht mich ganz kaputt
in dem Bordell, in dem wir residieren.

Vente, gresle, gesle, j'ay mon pain cuyt.
Je suis paillart, la paillarde me suyt.
Lequel vault mieulx? Chacun bien s'entressuyt,
L'un vault l'autre, c'est a mau rat mau chat.
Ordure aimons, ordure nous affuyt,
Nous deffuyons honneur, il nous deffuyt,
En ce bordeau ou tenons nostre estat.

CLI

Item, a Marïon l'Idolle
Et la grant Jehanne de Bretaigne
Donne tenir publicque escolle
Ou l'escollier le maistre enseigne.
Lieu n'est ou ce merchié ne tiengne,
Synom a la grisle de Meun;
De quoy je diz: «Fy de l'enseigne,
Puisque l'ouvraige est si commun!»

CLII

Item, et a Noel Jolis,
Autre chose je ne lui donne
Fors plain poing d'oziers frez cueilliz
En mon jardin – je l'abandonne:
Chastoy est une belle aulmosne,
Ame n'en doit estre marry –:
Unze vings coups lui en ordonne,
Livrez par les mains de Henry.

Vor Wind, Frost, Hagel sitze ich im Trocknen, 1621
Ich bin ein Lude, dem das Luder folgt.
Lumpenpack sind wir beide, wer ist besser?
Laßt uns! Der bösen Maus ziemt böse Katz.
Oft liegen wir im Kot, der zu uns paßt, 1625
Nicht steht uns Sinn nach Ehre, die uns flieht,
in dem Bordell, in dem wir residieren.

CLI

Item, Marïon l'Idolle und auch 1628
der großen Jehanne de Bretaigne
erlaub ich, daß sie »Schule halten«,
drin Schüler ihren Lehrer lehren.
Kein Platz, wo dies Geschäft nicht blüht, 1632
bis auf den Kerker der Stadt Meung;
ich sag dazu: »Kein Hausschild braucht's,
denn *der* Beruf ist weltbekannt!«

CLII

Item, Noel Jolis bekommt 1636
nur eine Handvoll Weidenruten,
in meinem Garten frisch gepflückt
– dann geb ich ihn dem Schicksal preis:
Weil Prügel milde Gaben sind, 1640
soll niemand sich darob betrüben – :
Zwo zwo null Schlag verschreibe ich
von Meister Henrys eigner Hand.

CLIII

Item, ne sçay qu'a l'Ostel Dieu
Donner n'a povres hospitaulx.
Bourdes n'on icy temps ne lieu,
Car povres gens ont assez maulx.
Chacun leur envoye leurs oz:
Les Mendïans ont eu mon oye;
Au fort, ilz en auront les oz;
A menues gens menue monnoye.

CLIV

Item, je donne a mon barbier,
Qui se nomme Colin Galerne,
Pres voisin d'Angelot l'erbier,
Ung groz glaçon – prins ou? en Merne –,
Afin qu'a son aise s'yverne.
De l'estomac le tiengne pres:
Se l'iver ainsi se gouverne,
Il aura chault l'esté d'aprés.

CLV

Item, riens aux Enffans trouvés,
Mais les perduz fault que consolle;
Sy doivent estre retrouvez
Par droit sur Marïon l'Idolle.
Une leçon de mon escolle
Leur liray, qui ne dure guerre;
Teste n'ayent dure ne folle,
Escoutent! car c'est la derniere.

CLIII

Ich weiß nicht, was dem Stadtspital
ich geben soll, den Armenhäusern.
Für Späße ist nicht Zeit noch Ort,
denn Arme leiden schon genug.
Ein jeder ihnen Reste schickt:
Die Mönche kriegten »meine Gans«,
nun gut, sie solln die »Knochen« haben;
für kleine Leute »kleines Geld«.

CLIV

Item, ich laß Colin Galerne,
ist mein Barbier und wohnt ganz nah
beim Kräuterhändler Angelot,
ein großes Eisstück – aus der Marne –,
daß leicht er übern Winter kommt.
Er soll sich's auf den Magen legen:
Wenn er sich so im Winter pflegt,
ist's ihm im nächsten Sommer warm.

CLV

Item, den Findelkindern – nichts,
doch die »verlornen« muß ich trösten;
man wird bestimmt sie »wiederfinden«
im Puff von Marïon l'Idolle.
Will eine Unterrichtslektion,
die nicht lang dauert, ihnen lesen;
ihr Kopf sei nicht verstockt noch dumm,
sie solln sie hören, weil's die letzte:

CLVI

«Beaulx enfans, vous perdez la plus
Belle roze de vo chappeau;
Mes clercs pres prenans comme glus,
Se vous alez a Montpipeau
Ou a Rüel, gardez la peau,
Car pour s'esbatre en ces deux lieux,
Cuidant que vaulsist le rappeau,
Le perdyt Colin de Cayeulx.

CLVII

Ce n'est pas ung jeu de troys mailles,
Ou va corps, et peult estre l'ame.
Qui pert, riens n'y font repentailles
C'on n'en meurre a honte et diffame,
Et qui gaigne n'a pas a femme
Dido, la royne de Cartaige.
L'omme est donc bien fol et infame
Qui pour si peu couche tel gaige.

CLVIII

Q'un chacun encores m'escoute:
On dit, et il est verité,
Que charecterie se boit toute,
Au feu l'iver, au boys l'esté:
S'argent avez, il n'est quicté,
Mais le despendez tost et viste;
Qui en voyez vous herité?
Jamaiz mal acquest ne prouffficte.

CLVI

»Ihr lieben Kinder, ihr verliert
aus eurem Kranz die schönste Rose;
ihr Schüler, ›haltfest‹ wie der Leim,
wenn ihr nach ›Montpipeau‹ verreist
und nach ›Rüel‹, schützt eure Haut;
denn weil er sich dortselbst vergnügt'
und dacht', es sei den Einsatz wert,
verlor sie Colin de Cayeulx.

CLVII

Das ist doch kein Dreipfennigsspiel,
wo's um den Leib, die Seele geht!
Wenn man verliert, nützt Reue nichts,
man stirbt dadurch in Schmach und Schand'.
Und wer gewinnt, hat nicht zum Weib
Dido, Karthagos Königin.
Der Mann ist ehrlos, wirklich dumm,
der für so wenig so viel setzt.

CLVIII

Ein jeder hör' noch einmal zu:
Man sagt, und das ist wirklich wahr,
ein Fuder trinkt sich auch mal leer,
am Winterherd, im Sommerwald:
Und habt ihr Geld, ist es nicht frei,
doch ihr gebt's aus, so schnell ihr könnt,
und wer, schaut hin, bekommt es dann?
Unrechtes Gut kann nie gedeihn.

Ballade

Car ou soies porteur de bulles,
Pipeur ou hazardeur de dez,
Tailleur de faulx coings et te brulles
Comme ceulx qui sont eschaudez,
Traictres parjurs de foy vuidez,
Soies laron, raviz ou pilles,
Ou en va l'acquest, que cuidez?
Tout aux tavernes et aux filles.

Ryme, raille, cymballe, fluctes,
Comme folz fainctilz, eshontez;
Farce, broulle, joue des fluctes;
Faiz es villes et es cytez
Farces, jeuz et moralitez;
Gaigne au berlanc, au glic, aux quilles,
Aussi bien va, or escoutez,
Tout aux tavernes et aux filles.

De telz ordures te reculles,
Labourre, faulches champs et prez,
Sers et penses chevaulx et mulles,
S'aucunement tu n'es lectrez,
Assez araz, se prens en grez;
Mais, se chanvre broyes ou tilles,
Ne tens ton labour qu'as ouvrez
Tout aux tavernes et aux filles.

Chausses, pourpoins esguilletez,
Robes et toutes voz drappilles,
Ains que vous fassiez piz, portez
Tout aux tavernes et aux filles!

Ballade

Denn seist du nun ein Ablaßkrämer,
ein Kartenzinker, Würfelfälscher
und wirst verbrannt als Stempelschneider,
wie jene, die in Öl gesotten,
brichst Eide, bist der Treue bar,
seist Räuber, Dieb und Plünderer,
was glaubt ihr, wo die Beute bleibt?
In Kneipen und im Freudenhaus.

Mach Reime, spotte, zimbel, flöte
wie Possenspieler, ohne Ehr';
reiß Späße, zaubre und verschwinde;
führ auf in Dörfern und Gemeinden
Moralitäten, Farcen, Spiele;
gewinn beim Treschak, Hasard, Kegeln –
doch alles landet, hört gut zu,
in Kneipen und im Freudenhaus.

Von solchem Schmutz bleib lieber fern,
pflüg deine Felder, mäh die Wiesen,
dein Pferd versorg, dein Maultier putz,
wenn du ganz ohne Bildung bist;
dann ist's genug, bist du zufrieden;
doch wenn du Hanf brichst und ihn schwingst,
dann gibst den Lohn du nicht mehr aus
in Kneipen und im Freudenhaus.

Die Hosen und das Wams mit Schnüren,
die Röcke und auch jedes Kleid
versetzt ihr, eh ihr Schlimmres tut,
in Kneipen und im Freudenhaus.

CLIX

A vous parle, compains de galle,
Mal des ames et bien du corps:
Gardez vous tous de ce mau halle
Qui noircist les gens quant sont mors;
Eschevez le, c'est ung mal mors.
Passez vous au mieulx que pourrez,
Et, pour Dieu, soiez tous recors:
Une foyz viendra que mourrez.»

CLX

Item, je donne aux .XV. Vings
– Qu'autant vauldroit nommer Troys Cens –
De Paris, non pas de Prouvins,
Car a eulx tenu je me sens;
Ilz auront, et je m'y consens,
Sans les estuiz mes grans lunectes,
Pour mectre a part, aux Innocens,
Les gens de bien des deshonnestes.

CLXI

Icy n'y a ne riz ne jeu.
Que leur valut avoir chevances
N'en grans liz de paremens jeu,
Engloutir vins, engrossir pances,
Mener joyes, festes et dances,
De ce fere prest a toute heure?
Toutes faillent telles plaisances,
Et la coulpe si en demeure.

CLIX

He, meine Freunde im Vergnügen
– 's ist Seelennot, doch Leibeslust –:
vor jenem Brande hütet euch,
der, sind sie tot, die Menschen schwärzt;
weicht aus, das ist ein böser Biß.
Geht dran vorbei, so gut ihr könnt,
und, wolle Gott, denkt auch daran:
Einst kommt der Tag, da ist's soweit.«

CLX

Item, den Quinze-Vingts, den Blinden
– man könnt' sie auch Dreihundert nennen –,
hier in Paris, nicht in Provins,
denn ihnen fühl ich mich verbunden,
laß ich, es ist mein fester Wille,
die große Brille ohne Hülle,
damit sie bei den Innocents
die Guten von den Schlechten trennen.

CLXI

Hier gibt es weder Scherz noch Spiel!
Was half es ihnen, reich zu sein,
in Lotterbetten sich zu suhlen,
zu saufen, sich den Wanst zu mästen,
zu feiern, Fest und Tanz zu pflegen
dazu bereit zu jeder Stund?
Denn alle diese Wonnen enden –
was bleibt, ist nur das Schuldgefühl.

CLXII

Quant je considere ces testes
Entassees en ces charniers,
Tous furent maistres des Requestes,
Au moins de la Chambre aux deniers,
Ou tous furent portepaniers;
Autant puis l'un que l'autre dire,
Car d'evesques ou lanterniers,
Je n'y congnois riens a reddire.

CLXIII

Et icelles qui s'enclinoient
Unes contre autres en leurs vies,
Desquelles les unes regnoient
Des autres craintes et servies,
La les voys toutes assouvies,
Ensemble en ung tas, pesle mesle;
Seigneuries leur sont ravies,
Clerc ne maistre ne s'i appelle.

CLXIV

Or sont ilz mors, Dieu ait leurs ames!
Quant est des corps, ilz sont pourriz,
Aient esté seigneurs ou dames,
Souëf et tendrement nourriz
De cresme, froumentee ou riz,
Et les oz declinent en pouldre,
Ausquelz ne chault d'esbat ne riz.
Plaise au doulx Jhesus les assouldre!

CLXII

Denn schau ich mir die Schädel an,
die hier im Beinhaus aufgehäuft,
so waren alle Bittschriftprüfer,
zumindest bei der Rechnungskammer;
vielleicht warn sie nur Botenjungen,
was ich auch sage, bleibt sich gleich:
Ob Bischof, ob Laternenträger –
ich mache keinen Unterschied.

CLXIII

Die Schädel, die sich einst verneigten
im Leben einer vor dem andren,
von denen manche Herren waren,
bedient, gefürchtet, über andre,
seh ich dort alle stillgestellt
auf einem Haufen, buntgemischt;
die Herrschaft riß man ihnen fort,
Herr, Diener heißt nun keiner mehr.

CLXIV

Nun sind sie tot, Gott hab sie selig!
Und ihre Leiber sind verfault,
ob Herren sie, ob Damen waren,
mit Speisen fein und zart genährt
wie Sahne, Griesbrei oder Reis;
zu Staub zerfallen jetzt die Knochen,
kein Lachen kümmert sie, kein Scherz.
Ach, Jesus süß, erlöse sie!

CLXV

Aux trespassez je faiz ce laiz
Et icelluy je communicque
A regens cours, sieges, palaiz,
Hayneurs d'avarice l'inicque,
Lesquelz pour la chose publicque
Se seichent les oz et les corps:
De Dieu et de saint Dominicque
Soient absolz, quant seront mors!

CLXVI

Item, riens a Jacquet Cardon,
Car je n'ay riens pour lui d'onneste
– Non pas que le gecte habandon –
Synon ceste bergeronnecte;
S'elle eust le chant *Marïonnecte*
Fait pour Marïon la Peautarde,
Ou d'*Ouvrez vostre huys Guillemete*,
Elle alast bien a la moustarde.

Bergeronnecte

Au retour de dure prison
Ou j'ay laissié presque la vie,
Se Fortune a sur moy envie,
Jugiez s'elle fait mesprison.

Il me semble que par raison
Elle deust bien estre assouvye,
Au retour (de dure prison
Ou j'ay laissié presque la vie).

CLXV

Den Toten laß ich als Legat,
und Richter sind mit eingeschlossen
an Kammern, Höfen und Palästen,
die schnöden Geiz erbittert hassen
und für das öffentliche Wohl
die Knochen und den Leib ausdörren:
Gott und der Heilige Dominik
solln sie nach ihrem Tod erlösen!

CLXVI

Item, nichts für Jacquet Cardon,
denn ich hab nichts, das für ihn paßt
– doch laß ich ihn nicht leer ausgehn –,
als dieses kleine Hirtenlied;
säng' man es wie *Marïonnecte*,
verfaßt für Marion la Peautarde,
und wie *Mach auf mir, Guillemete*,
wär' es sogleich in aller Mund.

Hirtenlied

Ich kehr zurück aus harter Haft,
in der ich fast mein Leben ließ,
und wenn Fortuna mir noch grollt,
so urteilt, ob sie sich nicht irrt.

Mir scheint, es wäre nur gerecht,
daß sie sich bald zufrieden gäb',
ich kehr zurück (aus harter Haft,
in der ich fast mein Leben ließ).

Se sy plaine est de desraison
Que vueille que du tout desvie,
Plaise a Dieu que l'ame ravye
En soit lassus en sa maison!

Au retour (de dure prison
Ou j'ay laissié presque la vie,
Se Fortune a sur moy envie,
Jugiez s'elle fait mesprison).

CLXVII

Item, donne a maistre Lomer,
Comme extraict que je suis de fee,
Qu'il soit bien amé – mais d'amer
Fille en chief ou femme coeffee,
Ja n'en ayt la teste eschauffee! –
Et qu'il ne ly couste une noix
Faire ung soir cent foiz la faffee,
En despit d'Auger le Danois.

CLXVIII

Item, donne aux amans enfermes,
Sans le laiz maistre Alain Chartier,
A leurs chevetz de pleurs et lermes
Trestout fin plain ung benoistier,
Et ung petit brain d'esglantier
En tous temps vert pour guepillon,
Pourveu qu'ilz diront ung psaultier
Pour l'ame du povre Villon.

Und ist sie gar so ungerecht
und will, daß ich verscheiden muß,
mag Gott die Seele, die verzückt,
versetzen in sein hohes Haus!

Ich kehr zurück (aus harter Haft,
in der ich fast mein Leben ließ,
und wenn Fortuna mir noch grollt,
so urteilt, ob sie sich nicht irrt).

CLXVII

Item vermach ich Pierre Lomer,
ich stamme ja von Feen ab,
daß er geliebt wird – doch die Wahl
der jungen Mädchen und Matronen
soll ihm nicht das Gemüt erhitzen,
auch koste es ihn keinen Deut,
pro Abend hundertmal zu vögeln,
Ogier, dem Dänen, zum Verdruß.

CLXVIII

Item, den Liebeskranken laß
ich zum »Legat« Alain Chartiers
noch vollgefüllt, am Kopf des Betts,
mit Zähren ein Weihwasserbecken
und einen Heckenrosenzweig,
der immer grünt, als Wasserwedel,
wofern sie einen Psalter beten
für Françoys Villons arme Seele.

CLXIX

Item, a maistre Jacques James,
Qui se tue d'amasser biens,
Donne fïancer tant de femmes
Qu'il vouldra, mais d'espouser, riens!
Pour quy amasse il? Pour les sciens;
Il ne plaint fors que ses morceaux;
Ce qui fut aux truyes, je tiens
Qu'il doit de droit estre aux pourceaux.

CLXX

Item, le camus seneschal,
Qui uneffoys paia mes debtes,
En recompence mareschal
Sera pour ferrer oyes, canectes,
En lui envoyant ces sornectes
Pour soy desennuyer; combien,
S'il veult, face en des alumectes:
De beau chanter s'ennuyt on bien.

CLXXI

Item, au chevallier du guet
Je donne deux beaux petiz paiges,
Philebert et le groz Marcquet,
Lesquelz servy, dont sont plus saiges,
La plus partie de leurs aages,
Ont le prevost des mareschaulx.
Helas! s'ilz sont cassez de gaiges,
Aler les fauldra tous deschaulx.

CLXIX

Item vermach ich Jacques James,
der sich schwer schindet, Geld zu raffen,
daß er mit Frauen sich verlobt
soviel er will, doch Heirat – nein!
Er rafft für wen? Nur für die Seinen;
doch spart er bei den eignen »Bissen«;
und was den »Säuen« zustand, nun,
steht Rechtens allen »Schweinen« zu.

CLXX

Der Seneschall, das Plattgesicht,
der meine Schulden einst beglich,
soll zur Belohnung »Marschall« werden,
um Gans und Ente zu »beschlagen«;
ihm schick ich diese Späße hier
zur Unterhaltung, doch er mag,
so's paßt, draus Fidibusse machen;
auch schönes Singen langweilt bald.

CLXXI

Item, ich laß dem Wachhauptmann
zwei allerliebste kleine Pagen,
den Philibert und Dick-Marcquet,
die, und das hat sie klug gemacht,
die meiste Zeit des Lebens dienten
dem Profos bei den Feldgendarmen.
Oh weh! Wenn man sie amtsenthebt,
dann müssen sie ganz barfuß gehn.

CLXXII

Item, a Chappellain je laisse
Ma chappelle a simple tonsure,
Chargee d'une seiche messe
Ou il ne fault pas grant lecture.
Resiné lui eusse ma cure,
Mais point ne veult de charge d'ames;
De conffesser, ce dit, n'a cure
Synon chamberieres et dames.

CLXXIII

Pource que scet bien mon entente
Jehan de Calaiz, honnorable homme,
Qui ne me vist des ans a trente
Et ne scet comment on me nomme,
De tout ce testament, en somme,
S'aucun y a difficulté,
L'oster jusqu'au rez d'une pomme
Je lui en donne faculté.

CLXXIV

De le gloser et commenter,
De le diffinir et descripre,
Diminuer ou augmenter,
De le canceller et perscripre
De sa main, et ne sceut escripre,
Interpreter et donner sens
A son plaisir, meilleur ou pire,
A tout cecy je m'y consens.

CLXXII

Item vermach ich Chappellain 1836
die »Kaplanie« für niedre Weihen,
die trockne Messen nur erheischt,
auch keine große Lesekunst.
Auch die Pfarrei hätt' er gekriegt, 1840
doch will er Seelen nicht betreun;
zur Beichte, sagt er, nimmt er nur
die Kammerzofen und die Damen.

CLXXIII

Jehan de Calaiz, der Ehrenmann, 1844
der alle meine Pläne kennt,
mich dreißig Jahre nicht mehr sah
und meinen Namen auch nicht weiß,
darf dieses ganze Testament, 1848
wenn's Widerspruch dagegen gibt,
bis auf den allerkleinsten Rest
verändern oder annullieren.

CLXXIV

Wie er's glossiert und kommentiert, 1852
erklärt, Erläuterungen gibt,
ob er was streicht, rektifiziert,
was löscht, und wär's mit eigner Hand,
selbst, wenn er gar nicht schreiben kann, 1856
interpretiert und Sinn beilegt,
wie's ihm gefällt, ob gut, ob schlecht:
ich stimme diesem allem zu!

CLXXV

Et s'aucun, dont n'ay congnoissance,
Estoit alé de mort a vie,
Je vueil et lui donne puissance,
Afin que l'ordre soit suyvie
Pour estre mieulx parassouvye,
Que ceste aulmosne ailleurs transporte,
Car s'il l'applicquoit par envye,
A son ame je m'en rapporte.

CLXXVI

Item, j'ordonne a Saincte Avoye,
Et non ailleurs, ma sepulture;
Et afin q'un chascun me voye,
Non pas en char, mais en painture,
Que l'en tire mon estature
D'encre, s'il ne coustoit trop cher;
De tombel, riens, je n'en ay cure,
Car il greveroit le plancher.

CLXXVII

Item, vueil qu'autour de ma fosse
Ce qui s'enssuit, sans autre histoire,
Soit escript en lectre assez grosse
– Qui n'auroit point d'escriptouoire,
De charbon ou de pierre noire
Sans en rien entamer le plastre;
Au moins sera de moy memoire
Telle qu'elle est d'un bon follastre –:

CLXXV

Wenn jemand, und ich wüßt' es nicht,
gegangen wär' vom Tod zum Leben,
so will ich und ermächtige ihn,
daß alles seine Ordnung hat
und gut zu Ende wird geführt,
dies Erbe anderen zu geben;
behielt' er es aus Gier für sich,
so halt ich mich an seine Seele.

CLXXVI

Item, ich will in Sainte Avoie
und nirgends sonst begraben sein;
damit man mich leibhaftig sieht,
nicht fleischlich, sondern nur im Bild,
soll man mein Abbild dort umreißen
in Schwarz, wenn's nicht zu teuer ist;
ein Grabmal? Nein, da pfeif ich drauf,
den Boden würde es verderben.

CLXXVII

Item soll rings um meine Grube
das, was hier folgt, und sonst nichts mehr,
geschrieben werden, groß und klar
– und ist ein Schreibzeug nicht zur Hand,
so nehm' man Kohle, schwarzen Stein,
doch ritz' man nicht den Mörtel ein;
dann bleibe ich in aller Mund
als Bruder Lustig und als Narr:

CLXXVIII

«Cy gist et dort en ce sollier
Qu'Amours occist de son raillon,
Ung povre petit escollier
Qui fut nommé Françoys Villon.
Oncques de terre n'eust sillon,
Il donna tout, chascun le scet,
Table, tresteaux, pain, corbillon.
Pour Dieu, dictes en ce verset:

Verset

Repoz eternel donne a cil,
Sire, et clarté perpetuelle,
Qui vaillant plat ne escüelle
N'eust oncques, n'ung brain de percil.

Il fut rez, chief, barbe, sourcil,
Comme ung navet c'on ret ou pelle.
Repoz eternel donne a cil,
Sire, et clarté perpetuelle.

Rigueur la transmist en exil
Et lui frappa au cul la pelle,
Non obstant qu'il dit: ‹J'en appelle!›
Qui n'est pas terme trop subtil.

Repoz eternel donne a cil,
Sire, et clarté perpetuelle,
Qui vaillant plat ne escüelle
N'eust oncques, n'ung brain de percil.»

CLXXVIII

»In diesem Söller liegt und ruht,
den Amors Bolzenschuß gefällt,
ein armer, schäbiger Scholar,
er ward Françoys Villon genannt.
Nicht eine Rute Land war sein,
auch schenkt' er alles, wie man weiß,
den Tisch, die Böcke, Brot und Korb.
Bei Gott, so sprecht denn diesen Vers:

Versikel

Schenk ewige Ruhe ihm, o Herr,
und laß dein ewiges Licht ihm leuchten,
der nichts besaß, nicht einen Napf,
nicht einen Petersilienzweig.

Man schor ihm Haupt und Bart und Braue,
wie eine Rübe, die man schabt,
schenk ewige Ruhe ihm, o Herr,
und laß dein ewiges Licht ihm leuchten.

Ins Elend trieb ihn harte Not,
schlug ihm die Schaufel um den Arsch,
obwohl er schrie: ›Berufung, ach!‹
Das ist fürwahr kein feines Ende.

Schenk ewige Ruhe ihm, o Herr,
und laß dein ewiges Licht ihm leuchten,
der nichts besaß, nicht einen Napf,
nicht einen Petersilienzweig.«

CLXXIX

Item, je vueil qu'on sonne a bransle
Le groz beffroy qui est de voirre,
Combien qu'il n'est cueur qui ne tremble
Quant de sonner est a son erre.
Sauvé a mainte belle terre,
Le temps passé, chascun le scet:
Feussent gens d'armes ou tonnoirre,
Au son de luy tout mal cessoit.

CLXXX

Les sonneurs auront quatre miches,
Et se c'est peu, demye douzaine
– Autant n'en donnent les plus riches –
Mais ilz seront de saint Estienne.
Volant est homme de grant peine:
L'un en sera; quant g'y regarde,
Il en vivra une sepmaine.
Et l'autre? Auffort, Jehan de la Garde.

CLXXXI

Pour tout ce fournir et parfaire,
J'ordonne mes executeurs
Ausquelz fait bon avoir affaire
Et contentent bien leurs debteurs.
Ilz ne sont pas moult grans vanteurs
Et ont bien de quoy, Dieu mercys!
De ce fait seront directeurs.
Escryptz: je t'en nommeray six.

CLXXIX

Item, man soll im Sturme läuten
die große Glocke, spröd wie Glas,
wiewohl ein jedes Herz erbebt,
wenn sie sich anschickt zu erschallen.
Manch schönes Lehn hat sie gerettet,
wie jeder weiß, in alter Zeit:
Ob Kriegsvolk oder Ungewitter,
bei ihrem Klang wich alles Leid.

CLXXX

Die Glöckner solln vier Laibe haben,
ein halbes Dutzend, wenn's nicht reicht
– das geben selbst die Reichsten nicht –,
doch Brot vom Heiligen Stephanus.
Volant, der weiß wohl zuzupacken:
Er sei der eine; recht besehn
lebt eine Woche er davon.
Der zweite? Nun, Jehan de la Garde.

CLXXXI

Um all dies klüglich auszuführen,
ernenn ich Testamentsvollstrecker,
sind angenehme Handelspartner,
die Schuldner gut zufriedenstellen,
auch sind sie keine lauten Prahler,
dazu vermögend, Gott sei Dank!
Sie nehmen sich der Sache an.
So schreib: Ich nenn dir ihrer sechs.

CLXXXII

C'est maistre Mertin Bellefoye,
Lieutenant du cas criminel.
Qui sera l'autre? G'y pensoye:
Ce sera sire Colombel;
S'il lui plaist et il lui est bel,
Il entreprendra ceste charge.
Et l'autre? Michiel Juvenel.
Ces troys seulz et pour tout j'en charge.

CLXXXIII

Mais ou cas qu'ilz s'en excusassent
En redoubtant les premiers fraiz,
Ou totalement reffusassent,
Ceulx qui s'enssuivent cy aprés
Institue, gens de bien tres:
Phelippe Bruneau, noble escuier;
Et l'autre? Son voisin d'emprés,
Sy est maistre Jacques Raiguier.

CLXXXIV

Et l'autre? Maistre Jacques James:
Troys hommes de bien et d'onneur,
Desirans de sauver leurs ames
Et doubtans Dieu nostre seigneur.
Plus tost y mecteront du leur
Que ceste ordonnance ne baillent;
Point n'auront de contreroleur,
Mais a leur seul plaisir en taillent.

CLXXXII

Magister Mertin Bellefoye,
Leutnant am Kriminalgericht.
Der nächste? Ich hab's schon bedacht,
das soll sein Sire Colombel;
wenn's ihm beliebt und wenn's ihm recht,
so übernimmt er dieses Amt.
Und weiter? Michiel Juvenel.
Nur diese drei betraue ich.

CLXXXIII

Doch falls sie sich entschuldigten,
weil sie Vorabgebühren scheun,
sich gänzlich gar verweigerten,
setz ich die Nächstgenannten ein,
sehr ordentliche Ehrenmänner:
Phelippe Bruneau, den edlen Knappen,
und weiter? Aus der Nachbarschaft
Magister Jacques Raiguier.

CLXXXIV

Als dritten Maistre Jacques James:
drei zuverlässige Ehrenmänner,
die ihre Seelen retten wolln,
auch ziert sie wahre Gottesfurcht.
Sie setzen eher Eignes zu,
als meinen Willn nicht zu vollstrecken.
Sie brauchen keinen Kontrolleur,
solln selbst entscheiden, wie es paßt.

CLXXXV

Des testamens qu'on dit le Maistre
De mon fait n'orra quy ne quot,
Mais ce fera ung jeune prestre
Qui est nommé Thomas Tricquot.
Voulentiers busse a son escot,
Et qu'il me coutast ma cornecte;
S'il sceust jouer en ung tryppot,
Il eust de moy *le Trou Perrecte*.

CLXXXVI

Quant au regard du luminaire,
Guillaume du Ru j'y commectz;
Pour porter les coings du suaire,
Aux executeurs le remectz.
Trop plus me font mal c'oncques maiz
Barbe, cheveux, penil, sourcys;
Mal me presse, temps desormaiz
Que crye a toutes gens mercys.

Ballade

A Chartreux et a Celestins,
A Mendïans et a Devoctes,
A musars et clacque patins,
A servans et filles mignoctes
Portans seurcoz et justes coctes,
A cuidereaux d'amours transsiz
Chauçans sans mehain fauves boctes,
Je crye a toutes gens mercys.

CLXXXV

Der sogenannte Erbstreitschlichter
erfährt von mir nicht *quid* noch *quod*;
es wird ein junger Priester sein,
sein Name ist Thomas Tricquot.
Auf seine Kosten tränk' ich gern,
und wär's um meines Hutbands Preis!
Verstünd' er sich aufs Tennisspiel,
so ließ' ich ihm *Perrectes Loch*.

CLXXXVI

Was nun den Kerzenschmuck betrifft,
Guillaume du Ru soll ihn besorgen;
wer meines Bahrtuchs Ecken trägt,
das überlaß ich den Vollstreckern.
Mehr schmerzen mich als je zuvor
der Bart, das Haar, die Scham, die Brauen.
Die Krankheit drängt, ich muß sogleich
bei allen um Verzeihung flehn.

Ballade

Kartäuser wie auch Zölestiner,
die Bettelmönche, frommen Schwestern,
die Gaffer und die Absatzklapprer,
die Diener und die leichten Mädchen
mit prallen Miedern, engen Röcken,
die Gecken, die vor Liebe sterben
und schmerzlos gelbe Stiefel tragen:
Sie alle bitt ich um Pardon.

A fillectes moustrans tetins
Pour avoir plus largement hostes,
A ribleurs, menneurs de hutins,
A batelleurs trayans mermoctes,
A folz, folles, a sotz, a soctes,
Qui s'en vont cyfflant six a six
A vecyes et marïoctes,
Je crye a toutes gens mercys.

Synon aux traitres chiens matins
Qui m'ont fait ronger dures crostes,
Macher mains soirs et mains matins,
Que ores je ne crains troys croctes.
Je feisse pour eulx pez et roctes,
Je ne puis, car je suis assiz.
Auffort, pour esviter rïoctes,
Je crye a toutes gens mercs.

C'on leur froisse les quinze costes
De groz mailletz, fors et massiz,
De plombees et telz peloctes!
Je crye a toutes gens mercys.

Die Mädchen, die die Brüste zeigen,
damit sie viele Kunden kriegen,
die Diebe und die Streit anfangen,
die Gaukler, die mit Affen ziehn,
die Narren und die Possenreißer,
die gehen und zu sechst dann pfeifen
mit Blasen und mit Narrenzeptern:
Sie alle bitt ich um Pardon.

Doch nicht die Hunde, die Verräter,
die mir nur harte Krusten gaben
zu kauen oft bei Nacht und Tag,
und die ich keinen Dreck mehr fürchte.
Ich würde furzen für sie, rülpsen,
doch kann ich's nicht, ich sitze ja.
Doch Schluß, damit ich Streit vermeide:
Sie alle bitt ich um Pardon.

Die fünfzehn Rippen brech' man ihnen
mit Vorschlaghämmern, stark und breit,
mit Bleischnürn oder solchen Kugeln:
Sie alle bitt ich um Pardon.

Ballade

Icy se clost le testament
Et finist du povre Villon.
Venez a son enterrement,
Quant vous orez le carrillon,
Vestuz rouge com vermeillon,
Car en amours mourut martir;
Ce jura il sur son coullon,
Quant de ce monde voult partir.

Et je croy bien que pas n'en ment,
Car chassié fut comme ung soullon
De ses amours, hayneusement,
Tant que d'icy a Roussillon
Brosses n'y a ne brossillon
Qui n'eust, ce dit il sans mentir,
Ung lambeau de son cotillon,
Quant de ce monde voult partir.

Il est ainsi et tellement:
Quant mourut, n'avoit q'un haillon;
Qui plus, en mourant, mallement
L'espoignoit d'Amours l'esguillon;
Plus agu que le ranguillon
D'un baudrier lui faisoit sentir
– C'est de quoy nous esmerveillon –,
Quant de ce monde voult partir.

Prince gent comme esmerillon,
Saichiez qu'il fist au departir:
Ung traict but de vin morillon,
Quant de ce monde voult partir.

Ballade

Hier schließet nun das Testament
des armen Villon, ist am End.
Kommt her zu seinem Leichenzug,
wenn ihr des Rufers Schelle hört
und kleidet euch zinnoberrot,
denn er starb Amors Martertod:
Er schwor's bei seinem Zeugungsglied,
als er die Welt verlassen wollte.

Ich glaube wohl, daß er nicht lügt;
denn die Geliebte warf ihn raus
voll Haß wie einen Küchenjungen,
so daß von hier bis Roussillon
es keinen Busch, kein Strauchwerk gibt,
die nicht, das sagt er ungelogen,
ein Rockstück von ihm mitbekommen,
als er die Welt verlassen wollte.

So hat sich's wirklich abgespielt:
Er starb, ein Fetzen ihm nur blieb;
und schlimmer, übel hat im Tod
ihn Amors Stachel noch gequält;
viel spitzer als ein Schnallendorn
hat er sich ihm ins Fleisch gebohrt
(was uns doch sehr verwundern muß),
als er die Welt verlassen wollte.

Fürst, wie der kleine Merlin flink,
hört, was beim Abschied er getan:
Vom »Dunklen« nahm er einen Schluck,
als er die Welt verlassen wollte.

Anhang

Verzeichnis der Siglen und Abkürzungen

L	François Villon, *Le Lais* (*Das Kleine Testament*)
T	François Villon, *Le Testament* (*Das Große Testament*)
PD	François Villon, *Poésies diverses*
R/H	*Le Lais Villon et les Poèmes variés*, hrsg. von Jean Rychner und Albert Henry, 2 Bde., Genf 1977. – *Le Testament Villon*, hrsg. von J. R. und A. H., 2 Bde., ebd. 1974.
T/L	Adolf Tobler / Erhard Lommatzsch, *Altfranzösisches Wörterbuch*, Bd. 1 ff., Berlin / [ab 1954] Wiesbaden 1915 ff.
FEW	Walther von Wartburg, *Französisches Etymologisches Wörterbuch*, Bd. 1 ff., Bonn / [ab 1932] Leipzig / [ab 1944] Basel 1922 ff.

afrz.	altfranzösisch
ahd.	althochdeutsch
Apg.	Apostelgeschichte
Arr.	Arrondissement
a. St.	alten Stils
Bar.	Baruch
Chr.	Chronik
Dpt.	Departement
dt.	deutsch
éd.	édition (Ausgabe)
engl.	englisch
fränk.	fränkisch
hebr.	hebräisch
Hs.	Handschrift
i. S. v.	im Sinne von
ital.	italienisch
Jes.	Jesaja
Joh.	Johannes
Jud.	Judith
Kön.	Könige
Konj.	Konjunktiv
lat.	lateinisch
Lk.	Lukas
MA	Mittelalter
Mt.	Matthäus
nfrz.	neufranzösisch
n. St.	neuen Stils
okz.	okzitanisch
Part.	Partizip
Perf.	Perfekt
Pl.	Plural
Präs.	Präsens
Pred.	Prediger
Ps.	Psalm
Ri.	Richter
Röm.	Römer
Sam.	Samuel
Sg.	Singular
Sir.	Sirach
Str.	Strophe
Subst.	Substantiv
Übers.	Übersetzung
V.	Vers

Literaturverzeichnis

Französische Villon-Ausgaben

Die Werke Maistre François Villons. Mit Einl. und Anm. hrsg. von Wolfgang von Wurzbach. Erlangen: Junge, 1903.

Œuvres. Ed. par Auguste Longnon. 4e éd. rev. par Lucien Foulet. Paris: Champion, 1932 [u. ö.].

Œuvres. Etablissement du texte, gloses et notices sur tous les personnages cités et sur tous les particularités du temps par André Mary. Nouv. éd. Préf., esquisse biographique et bibliographique par Jean Dufournet. Paris: Garnier, ²1970.

Œuvres. Ed. crit. avec notices et glossaire par Louis Thuasne. 3 Bde. Paris: Picard, 1923. Neudr. Genf: Slatkine Reprints, 1967.

Poésies complètes. Ed. prés., ét. et ann. par Pierre Michel. Paris: Livre de Poche, 1972.

Œuvres. Trad. en français moderne, acc. de notes explicatives par André Lanly. 2 Bde. Paris: Champion, ³1978.

Le Lais Villon et les Poèmes variés. Ed. par Jean Rychner et Albert Henry. Bd. 1: Texte. Bd. 2: Commentaire. Genf: Droz, 1977.

Le Testament Villon. Edité par Jean Rychner et Albert Henry. Bd. 1: Texte. Bd. 2: Commentaire. Genf: Droz, 1974.

Deutsche Übersetzungen

François Villon. Des Meisters Werke. Ins Deutsche übertr. von K. L. Ammer [d. i. Karl Klammer]. Leipzig: Zeitler, 1907 [u. ö.].

François Villon. Umdichtung von Jan Jacob Haringer. Crimitschau: Stoss, 1928. [42 Strophen des Großen Testaments.]

Joseph Chapiro: Der Arme Villon. Mit 38 Bildbeigaben. Berlin/Wien/Leipzig: Zsolnay, 1931. [Das Kleine und das Große Testament.]

Die Balladen und lasterhaften Lieder des Herrn François Villon in deutscher Nachdichtung von Paul Zech. Weimar: Lichtenstein, 1931 [u. ö.]. München: Deutscher Taschenbuch-Verlag, ¹⁸1985.

François Villon: Dichtungen. Frz./Dt. Übertr. und mit Einl. und Anm. vers. von Martin Löpelmann. München: Callwey, 1937 [u. ö.]. Stuttgart: Klett, ⁴1951.

François Villon: Das große Testament. Deutsche Übertr. von Wolfgang Benndorf. Wien: Sussmann, 1937. Wien/Zürich: Amandus-Druckerei, 1949.

François Villon: Balladen. Nachdichtung von Ernst Stimmel. Mit Federzeichnungen von A. Paul Weber. Hamburg: Hauswedell, 1939. [2]1946.

François Villon: Das große Testament. Frz./Dt. Übertr. von Walter Widmer. Stuttgart: Hatje / Wien: Verkauf / St. Gallen: Zollikofer, 1949 [u. ö.]. München: Deutscher Taschenbuch-Verlag, 1980.

François Villon: Sämtliche Dichtungen. Frz., mit deutscher Übertr. von Walther Küchler. Heidelberg: Lambert Schneider, 1956. Neuausg. bearb. von Marie Luise Bulst. Einf. von Hans Rheinfelder. Mit 17 Abb. und Faks. Ebd. 1982.

François Villon: Dichtungen. (Die Legate. Das Testament. Vermischte Gedichte.) Mit 3 Holzschnitten aus der Erstausg. Ungek. Originalausg. Übers. von Carl Fischer. München: Goldmann, 1963.

Die Lebensbeichte des François Villon. Frz./Dt. Übertr. von Martin Remané. Mit einem Vorw. von Horst Lothar Teweleit. Berlin [Ost]: Rütten & Loening, 1964. [4]1978. München: Heyne, 1985.

François Villon: Baladn. In Wiener Mundart. Übertr. von Hans Carl Artmann. Frankfurt a. M.: Insel-Verlag, 1968.

François Villon: Balladen & Leeder. Niederdeutsch von Friedrich Hans Schaefer. Leer: Schuster, 1977.

François Villon: Das große Testament. Übertr. von Ernst Stankovski. Mit Vertonungen von 14 Balladen für Gitarre und 17 Holzschnitten aus einem mittelalterlichen Totentanz. München/Wien: Langen-Müller, 1981.

Wichtige weiterführende Literatur

Pierre Champion: François Villon. Sa vie et son temps. 2 Bde. Paris: Champion, 1933.

André Burger: Lexique de la langue de Villon précedé de notes critiques pour l'établissement du texte. Genf: Droz / Paris: Ménard, 1957.

Italo Siciliano: François Villon et les thèmes poétiques du Moyen Age. Paris: Nizet, 1967.

Pierre Guiraud: Le jargon de Villon ou le Gai Savoir de la Coquille. Paris: Gallimard, 1968.

Pierre Demarolle: L'Esprit de Villon. Etude du style. Paris: Nizet, 1968.

Pierre Guiraud: Le Testament de Villon ou le gai savoir de la Basoche. Paris: Gallimard, 1970.

Jean Dufournet: Recherches sur le Testament de François Villon. 3 Lfgn. Paris: Centre de documentation universitaire, 1967–68. – 2e éd. rev. et augm. 2 Bde. Paris: Société d'édition d'enseignement supérieur, 1971–73.

Italo Siciliano: Mésaventures posthumes de Maître François Villon. Paris: Picard, 1973.

Pierre Demarolle: Villon. Un testament ambigu. Paris: Larousse, 1973.

Evelyn Birge Vitz: The Crossroad of Intentions: A Study of Symbolic Expression in the Poetry of François Villon. Den Haag / Paris: Mouton, 1974.

A. J. A. van Zoest: Structures de deux testaments fictionnels – Le »Lais« et le »Testament« de François Villon. Den Haag / Paris: Mouton, 1974.

Vladimir R. Rossman: François Villon. Les concepts mediévaux du testament. Paris: Delarge, 1976.

Odette Petit-Morphy: François Villon et la scolastique. 2 Bde. Paris: Champion, 1977.

Peter Brockmeier: François Villon. Stuttgart: Metzler, 1977. (Sammlung Metzler. 161.)

Gert Pinkernell: François Villons »Lais«. Versuch einer Gesamtdeutung. Heidelberg: Winter, 1979. (Studia Romanica. 34.)

Jean Favier: François Villon. Paris: Fayard, 1982.

Dieter Ingenschay: Alltagswelt und Selbsterfahrung. Ballade und Testament bei Deschamps und Villon. München: Fink, 1986.

Frank-Rutger Hausmann: Die Villon-Übersetzungen in deutscher Sprache – Fünf Thesen zum Übersetzen mittelalterlicher Lyrik. In: Litterae medii aevi. Festschrift für Johanne Autenrieth zu ihrem 65. Geburtstag. Hrsg. von Michael Borgolte und Herrad Spilling. Sigmaringen: Thorbecke, 1988. S. 363–392.

Kommentar

Das Kleine Testament

I 1 *L'an quatre cens cinquante six:* vgl. zu diesem Datum V. 10. Dies Datum fällt möglicherweise mit dem Einbruch ins Collège de Navarre und der Flucht nach Angers (V. 43) zusammen. Es ist aber unwahrscheinlich, daß Villon das *Kleine Testament* in einer Nacht verfaßt hat, weshalb eine fiktive Testamentsdatierung anzunehmen ist, die bewußt so gewählt wurde, daß sie mit wichtigen Ereignissen seines Lebens übereinstimmt und eine Rückbesinnung plausibel macht. Ob der angegebene Fluchtgrund – die hartherzige Geliebte – nur in parodistischer Absicht vorgeschoben ist, um den Raubüberfall zu kaschieren, muß offenbleiben, ist aber unwahrscheinlich. Villon trennt übrigens im folgenden zwischen einer »Erzählgegenwart« (V. 20 ff.) und einer »Erzählvergangenheit« (I–III; XXXV–XXXIX), die auf eine bewußte Tempussetzung deuten. 2 *Je:* Das Subjekt ›ich‹ hat kein Verb; die Strophe ist willentlich ein Anakoluth, um die Juristensprache zu parodieren und den Leser in Spannung zu versetzen; vgl. auch T I. 3 *de sens rassis:* juristisch üblicher Terminus (»sain de corps et d'esprit«). 4 *Le frain aux dens, franc au collier:* zwei Begriffe aus der Reitersprache bzw. der Landwirtschaft, die beide den Tatendrang ausdrücken – ›aufgezäumt und willig im Geschirr‹. Villon wählt sie wegen der bevorstehenden Abreise bzw. ihrer sexuellen Konnotation (vgl. V. 29, 31 f.). 5 *ses euvres conseillier:* früher retrospektiv aufgefaßt (»Ob ich mein Werk wohl zeigen kann«, Löpelmann; »Ob's recht mit meinen Werken war«, Küchler); richtiger aber wohl prospektiv! 6 *Vegece:* Flavius Vegetius Renatus, um 400 n. Chr., Verfasser eines Werks über das Kriegswesen (Organisation, Taktik, Belagerung, Seekrieg) mit dem Titel *De re militari*, das von Jean de Meung (1284) als *Art de chevalerie selon Vegece* ins Altfranzösische übersetzt worden war. Dort (III,9) finden sich ähnliche Maximen; die Reitmetapher leitet zur Kampfmetapher (kriegerische Taktik) über.

II 11 *loups:* vgl. T 167 f.; es kommen auch »Wölfe« im übertragenen Sinn in Betracht (»Räuber«). 13 *frimas:* eigtl. ›Reif‹, vielleicht auch ›Schnee‹; von mir als Pars pro toto übersetzt; wie auch das folgende *tyson* ›glühendes Holzscheit‹. Beide Bilder entsprechen sich kongenial! 15 *La tres amoureuse prison:* Klischee der mittelalterlichen höfischen Liebesdichtung; vgl. die Belege bei Thuasne, Bd. 2, S. 4 f. 16 *faisoit:* Hs. C; die älteren Herausgeber übernehmen aus Hs. A, B und F »souloit« (›pflegte‹). *debriser* bildet mit *briser* (V. 14) eine Figura etymologica.

III 17 *Je le feiz:* ›ich handelte‹. *en telle façon:* bezogen auf V. 14. 18 *Voyant:* eher kausal als temporal. 19 *Consentant:* ›die zustimmte‹. 21 *dueil et plains:* Synonymendoppelung. 22 *vengence:* ›Bestrafung‹.

IV 25–32 Die ganze Strophe verwendet nur vordergründig die Terminologie der höfischen Liebe, um sie schon bald in antiidealistische und äußerst naturalistische Bilder zu verkehren. 28 *jusques aux flans:* ›bis zu den Hüften‹. Gemäß der Konzeption der höfischen Liebe dringt das Bild der mit Seelenadel ausgestatteten Herrin durch die Augen ins Herz und bewirkt dort den Wunsch nach moralischem Aufschwung; hier geht der trügerische (!) Blick tiefer, in die Richtung der Pudenda. 29 *les piés blancs:* Das gescheckte Pferd mit weißen Streifen an den Fesseln (ital. *balzano*, afrz. *baucan*, nfrz. *balzan*) galt als tückisch, unzuverlässig und unheilbringend. Das Reiterbild greift V. 4 auf, ist aber bereits deutlich sexuell konnotiert. 31 *Planter ... aultres complans:* ›fremde Felder bestellen‹; obszöne Metapher wie L 160 und T 1399, vermutlich auf lat. *fodere* ›graben‹ zurückgehend. 32 *coing:* ›Hohlstempel, Matrix, Prägestock‹; ebenfalls erotisch konnotiert: ›in andere Prägestöcke hineinstempeln‹.

V 33 *celle:* Die positivistische Forschung identifiziert(e) diese »Geliebte« mit *Katherine de Vauselles* (T 657 ff.) und der *chiere rose* (T 910), aber man beachte den Nachklang von *celle* in *Vauselles* (*vaut + celle:* ›ist soviel wert wie jene‹), was auf einen Allerweltsnamen hindeutet. 36 f. Die Tautologie ist gewollt komisch, was durch die Figura etymologica *endure / ne dure* noch unterstrichen wird. 39 *veult:* das zweimalige *veult* (s. V. 36) betont ihre absolute Macht; dies und V. 40 verbieten eigentlich, *vueil* als 1. Person (Hs. F) anzunehmen (so Pinkernell, S. 26). *soudure:* ›Lötverbindung‹; obszön konnotiert (wie das vulgäre deutsche *verlöten*), zumal *fouïr* (›fliehen‹; V. 38) klanglich auch wieder *fodere* ›graben‹ (vgl. Anm. zu V. 31) bzw. *futuere* ›sexuell verkehren‹ assoziiert.

VI 41 *ses dangers:* Die älteren Herausgeber haben mit Hs. A und F »a ces« (›um diesen Gefahren zu wehren‹). 43 *a Angers:* Dem Geständnis seines Komplizen Guy Tabarie zufolge wollte Villon dort einen Onkel, der Mönch war und ein Vermögen von 500 bis

600 Dukaten besaß, überfallen. Idealistische Interpreten (wie Burger) nehmen diese Aussage nicht ernst: Villon habe dies zum Spaß gesagt, um seine Gefährten zu vertrösten und einen Vorwand für seine Flucht zu liefern. In Wirklichkeit habe er nur an den Hof König Renés gestrebt und sich standesgemäß präsentieren wollen, wofür der Überfall auf das Collège de Navarre die Mittel bereitstellen sollte. Für andere Interpreten bedeutet die Wendung unspezifisch nur ›weit, weit fort‹. D. Kuhn liest »a engier« oder »aengier« (›sich fortpflanzen‹), so als ob Villon sich anderen Liebschaften hätte zuwenden wollen, doch gibt es für diesen Wortsinn keinen wirklichen Beleg. *les menbres sains* (V. 46) sei ebenfalls obszön gemeint und bedeute, daß das *eine* Glied noch voll funktionstüchtig sei. – Man könnte auch nach V. 43 einen Punkt setzen und den nach V. 45 fortlassen, so daß *par elle meurs* (V. 46) eine neue Kausalität bekäme. 44 f. *impartir / departir:* Figura etymologica.

VII Mit dieser Strophe ist die Einleitung beendet. Die Strophen I bis VI bilden einen ›Rahmen‹, der die Notwendigkeit begründet, warum Villon sein Testament machen muß: Die Geliebte will ihn verderben, also muß er vor ihr fliehen; sie wünscht seinen Tod, also muß er testieren. Villon zeigt, daß er über ein breites Stilregister verfügt, das ernst, demütig, obszön, unbekümmert oder lächerlich sein kann. Stets werden jedoch die Muster der höfischen neuplatonischen Liebeslyrik parodiert. Die »lex carminis« der satirischen Dichtung will, daß der »poète maudit« mit den gleichen Topoi arbeitet wie die hohe Liebeslyrik. Allerdings wird im abschließenden Teil, der den Rahmen rundet (XXXV–XXXIX), das »Testament« als sinnlicher Erfahrung, nicht intellektueller Überlegung entsprungen dargestellt. 50 *l'eslongne:* ›mich von ihr entfernen‹ (direkte Konstruktion; nicht: ›sie von mir entfernen‹). 52 *est en quelongne:* ›ein anderer als ich ist auf der Kunkel‹: Bild aus dem Bereich des Spinnens i. S. v. ›ein anderer genießt ihre Gunst‹. Die Kunkel ist das Symbol der Frau schlechthin. 53 *Dont:* entweder auf den Dichter (*moy*) bezogen: ›als der, im Vergleich zu dem‹, oder kausal ›deshalb‹ (meine Übers.) 54 *alteré d'humeur:* (1) ›in seiner Stimmung beeinträchtigt, verändert‹, aber auch ›in seinem Saft verändert‹, da das Räuchern Flüssigkeit entzieht; (2) ›von Durst verzehrt‹. *soret* (V. 53) geht auf fränk. *saur* ›goldfarben‹ zurück (wie nfrz. *saurer* ›räuchern‹); der Fisch wird erst in Salz eingelegt, was Durst macht, dann getrocknet und geräuchert, so daß er streng riecht (wie ein Bock; daher auch der deutsche Name *Bück(l)ing*). Im Vorgriff auf

V. 316 (*escouvillon* ›Ofenwisch‹) spielt Villon auf die Tradition der Melancholie nach der antiken Lehre von den Körpersäften an. Der unglückliche Liebende ist schwermütig, daher die ›düstere‹ Gesichtsfarbe. Die Zeile ist auf Villon zu beziehen, nicht, wie R/H wollen, auf die »Geliebte« oder, so Siciliano, auf den »anderen«.

VIII 59 *deffault:* ›(körperlicher wie auch moralischer) Defekt‹. 60 *Ne qu'aultre:* ›ne pas plus‹. *d'assier ne d'estain:* ›aus Stahl oder Zinn‹; entweder eine Aufzählung oder eine Steigerung (so meine Übers.) Zinn oder Blei ist natürlich weicher als Stahl: die Steigerung, die die Härte einschränkt, wirkt daher komisch. 61 *incertain:* ›unsicher; ungewiß‹; von mir auf die Dauer bezogen, nicht als allgemeine Beobachtung über die Gefährlichkeit des Lebens. 62 *relaiz:* ›Nachlaß; Aufschub‹. 63 *lointain:* gewollt komisch, da Angers nicht weit von Paris entfernt ist.

IX 65 Zu diesem Anfang vgl. T LXXX. 68 *perit:* ›verlorengeht, umkommt, untergeht‹. Die Aussage gilt ganz allgemein, da Maria Vermittlerin der Menschen bei ihrem Sohn ist; das Verb bezieht sich aber auch schon auf *mon bruyt* (V. 69), den Ruhm des Dichters, und wir brauchen nur an T 873–909 (»Ballade pour prier Nostre Dame«) zu denken. 69 *mon bruyt:* doppeldeutig: ›Dichterruhm‹, aber auch ›schlechter Ruf‹. 70 *Guillaume Villon:* vgl. T 849 ff. 71 *en l'onneur:* ›ihm zu Ehren‹, aber auch ›dank‹; der Dichter ist nur bekannt, weil er den Namen seines Adoptivvaters führt. Pinkernell will die Konstruktion auch umgekehrt verstanden wissen, was besonders boshaft wäre: Guillaume Villon, »der nur dank seines [des Dichters] Namens berühmt ist« (S. 35). Dies entspricht allerdings nicht der sonstigen Haltung Villons gegenüber seinem Ziehvater. 72 *tentes / pavillon:* »Mannschaftszelte«, »Ritterpavillon« (Pinkernell, S. 34). Ich glaube jedoch, daß *pavillon*, das zwar erst seit 1541 in der Bedeutung ›Fahne‹ belegt ist (FEW VII, S. 576), hier bereits im heraldischen Sinn als ›Wappenzelt‹ zu verstehen ist. Villon hinterläßt dem Adoptivvater seinen »Ruhm« und sein »Wappen«; *mes tentes* bedeutet, daß er nicht einmal ein eigenes Haus besitzt, aber auch, daß er wie ein Ritter ins Feld zieht. Als Métaphore filée leitet es zu *pavillon* mit seiner doppelten Bedeutung über.

X 73 *celle:* vgl. V. 18. Das Demonstrativum ist sehr despektierlich; die verschränkte relativische Konstruktion in V. 73 f. ist allein von R/H richtig erkannt worden: ›derjenigen, von welcher ich gesagt habe, daß sie mich so hartherzig fortgejagt hat‹. 77 *enchassé:* ›eingefaßt‹ (d. h. in eine Art Reliquienschrein); ähnliches kennen wir aus den verschiedenen Fassungen der »Herzmäre« (Boccaccio, *Decamerone* V,9; Châtelain de Coucy; *Roman de la Rose*, V. 4188–90 – hier und im folgenden nach der von F. Lecoy besorgten Ausgabe, Paris 1970 –; Molinet, *Roman de la Rose moralisé* usw.). 79 *pourchassé:* ursprünglich ein Jagdausdruck: ›apportiert‹; Figura etymologica zu V. 74, aber bedeutungsschwach: ›verschafft‹.

XI 81 *Ytier Merchant:* auch: Ythier Merchant. Über ihn s. T 970; Pinkernells Thesen (S. 39) über eine homosexuelle Verbindung zwischen Villon, Merchant und Le Cornu sind rein spekulativ; seine Deutung von *selon le contenu* (V. 87) als »con tenu« bzw. »se l'on le [l'escot] conte nu« bezeugt zwar seine Phantasie, geht aber über das Ziel hinaus. Welcher Art die Beziehungen zwischen beiden waren, wissen wir nicht, doch sprechen T 199 und 970 am ehesten für eine Rivalität: Merchant wäre Villons Nachfolger bei der Geliebten gewesen. 83 *branc:* ›Schwert‹, aber auch ›Membrum virile‹. Die erste Bedeutung zielt höhnisch auf Merchants Amtsadel und seine Herkunft aus der Kaufmannschaft; die zweite meint, daß er die Geliebte allein nicht zufriedenstellen kann und diese nach wie vor des Dichters bedarf; drittens könnte die Sodomisierung angedroht werden, aber nur als Strafe, nicht im Sinn von Pinkernell. Wenn dieses »Ritterschwert« verpfändet ist, parodiert Villon zugleich Merchants ritterliche Ambitionen. 84 *Jehan le Cornu:* über ihn s. T 990, wo er *Jehan Cornu* heißt; die Hinzufügung des bestimmten Artikels macht aus ihm »den Gehörnten«; auch dies spricht für eine Rivalität mit dem Dichter; in jedem Fall soll er sich das Legat mit Merchant teilen. 85 *Qui:* bezogen auf *branc*, aber vorab bis V. 88 auch auf *Jehan le Cornu* beziehbar, was eine besondere Komik erzeugt. 87 *le contenu:* ›der Wortlaut‹ (des vorliegenden Testaments).

XII 89 *Sainct Amant:* vgl. ausführlich T 1007 ff.; die erwähnten Wirtshausschilder insinuieren Trunksucht, Sexualgier und vielleicht Prunksucht (er reitet, statt zu Fuß zu gehen). An dieser Stelle wird der zeitliche Abstand zwischen den beiden »Testamenten« deutlich: Die Frau Sainct Amants hat die Beleidigungen des *Kleinen Testaments* zwischenzeitlich verstanden und den Dichter einen »Bettellumpen« gescholten. Im *Großen Testament* wird das Legat insofern abgewandelt, als sie – negativ natürlich – mit bedacht wird. Da aber Villon nachweislich in den genannten Kneipen verkehrte und Tabarie unter der Folter aussagte, im »Maultier« sei der Einbruch ins Collège de Navarre geplant und vorbereitet worden, deuten sich weniger harmlose Beziehungen an als eine simple Verschuldung Villons bei Sainct Amant. 91 *Blaru:* Jehan de Blaru, Goldschmied und Juwelier auf der Brücke der Geldwechsler, dem Pont-au-change. Er war mit der Tochter eines Secrétaire du Roi und Maître des Comptes verheiratet, 1461 »Prince« der Goldschmiedezunft, vermögend und einflußreich. Wenn Pinkernell unterstellt, er sei Villons Hehler gewesen (S. 42), gibt es dafür keinen Beleg. Der Diamant spielt auf den Beruf des Bedachten an, der von einem Habenichts beschenkt wird, bei dem Villon vielleicht ebenfalls verschuldet war. Im Kontext der Rivalität könnte aber auch eine Art ›Verlobungsring‹ gemeint sein. Das »Zebra« (V. 92; ›der Esel mit Streifen, der rückwärts geht‹) – der Name ist als Hausmarke des Tuchhändlers Jacques Cardon in der Rue Michel-le-Comte belegt – meint vielleicht sexuelle Gier und Perversion, mit denen die Personen diskreditiert werden sollen. 93 *le decret:* das 1215 erlassene Dekretale »Ein jeder jeglichen Geschlechts« verpflichtete die Gemeindemitglieder, mindestens einmal im Jahr bei ihrem Gemeindepfarrer zu beichten. Die Bettelmönche, allen voran die Karmeliter, aber auch die Franziskaner, Dominikaner und Augustiner, hatten dies Dekret unterlaufen, was Papst Nikolaus V. im Jahre 1449 durch eine Bulle sanktionierte. Damit waren finanzielle Einbußen für die Pfarrer verbunden. Ein Schiedsspruch das Pariser Parlaments hatte 1457 den Streit beigelegt. – Villon bedenkt einen ganzen Berufsstand (*curés*) mit einer wertlosen Sache, einem alten Beichtprivileg, dem sie erst wieder Geltung verschaffen müßten (zu konstruieren ist: ›laisse le decret *Omnis utriusque sexus* aux curés pour mettre sus contre la Carmeliste bulle‹). Villon hält sich damit auch weiterhin an die Wertlosigkeit der Legate. Warum die Pfarrer an dieser Stelle genannt werden, wissen wir nicht. Man mag eine Geringschätzung des Beichtsakraments unterstellen; oder sollte die Geliebte zu Villons Indignation offiziell mit einem Rivalen getraut worden sein?

XIII 97 *Robert Valee:* Alters- und Studiengenosse Villons, 1448 »bachelier ès arts«, 1449 »licencié«. Er entstammte einer wohlhabenden Familie von Grundbesitzern, die zudem hohe Justiz- und Verwaltungsbeamte stellte; ab 1455 war er erfolgreich als Anwalt tätig. Über seine Verbindungen zu Villon wissen wir nichts und können wieder nur vermuten, daß von ihm eine Gefälligkeit oder ein Dienst erbeten worden war, die er nicht oder nur schlecht erfüllte. – Die Interpreten haben die Kohärenz der Strophe bisher nicht verstanden: Villon bildet mit dem Eigennamen *Valee* (›Tal‹) eine Interpretatio nominis. Valee wird antiphrastisch zum *povre clergon en Parlement*, der den Unterschied zwischen *mont* (›Berg‹) und *valee* (›Tal‹) nicht kennt. Mit ›Berg‹ und ›Tal‹, die wir als Ausdrücke für ›Oben‹ und ›Unten‹ deuten, wird im folgenden eine Reihe komischer Assoziationen gebildet. Valee ist also entweder dumm oder übergescheit; *mont* ist aber auch fast Homophon zu *mout* ›viel‹, so daß die Geldebene mit ins Spiel kommt (vgl. die Redewendung *promettre monts et vaux* ›goldene Berge versprechen‹). 102 *Mes brayes:* ›meine kurzen Hosen‹; ein übliches Kleidungsstück, das dem Bereich ›Tal/Unten‹ angehört, da sie bis zu den Knien herunterhängen. Der Erblasser hat die Hosen gar nicht, denn sie befinden sich im Gasthaus »Aux Trumillières« (›Zu den eisernen Beinschienen‹); mit diesem Wort ist ein weiterer wichtiger Teil der Ritterrüstung benannt. Der Erblasser hat sie dort im Rausch entweder verloren, zu eindeutigen Zwecken heruntergelassen oder gar verpfändet. Der Witz besteht darin, daß man die Zeile auch so verstehen kann: ›meine Hosen, die vor den Schienbeinen hängen‹. Die *trumeliere* ist aber auch eine ›femme joyeuse (et coureuse)‹, d. h. ein ›leichtfertiges Frauenzimmer‹. 103 *Pour coyffer:* ›um eine Haube daraus zu machen‹. Damit ist der Bereich ›*mont*/Oben‹ angesprochen, denn die Hosen werden zweckentfremdet. Da die Haube die Kopfbedeckung der Matronen, der verheirateten Frauen, war, erklärt sich *honnestement* als Anspielung auf den unehrbaren Lebenswandel von Valees Freundin Jehanne de Millieres, die 1455 in einen Beleidigungsprozeß verwickelt war und vielleicht den Anwalt Valee in Naturalien bezahlte. Die von Löpelmann und anderen aus der Hs. F übernommene Lesart V. 99 »Qui ne tend« (›der weder [Berg noch Tal] besitzt‹) ist sinnlos.

XIV 105 *lieu honneste:* ›von ehrbarer Abstammung‹. Villon meint natürlich wieder das Gegenteil; warum er Robert Valee, der im *Großen Testament* nicht mehr vorkommt, im *Kleinen* drei Strophen widmet, wissen wir nicht. 107 Ich schließe mich R/H an, die *le* (»l'admoneste«) als Neutrum auffassen. Die Zeile erhält ihren Sinn erst vor dem Hintergrund der ersten Seligpreisung (Mt. 5,3): »Selig, die arm sind vor Gott; denn ihnen gehört das Himmelreich.« Valee ist nicht materiell, sondern geistig arm (V. 99). Der folgende Vers 108 greift mit *insensé* das »pauper spiritus« des Neuen Testaments auf. 108 *insensé:* Villon spielt mit den Homophonen *cens* ›Zins‹ und *sens* ›Verstand‹. Ich gebe dieses Wortspiel durch »Zins (= Sinn) und Verstand« wieder. 110 Die Zeile lautet wörtlich: ›und weil er nicht mehr Sinn (= Zins) hat als einen Schrank (voll)‹; meine Übersetzung »für« spielt mit der Mehrfachbedeutung der deutschen Präposition, die sowohl Zweck und Ziel als auch die Mengenangabe bezeichnen kann. *aulmoire* bedeutet zuerst einmal ›Bücherschrank‹ (vgl. Chrétien de Troyes, *Cligès*, V. 20: »An un des livres de l'aumeire«), dann erst ›Schrank‹ oder ›Geldschrank‹; man kann also nicht genau sagen, ob Villon den Erben als dumm und reich oder als oberschlau und vorgeblich arm qualifizieren will. 111 *Mau Pensé:* Allegorisierung der Dummheit, wörtl. ›fehlerhafter Gedanke‹. 112 *Art de memoire:* Es gab mehrere solcher didaktisch-rhetorischen Werke auf Latein und Französisch; der Erbe hat sie nötig, weil er an Gedächtnisschwäche leidet und absichtlich so tut, als sei er arm, oder im Gegenteil alle Zahlen und Termine genau im Kopf behält.

XV 116 *haubert:* ›Halsberge‹, Halsschutz am Harnisch. 119 *poupart:* ›enfant, gamin‹ (»Knäblein«) und ›coquin, drôle‹ (›Schlingel‹). 120 *Une fenestre:* ›Schaufenster, Laden‹, gemeint ist: eines öffentlichen Schreibers oder Notars bei der Kirche Saint-Jacques-de-la-Boucherie in der Nähe des Châtelet, wo die meisten derartigen Standesvertreter tätig waren. Pinkernells Deutung: »Dieses aber kann im Hinblick auf den vollen Namen der Kirche, nämlich Saint-Jacques-de-la-Boucherie, eigentlich nur das Schaufenster eines Schlachters sein, in dem man Valée (in Form von Fleisch und Wurst, versteht sich) ausgelegt zu sehen wünscht« (S. 51), ist zu ›blutig‹: Villons Satire ist geschliffener!

XVI 121 *laisse et donne:* Synonymendoppelung. *pur don:* ›als reines Legat, Geschenk‹; gemeint ist: ohne irgendwelche Auflagen. 122 *houcque de soye:* seidener Umhang, Überwurf, mit Kapuze. 123 *Jacques Cardon:* vgl. auch T 1776, wo er ein Lied erhält; *amy* ist antiphrastisch zu verstehen. Cardon wurde 1423 geboren, war rund acht Jahre älter als Villon, Sohn eines reichen Untersuchungsrichters und Vizestadthauptmanns, dem das Haus zum *Ane royé* (V. 92) gehörte, was den dortigen Kontext noch erklären könnte. Er hatte drei ältere Brüder, die Geistliche waren. Einer, Jean, war spätestens seit 1449 Kanonikus und Kollege von Villons Gönner Guillaume Villon in Saint-Benoît; ein jüngerer Bruder, Jacotin, war wie Jacques Tuchhändler. Dies macht die Kleider als Legat plausibel, zumal der Name *Cardon* von lat. *carduus*, frz. *chardon* ›Distel‹ abgeleitet sein dürfte bzw. dem Verb *carder* ›Wolle krempeln‹. Villon unterstellt dem Erben hier Freß-

und Trunksucht. 124 *glan:* ›die Eichel(ernte)‹; über den Sinn auch dieser Zeile ist viel gerätselt worden; sie bedeutet sicherlich soviel wie ›nichts‹, da Weiden keine Eicheln geben. Da die Eicheln in der Schweinemast Verwendung finden, ist das Legat stimmig. Aber *glan* heißt auch ›Quaste, Troddel‹, vgl. FEW IV, S. 147: »petit morceau de métal, de bois, petite houppe d'étoffe, de forme ovoïde, et destiné à l'ornementation« (seit 1379). Diese Bedeutung paßt gut zu der *boucque* und treibt die Assoziationskette weiter. Das Bild wird aber sofort umgemünzt und ›renaturalisiert‹. Pinkernells Deduktionen, der Rabanus Maurus bemüht, dem zufolge ein Trunk aus Weiden steril macht, schießen wie immer weit über das Ziel hinaus: *le glan d'une saulsoye* sei »nicht nur als ›Samenernte eines Weidengehölzes‹, sondern auch als eine ›Eichel aus lauter Weidenholz‹ interpretierbar [...], d. h. als ein zwar schnell erigierendes [...], für ernsthafte Taten aber zu biegsam bleibendes Glied« (S. 55). 127 *muys:* Der Muid (Scheffel) von Paris faßt 268 l; das deutsche Fuder (800 bis 1000 l) ist also zu groß. *blanc comme croye:* Saurer Wein oder Krätzer (frz. *piquette*) wurde mit Kreide oder Gips geklärt.

XVII 129 *a noble homme:* Die sonst zuverlässige Handschrift C hat hier »a ce jeune homme«, was stärker pejorativ ist. 130 *Regnier de Montigny*: Zu ihm ausführlich Pinkernell, S. 57–60. Er wurde um 1427 in Bourges geboren, wohin sein Vater vor den englisch-burgundischen Truppen geflohen war. Die Familie verarmte schon bald nach 1436, dem Zeitpunkt der Rückkehr in die Hauptstadt. Regnier brach sein Jurastudium ab, geriet ab 1452 mit der Polizei aneinander und wurde 1457 als Angehöriger der berüchtigten Gaunerbande der Coquillards gehenkt. Man hat gelegentlich angenommen, daß er Villon mit den Coquillards zusammengebracht habe. Villon vermacht ihm, dem Adligen, drei Jagdhunde, aber da er auch ein Krimineller ist, könnte es sich um Polizei- oder Spürhunde handeln, denn das Wort meint auch den Polizisten (vgl. den deutschen Ausdruck »Schnüffler«!). Damit wird zu *Jehan Raguier* übergeleitet, der Polizeioffizier war und den Villon in T 1070 ff. negativ bedenkt. 131 *Jehan Raguier:* Sein Vater (oder Verwandter?) Lubin R. hatte 1455 das Lehnsgut Montigny von Regniers Schwester Jeanne erworben. Er war Polizeioffizier. Möglicherweise will Villon andeuten, daß Raguier, so nahe an Regnier de Montigny herangerückt, bestechlich ist, vielleicht auch (V. 134) auf den Einbruch ins Collège de Navarre hinweisen. 132 *frans:* Münze aus der Zeit Karls VII. (1422–23), die jetzt, 1456, ohne jeden Wert ist. 134 f.

Höhnisch-moralisierende Zeilen; *(les) siens* meint die Erben, die mit den Legataren nicht identisch zu sein brauchen.

XVIII 137 *seigneur de Grigny:* Philippe de Brunel, Sohn eines früh verstorbenen Schatzmeisters der Königin Isabeau de Bavière und mit den Raguier versippt, war Grundherr des Dorfs Grigny bei Paris. Er wird in T 1346 ff. mit einer weiteren Ruine bedacht und ist in T 1941 ff. Testamentsvollstrecker. Er galt als streitsüchtig und prozeßfreudig und wurde später wegen Kirchenraubs angeklagt. Er starb 1504. Was Villon mit ihm verband, wissen wir nicht, aber die Hunde weisen auf ein ähnliches Verhältnis wie zu Montigny in Str. XVII. 138 *Nygon:* Schloß Nigeon bzw. Nigon zwischen Chaillot und Passy, heute im 16. Arrondissement von Paris gelegen. Villon macht sich vielleicht über Brunels übertriebenen Adelsstolz lustig, denn das Schloß, das dem Herzog von Bretagne gehörte, war eine Ruine, in der sich möglicherweise auch Verbrecher und Gauner versteckten. 140 *Vicestre:* Bicêtre, Schloß des Duc de Berri, das nicht in viel besserem Zustand war als die vorgenannten. Vorher hatte dort ein Herrenhaus des Bischofs Jean de Winchester gestanden, wovon sich der Name *Bicêtre* ableitet. 142 *Moutonnier:* Aus metrischen Gründen ist eher »Mouton« zu lesen. Es scheint überflüssig, diese Gestalt identifizieren zu wollen, denn der Name ist ironisch gemeint: Wenn Brunel gerne prozessiert, so ist sein Gegner ein ›unschuldiges‹ Schaf, d. h. er sucht sich immer unschuldige Opfer aus, denen Villon für die Unverschämtheit, daß sie es wagen, gegen den Herrn von Grigny zu prozessieren, schwere Strafen wünscht. Wenn sich Villon nach der Messerstecherei (1455) mit dem Priester Chermoye mit dem Aliasnamen »Michel Mouton« bei einem Barbier verbinden läßt, so ist das purer Hohn. Man denke übrigens an Thibault Aignelet im *Maistre Pathelin* oder Agnès in Molières *Ecole des femmes.* 144 *ceps:* heute nur noch ›Rebstock‹, früher allgemein ›Holzblock‹; hier ist das entsprechende Folterinstrument gemeint, nicht der »Sarg«, wie Pinkernell (S. 62–67) überinterpretiert.

XIX In einigen anderen Ausgaben steht diese Strophe an 20. oder 22. Stelle; ich folge R/H. 145 *Chevalier du guet:* Hauptmann der Nachtwache, der 20 Soldaten zu Pferd und 40 zu Fuß befehligte und für die Sicherheit nach Einbruch der Dunkelheit verantwortlich war. Seit dem 10. September 1455 hatte Jean de Harlay dies Amt inne, das ihm von seinem Vorgänger, Philippe de la Tour, wegen fehlender ritterlicher Qualitäten bestritten wurde. Da der Helm eine Ritterzierde ist, schenkt Villon ihm einen solchen bzw. das Wirtshausschild der Taverne »Zum Helm« bei der Porte-Baudoyer. Er oder sein Nachfolger wird erneut in T 1828 bedacht, diesmal mit zwei Pagen. 146 *establis:* ›setze fest‹ (als Erbe), aber hier auch komisch: ›befestige auf dem Kopf‹. 147 *d'aguet:* ›vorsichtig‹. 148 *ces establis:* ›die Stände der Kaufleute‹, an denen man sich nachts bei fehlender Beleuchtung entlangtasten konnte. Ob Villon andeuten will, daß sie nach liegengebliebenen Waren suchen – wie Pinkernell annimmt (S. 82 ff.) –, sei dahingestellt. 149 *riblis:* Hapax legomenon! Andere Handschriften lesen: »deux beaux rubis« (›zwei schöne Rubine‹); da dem Rubin im MA die Eigenschaft zugeschrieben wurde, nachts besonders hell zu leuchten, ergibt auch diese Lesart einen Sinn, zumal der Edelstein an Hehlerware erinnert und laut Marot der *rubis de taverne* die rote Säufernase meint. 150 *Pierre au Let:* Die »rue de la Pierre-au-Lait« war neben der Kirche Saint-Jacques-de-la-Boucherie hinter dem Châtelet gelegen, wo die Milchverkäufer ihre Produkte anboten. 151 *Troys Lis:* Homophon zu *trois lits* ›drei Betten‹. Villon spricht von einer besonders bequemen Gefängniszelle; da die Lilien das königliche Wappen schmücken, kann auch ein offizieller Wachsaal gemeint sein. Kein Kommentar identifiziert ein entsprechendes Gasthaus.

XX Wegen der verderbten Stellen in V. 155 eine der textlich am wenigsten gesicherten und auch nur schwer verständlichen Strophen. 153 *Jacques Raguier:* In der deutschen Übersetzung ist der Vorname zweisilbig zu lesen. Er war der Sohn von Lubin R., dem Oberhofkoch Karls VII. (1452), den wir in Str. XVII bereits nach seiner Pensionierung als Käufer von Régnier de Montignys Grundbesitz kennengelernt haben. Dies spräche gegen R/Hs Neuanordnung des Texts: Str. XX müßte eigentlich an Str. XVII anschließen; allerdings scheint er kein Bruder, sondern nur ein Verwandter zu sein. Er wird in T 1038 f. als Säufer mit einem anderen Wirtshaus bedacht und in T 1443 zum Testamentsvollstrecker bestellt. 154 *l'Abeuvroir Popin:* ›Popins Pferdetränke‹; kein Gasthaus, wie früher angenommen, sondern ein Platz am Seineufer in der Nähe der Kirche Saint-Germain-l'Auxerrois (heute 1. Arr.). Der Name klingt jedoch wie der einer Taverne. Villon setzt aber immer noch Legate aus, die, wenn auch im weitesten Sinn, zur ritterlichen Ausrüstung gehören. 155 R/Hs Lesart überzeugt nicht, zumal als erstes Wort dieser Zeile »perches« (›Barsche‹), als letztes »figuier« (›Feigenbaum‹) gesichert erscheinen. Ich emendiere: »Perches, poivré; au

Gros Figuier« und greife eine Emendation Longnons sowie eine Dufournets auf. Sie ergeben sich daraus, daß die vermachten Speisen mit dem Wasser zu tun haben müssen. Der Adressat bekommt eine »Pferdeschwemme«, deren Name an ein Wirtshausschild gemahnt, um seinen unmäßigen Durst mit ... Wasser zu löschen, wo man gleichzeitig aber auch Barsche fischen kann, wie sie eine Taverne am Flußufer auf ihrer Speisekarte anbietet. Es wäre befriedigender, »poivrées« zu lesen, was jedoch metrisch nicht möglich ist. Als Substantiv heißt *poivré* soviel wie ›Pfeffersauce‹. R/H lesen: »Paiches, poires – sucré, figuier –« ›Pfirsiche und Birnen, und zwar von der Sorte grüne Zuckerbirne (*sucré*) und Feigenbirne (*figuier*)‹. Ich beziehe *au Gros Figuier* als Wirtshausnamen auf die nächste Zeile. Es ist nur ein Wirtshaus »Le Figuier« (›Zum Feigenbaum‹) belegt. Der Name hat wie *trou* (V. 157) und *planter* (V. 160) deutlich sexuelle Konnotation, da »die Feige« das weibliche Sexualorgan bezeichnet. Wenn sich der Adressat dort einen »Happen« holen soll, sind wohl die Prostituierten gemeint. Villon verbindet unmäßiges Trinken mit Fressen und Sexualgier. 157 *Le trou de la Pomme de Pin:* vgl. T 1045; ein Wirtshaus, das Robin Turgis gehörte. Die zweite Hälfte der Strophe ist ein Anakoluth; zu ergänzen ist ein »laisse«. 159 *Enmaillotté en jacopin:* ›wie ein Jakobiner (= Dominikaner) in seine Kutte eingehüllt‹.

XXI 161 *maistre:* Villon spielt damit, daß der Titel einmal den Handwerksmeister, ein andermal, wie hier, den Juristen und Anwalt (von lat. *magister*) meint, ein Titel, der heute noch den französischen Rechtsbeiständen zukommt. Um welches Qualifikativum es sich jeweils handelt, ergibt der Kontext. *Jehan Mautaint* war Untersuchungsrichter am Châtelet in Paris und leitete im März 1457 zusammen mit Jean du Four die Untersuchung des Diebstahls im Collège de Navarre. Er wird T 1362 erneut bedacht, diesmal mit »Nelkenwürze«. Da der Name aus den Elementen *mal* ›übel‹ und *taint* ›gefärbt‹ zusammengesetzt ist, kann man ihn so verstehen, daß sein Träger ›schlecht‹ oder ›blaß‹ aussieht: Er hat deshalb die ›Gnadensonne‹ seines Herrn besonders nötig. In der Fiktion schenkt Villon erneut etwas, das zwar ein Aristokrat (*seigneur*, V. 163) vermachen kann, aber kein Verbrecher: seine Gunst. 162 *Pierre Basannier:* 1457–65 Notar am Châtelet, später dort »clerc criminel«; vgl. T 1362. Villon nennt ihn hier, weil der Name auf *basané* ›sonnengebräunt‹ zurückgeführt werden kann und damit gut zu *Mautaint* paßt. 163 *seigneur:* Gemeint ist Robert d'Estouteville, der Profos von Paris; vgl. T 1369, wo Villon Basennier, Mautaint und Rosnel auffordert, »dem Herrn, der Sankt Christopher dient« (gemeint ist d'Estouteville) eifrig zu gehorchen, da er gerade in Ungnade gefallen ist. Pinkernell spekuliert über eine nicht bewiesene Komplizenschaft zwischen der Halbwelt und den Juristen (S. 73–76). 165 *Fournier:* Pierre F., »procureur de la communauté de Saint-Benoît-le-Bétourné«; dieser Rechtsbeistand wird in T 1030 finanziell bedacht. Der Name bedeutet soviel wie ›Bäcker‹ (*fourneau* ›Ofen‹). Alle drei Eigennamen haben mit »Wärme« zu tun, so daß das Legat, welches aus »warmen Kleidern« besteht, genauso überflüssig wäre wie die »Gnadensonne«. 166 *Bonnetz cours, chausses semelees:* ›kurze Kappen, Strümpflinge mit Sohlen‹, also Sommerkleider; der Witz dürfte darin bestehen, daß die Interpretatio nominis auf *fournier* (›Besitzer eines Brotbackofens‹) bzw. *fourreau* (›Hülle, Futter‹) weist, er also keine Kleidung für den Winter benötigt. Pinkernells Deutung, es handle sich um Haustracht, und der Anwalt solle das Haus so bald nicht verlassen, um ihn wegen des Einbruchs ins Collège de Navarre zu verteidigen, bzw. es liege wieder einmal eine homosexuell-pädophile Beziehung vor (S. 76 bis 79), ist haltlos spekulativ!

XXII 169 *Jehan Trouvé:* Pariser Schlachtergeselle und notorischer Schläger; warum ihn Villon bedenkt, wissen wir nicht. Er spielt nicht mit seinem Namen, sondern seinem Beruf und hinterläßt ihm vermeintlich mehrere Stück Vieh, in Wirklichkeit wieder Wirtshaus- und Hausschilder. Die Fiktion des Aristokraten, der seine Habe aufteilt, wird im Prinzip immer noch nicht aufgegeben, denn Vieh als Basis des ritterlichen Einkommens gehört dazu. 170 *le Mouton:* Haus (›Zum Hammel‹) in der Rue de la Harpe. 171 *ung tacon:* ›Lederflecken‹, von vielen Herausgebern als ›Wedel‹ oder ›Peitsche‹ (*martinet*), von dem phantasiebegabten Pinkernell als »Lederabsatz« (so eine mögliche Bedeutung) übersetzt, welcher Trouvé zum »Absatzschläger« macht. Gemeint ist wohl eine lederne Fliegenklatsche, um den preisgekrönten Ochsen – »Le Beuf couronné« (V. 172) war ebenfalls ein Haus in der Rue de la Harpe –, der in der Auslage zum Verkauf feilgeboten wird, von den Parasiten zu befreien. Allerdings erfolgt über *tacon* i. S. v. ›Absatz‹ der assoziative Anschluß an Str. XXI (V. 166 ff.). 173 ff. *la Vache … qui la trousse au col:* Hausschild in der Rue Troussevache, die in die Rue Saint-Denis mündet; auf ihm war ein Mann abgebildet, der sich eine Kuh auf den Rücken lud. Dies Legat ist also doppelt unsicher: es handelt sich nicht um eine wirkliche Kuh, sondern um das Bild einer Kuh auf einem Hausschild, die dazu noch gestohlen wird. In dieser zweifachen Verfremdung liegt auch die Komik für den Leser.

XXIII 177 *Perrenet Merchant:* Er war »sergent à verge« (»Polizeibüttel mit Schlagstock«) am Châtelet. Villon erwähnt ihn in T 764 f., 937 f. und 1094 f. Ob Verwandtschaft mit Ytier Merchant besteht, ist nicht bekannt. Villon nennt ihn im *Großen Testament* nur »Bastard« oder »Perrenet de la Barre«. Die vorliegende Strophe spielt wie Str. XI mit dem Familiennamen *Merchant* – ›Kaufmann‹ bzw. auch ›Kuppler‹ (*marchand d'amour*) bzw. ›lustiger Bursche‹. Ob Merchant wirklich ein illegitimer Sohn eines Adligen aus dem Geschlecht »de la Barre« war, muß offenbleiben. Ich vermute eher, daß *Bastard* nur ein Schimpfwort ist und er *de la Barre* genannt wird, weil das Wort *barre* mindestens fünf Bedeutungen hat, die alle satirisch wirken: (1) ›Schlagstock‹, die Insignie des Polizisten; (2) ›Gerichtsschranke‹, wohin er die Übeltäter führt; (3) ›Bastardbalken (auf dem Wappen)‹, was eine mögliche uneheliche Abkunft insinuiert; (4) ›Krippensperre‹, weil er in Ställen sein Unwesen treibt; vgl. V. 180 f.; (5) ›männliches Glied‹; vgl. ebd. 180 *gluyons de feurre:* ›Strohbündel‹; Merchant bekommt sie, weil Villon in der Fiktion immer noch seine aristokratische Habe verteilt: nach dem Vieh in Str. XXII wird jetzt die Streu vermacht, die gleichzeitig als Liebeslager dient. 182 *A faire:* Merchant tut dies entweder selber, was T 764 ff. nahelegt, oder läßt seine Dirnen dort ihre Dienste verrichten. 183 *Ou:* entweder wie nfrz. *où* (›en quoi‹, R/H) neutrales Relativpronomen, auf *amoureux mestier* bezogen (so meine Übers.), oder *ou* – ›oder er muß sich (woanders) seinen Unterhalt verdienen‹.

XXIV 185 *Loup / Cholet:* Über die beiden Polizisten, Spitzel und Fischer Jean (hier gemeint) und Robin le Loup s. T 1110; über ihren Kumpan, den Böttcher und Polizisten Casin Cholet s. T 1102. 186 Der Erblasser Villon übt jetzt, immer noch in der Fiktion des reichen Aristokraten, die Jagdgerechtsame aus und bedenkt zwei Polizisten, die zugleich Wilderer sind. Der Witz scheint weiterhin darin zu bestehen, daß sie nur *eine* Ente bekommen, wo sie offenkundig in großem Stil wildern, und diese erst noch fangen müssen; auch kann *canart* (dt. *Kahn*) ein ›Wasserfahrzeug‹ meinen (T/L II, Sp. 20). 187 *Prins:* ›gefangen‹; weniger i. S. v. ›ich fing bereits‹ als ›sie müssen sie erst noch fangen‹, denn das Legat, wie die anderen auch, ist alles andere als sicher. 189 f. *tabart / De cordelier:* ›Franziskanerkutte‹ (um die Beute darunter zu verstecken); dieser

Orden beachtete das Armutsgebot besonders streng, wodurch die Verrufenheit der Erben erneut unterstrichen wird. 192 *houseaulx:* ›Gamaschen, Stiefelschäfte‹; nachdem sie alle Zutaten für ein zünftiges Picknick erhalten haben, müssen sie die Ente wohl noch aus dem Wasser ziehen, was mit Gamaschen schwierig ist und nasse Füße macht, wenn die Füßlinge fehlen. Pinkernell, einmal auf dem Weg, alles im Sinn der Homosexualität zu interpretieren, sieht in der armen Ente ein Instrument der Sodomie und dichtet einen ganzen Roman dazu (S. 88–93).

XXV 194 *troys petis enffans tous nudz:* Sie werden in V. 201 f. genannt: Es handelt sich um die drei Wucherer Colin Laurens, Girard Gossuïn und Jehan Marceau, die in T 1275 erneut bedacht werden und denen Villon dann vier Strophen widmet (CXXVII bis CXXX), um sie in die ›Schule des Lebens‹ zu schicken. Die Satire der beiden vorliegenden Strophen ergibt sich daraus, daß die über 50jährigen reichen Financiers als kleine mittellose Waisen dargestellt werden. 196 *inpourveuz:* ›bedürftig, mittellos‹; privativ wie *despourveuz* (V. 197), *desnuez* (V. 198), *desprins* (V. 203), zugleich Figura etymologica mit V. 197 und 199. 197 *despourveuz:* Einige Handschriften haben »desvestus« (›ohne Kleider‹); ich übersetze sinnentsprechend. 200 *cest yver:* Die harmlos klingende Zeitangabe kann auch boshaft gelesen werden: ›wenigstens noch diesen einen Winter‹ (weil sie danach sowieso sterben müssen).

XXVI Die Strophe ist ein Anakoluth: das Verb ist *je lessë* (V. 193); zu ihm gehört als Objekt *maint bon morseau*. Über die rührende Deutung dieser Strophe durch Théophile Gautier, der an einen gutmütigen Villon und echte Waisenkinder glaubte, s. Pinkernell, S. 93 ff. 201 *Colin Laurens:* Welche Beziehung Villon zu diesem Erben unterhielt – vermutlich Geldgeschäfte –, wissen wir nicht. Eine auf den ersten Blick evidente Interpretatio nominis ergibt sich zwar nicht, aber in *Laurens* steckt das Element *l'or* ›Gold‹, in *Gossuïn* steckt *gousset* ›Geldbeutel‹, und in *Marceau* verbirgt sich *marc* ›Mark‹, was ihre vermeintliche Armut karikiert. 204 *n'ont vaillant l'anse d'un seau:* ›haben nicht einmal soviel wie den Wert eines Eimerhenkels‹, d. h. gar nichts (denn ohne Henkel ist der Eimer unbrauchbar). 205 *ung fesseau;* nfrz. *faisceau* ›Bündel‹, oder zu afrz. *fissel*, *faissel*, *fessel* ›Korb‹, vgl. T/L III, Sp. 1883; gemeint ist die ›bewegliche Habe‹. Lanly vermutet aber richtig, wenn er schreibt: »Peut-être ce ›fesseau‹ comporte-t-il quelque équivoque« (S. 32). Ich glaube, daß das Wort *fessée* – ›Prügel (auf das nackte Hinterteil)‹ – anklingt, das allerdings erst für das 16. Jh. belegt ist. Das deutsche *Schlag* kann ebenfalls eine Mengenangabe und ›Prügel‹ meinen. 206 *quatre blancs:* kleine Münze, seit Karl VII. 10 Sous oder eine halbe Livre wert (vgl. dt. *Weißpfennig*); man wäre versucht, ›Heller‹ zu übersetzen, doch kommt das Wort nicht von *hell*, sondern dem Namen der Stadt Schwäbisch Hall, wo die Münze seit 1208 geprägt wurde. 207 *Ilz mengeront:* eher ›sollen‹ als ›werden‹. 208 *quant je seray vieulx:* ›wenn ich alt bin‹, d. h. gar nicht, denn das werden die Erben aufgrund ihres fortgeschrittenen Alters nicht mehr erleben. Die Aussage widerspricht auch dem Testament als solchem, zugleich parodiert Villon die Alten, die die Jungen mit der Aussicht auf ein günstiges Testament ködern.

XXVII 209 *nominacïon:* ›Anwartschaft, Rechtstitel‹; so hießen nach Art. 15 der Pragmatischen Sanktion von 1438 die Bescheinigungen mit empfehlendem Charakter, die die Graduierten der Universität für eine Pfründe vorsahen. Die *nominacïon* als solche bedeutet demnach noch nichts. 212 *seclurre d'adversité:* ›um aus der Not herauszuholen‹; ältere Herausgeber haben »esclore d'adversité« (›um sie vor Unglück zu bewahren‹). 213 *clercs:* ›Kleriker, Studenten‹. Die Armut der damaligen Studenten war sprichwörtlich; vgl. T 1886. 214 *intendit:* ›Willenserklärung‹. 216 *voyans:* auf *charité* und *nature* bezogen; ältere Herausgeber haben »voiant« und beziehen auf Villon: ›als ich sie so nackt und bloß sah‹.

XXVIII 217 f. *Guillaume Cottin / Thibault de Vittry:* Kanoniker von Notre-Dame in Paris und Parlamentsräte, die bereits über 75 Jahre alt und sehr wohlhabend waren; in T CXXXI und CXXXII kommt Villon auf dieses Legat zurück. Diese und die vorangehende Strophe sind wieder antiphrastisch: Die Erben werden als jung, gebildet, arm und friedfertig dargestellt. Was sie mit Villon verband, wissen wir nicht. Dieses Legat schließt an Str. XXV an und paßt zu Str. XXIX ff. Es werden Waisen, Arme, Gefangene, Kranke, Bettler usw. bedacht. Villon vermacht neben Geld und Gut auch Rechtsansprüche. 222 *sans recevoir:* ›Zins (*cens*) bekommen‹, homophon mit *sans recevoir* (›ohne daß sie etwas bekommen‹). Es handelt sich, wie V. 223 belegt, um ein wertloses Legat. 223 *la maison Guillot Gueutry:* ›das Haus Guillots, das an Gueutry vermietet ist‹. Im Jahr 1423 hatte ein gewisser Guiote de la Marche dem Fleischer Laurent Gueuldry ein Haus verpachtet, der für seine Stände an das Kapitel von Saint-Benoît-le-Bétourné und für den Grund und Boden an das

Kapitel von Notre-Dame Feudalabgaben zahlen mußte, aber nie zahlte.

XXIX Ich schließe mich nicht F. Neri, R/H und Pinkernell an, die die Strophe insgesamt auf die »Gefangenen« beziehen, sondern ziehe die ersten vier Zeilen wie die meisten Villon-Forscher noch zu Str. XXVIII. Die Genannten haben nur formale Argumente: »Mit dem ihr gemeinhin zugewiesenen Umfang von zweieinhalb Strophen würde die Cotin-Vitry-Passage also eine völlige Sonderstellung in Villons Werk einnehmen. Desgleichen wäre sie in *Lais* und *Testament* die einzige Passage, die in sich selbst durch das sonst stets die nächste Hinterlassenschaft ankündigende *item* zerteilt würde« (Pinkernell, S. 104 f.). Dem steht nicht nur, wie noch zu zeigen, der Sinn entgegen, sondern auch die Tatsache, daß Villon durchaus Strophen teilt, z. B. L XXI und XXIII, bzw. daß V. 224 noch eine Antwort heischt. 225 *la crosse:* ›Krummstab des Bischofs‹; dies greift *ma nominacïon* wieder auf. Villon ist »clerc« und schreibt sich nicht nur Pfründen, sondern sogar einen Bischofsstab zu, der potentiell unter seinen Ansprüchen beschlossen ist, die er alle Cottin und Vittry vermacht hat und die vielleicht nach diesem hohen kirchlichen Amt strebten. Das Wort ist auch als Pars pro toto für den Bischof und seine Befugnisse belegt, könnte also den Prozeß meinen, den das Kapitel von Saint-Benoît 1456 gegen Laurent Gueuldry vor dem Bischofsgericht führte; *adjoindre à sa crosse* heißt aber auch ›annexer à ses domaines‹, ›sich aneignen‹ (hier: ›ich spreche ihnen zu, übereigne ihnen‹), bzw. ›couronner le tout‹, ›um allem die Krone aufzusetzen‹ (Michel). Die Fiktion des aristokratischen Erblassers wird hier unmerklich aufgegeben. 226 *Celle:* Gemeint ist das Gasthaus »Zum Krummstab«, wo man vielleicht »Billard« spielte (V. 227) und sicherlich kein Seinewasser (V. 228) trank. Da die Erben aber als Knaben (V. 221) vorgestellt werden, die es zu versorgen gilt, bekommen sie ein »Spielzeug« und Wasser statt Wein zu trinken. 228 *Seine:* Nach diesem Wort ist in Abweichung von R/H ein Semikolon zu setzen. 229 *pigons:* ›Tauben‹ (Gefangene); nach den armen Studenten werden jetzt andere notleidende soziale Gruppen bedacht. *essoyne:* vulgärlat. *exonia* ›Not, Schwierigkeit‹. 231 *miroüer:* ›Spiegel‹; R/H und andere deuten, der Spiegel solle dazu dienen, sich zu säubern, weil die Gefängnisse sehr schmutzig waren, und so die Gunst der (im übrigen bösartigen) Beschließerin zu gewinnen, aber man denke auch an den »Narrenspiegel«, den *miroir à alouettes*, ein Gerät, mit dem man Vögel zu fangen pflegte.

XXX 233 *aux hospitaux:* Auch in T 1644 werden sie höhnisch mit einem wertlosen Legat bedacht. Das Erbstück hat im kleinen eine ähnliche Qualität wie jene in L XVIII. 234 *tissus d'arignie:* ›Spinnweben‹ (statt Ölpapier, Stoff oder gar dem noch seltenen Glas). 235 *les estaulx:* vgl. *les establis* in V. 148; es scheint, als ob Villon kein Mitleid mit den Clochards (*aux gisans*) hätte. 236 *une grongnee:* Hapax legomenon zu *groin* ›Rüssel‹, also etwa ›Nasenstüber‹ oder (derber) ›Schlag auf die Schnauze‹. 237 *Trambler:* Man weiß nicht, ob dies noch Bestandteil der Hinterlassenschaft ist (›ich lasse ihnen, daß sie zittern‹) oder eine Art Apposition (›sie zittern‹).

XXXI 241 *a mon barbier:* Wir wissen nicht, ob Villon schon an Colin Galerne aus T 1652 f. denkt. 242 *Les rongneures:* Das neufranzösische Wort *rogner* ›abschneiden‹ ist heute nur noch für die Fingernägel gebräuchlich. 243 *Plainement:* juristische Formel, die angesichts des Legats grotesk wirkt. 245 *tieulx:* ›tels‹. 246 wörtl.: ›wie sie beschaffen sind, wenn ich mich endgültig von ihnen trenne‹. 247 Die deutschen Übersetzer (Löpelmann, Küchler) konstruieren ›Que, quant du tout je les delaisse, pour moins‹; R/H machen nach *delaisse* ein Semikolon.

XXXII Antimonastische Strophe in der Rutebeuf-Tradition wie später T CXV f., wo z. T. wörtliche Anlehnungen an diese Strophe vorkommen. Die Vorwürfe sind stets die gleichen: Die Ordensleute denken nur ans Essen – ihre Seele ist in der Küche, wie Rabelais sagen wird – und an »das Eine«, »la bagatelle«. – Die Fiktion des aristokratisch-ritterlichen Liebhabers, der sein Hab und Gut vermacht, ist spätestens seit Str. XXXI aufgegeben; die Legate sind jetzt zwar noch ›persönlich‹, aber stark ›antiidealistisch‹. 249 *Mendïans:* ›Bettelmönche‹ (Karmeliter, Franziskaner, Dominikaner und Augustiner). 250 *Filles Dieu:* auch *Devotes* (vgl. T 1159), »eine ordensähnliche Vereinigung von zum Glauben zurückgekehrten Frauen, die ihre Reue durch einen besonders strengen Lebenswandel und gute Werke auszudrücken versuchten. Ihr Haus diente als Nachtasyl für Obdachlose« (Pinkernell, S. 109, Anm. 200). *Beguines:* »Beginen«, Mitglieder einer in Gütergemeinschaft klosterähnlich lebenden Gruppe, die im 12. Jh. in den Niederlanden entstanden war (entweder zu *beige*, nach der Farbe ihrer Ordenstracht, oder dem Namen des Priesters Lambert le Bègue, gest. 1177; die männlichen Mitglieder hießen »Beg(h)arden« oder »Lollharden«). 252 *flaons:* zu fränk. *flad*, dt. *Fladen*; gestockte Mischung aus Milch, Eiern und Mehl, von der es verschiedene zeitgenössische Rezepte gibt. Es handelt sich um eine salzige, nicht wie heute um eine Süßspeise, in die auch wie in eine Tourte Fleisch und Fisch eingebacken werden können; vgl. T 251; 1163; 1296; 1561. 253 *les .XV. signes:* ›die fünfzehn Vorzeichen‹ (des Jüngsten Gerichts), Lieblingsthema in den Predigten der Bettelorden; Lanly (S. 38, Anm. 4) weist auf eine gereimte Fassung hin. Der Text, der in Deutschland schon um 1450 als Blockbuch (*Der Antichrist und die fünfzehn Zeichen*) und wenig später als Wiegendruck verbreitet wurde, war angeblich vom hl. Hieronymus aus griechischen Quellen ins Lateinische übersetzt worden. – Die Orden fressen sich auf Kosten der Gläubigen voll, denen sie dann mit der Drohung des Gerichts Angst einjagen. 254 *abatre pain:* ›Brot (vom Baum) herabschlagen, herabschütteln‹; *pain* ist Synonym für ›Geld‹; hier ist wohl die ›Kollekte‹ gemeint. 255 *chevauchent:* zur Reitmetaphorik vgl. V. 4; 89 f.; im Deutschen ist »besteigen, bespringen« gebräuchlicher als »reiten«.

XXXIII 257 *le Mortier d'or:* ›der goldene Mörser‹; entweder ein Wirtshausschild, wofür T 1354 f. spricht, wo Jehan (= Thibault) de la Garde erneut bedacht wird – in der Rue Saint-Jacques gab es eine solche Taverne –, oder Hausmarke eines Gewürzhändlers. 258 *Jehan ... de la Garde:* Sohn eines Notars, »valet de chambre« und »épicier de la reine«, ein wohlhabender Mann, der in T 1919 Villon die Totenglocke läuten soll. 259 *potence de sainct Mor:* ›Krücke des hl. Maurus; Gichtkrücke‹. Der Heilige ist nicht mit dem hl. Mauritius, dem Anführer der Thebäischen Legion zwischen 280 und 300 n. Chr., zu verwechseln, der später Patron des Langobardenreichs wurde und als Mohr dargestellt wird, sondern war ein Abbé (um 512–584; Schüler Benedikts von Nursia), nach dem sich im 17. Jh. die Kongregation der Mauriner benannte. In der Abtei Saint-Maur-des-Fossés, Val-de-Marne, wo er verehrt wurde, wurden die Krücken der von der Gicht Geheilten als Exvoto aufbewahrt. 260 *ung broyer:* substantivierter Infinitiv: ›ein Senfbrei‹. Ich glaube, daß die Assoziationskette wie folgt verläuft: Jehan de la Garde ist Gewürzkaufmann, trinkt gern und interessiert sich für Frauen. So bekommt er den »Goldenen Mörser«, ein Wirtshausschild, geschenkt. Das Lautelement *mor* in *Mortier* leitet zum hl. Maurus (*Mor*) über, die Krücke wird zum Stößel: *Mortier*, *potence*, *moustarde* sind sexuell konnotiert, aber Pinkernell phantasiert wieder, wenn er von »analen Sexualpraktiken« (S. 113) und Homosexualität spricht. 261 *celluy qui fist l'avangarde:* ›derjenige, der die Initiative ergriff‹. Während alle übrigen Erben in beiden »Testamenten«

namentlich genannt werden, bleibt dieser als einziger anonym; über seine Identität ist viel gerätselt worden. Es werden folgende Vorschläge gemacht: (1) der Herr von Montcorbier, der von der Totschlagaffäre Chermoye erfuhr und Villon verbot, sich weiterhin »de Montcorbier« zu nennen; (2) Jehan le Mardi, der Villon bei der Messerstecherei mit Chermoye entwaffnete; (3) Guy Tabarie, der Komplize beim Einbruch ins Collège de Navarre; (4) ein mächtiger anonymer Gegner Villons innerhalb der Pariser Unterwelt. – Da Spekulationen wieder erlaubt sind, könnte man auch erneut an Ytier Merchant (V. 81) denken, den »zuerst« genannten Erben, der damit *fist l'avangarde*. Er könnte über die Berufsbezeichnung von de la Garde, *épicier* (›Gewürzkaufmann‹), eingeführt werden. 262 *Pour faire:* ›selber zu tun‹ oder ›tun zu lassen‹. 263 *saint Anthoine l'arde:* ›Antoniusfeuer‹; vgl. T 600, eine Folge der im MA grassierenden Mutterkornvergiftung. Nach *sainct Mor* nennt Villon einen zweiten Heiligen.

XXXIV 265 *Mirebeuf:* Pierre Mirebeuf (Merebeuf), ein reicher Tuchhändler, der wiederum in T 1046 f. bedacht wird. Vielleicht hatte Villon bei ihm Kleider gekauft und/oder Schulden gemacht. 266 *Nicolas de Louviers:* ein reicher Finanzbeamter, der erneut in T 1046 f. wegen seiner aristokratischen Ambitionen verspottet wird. Während im *Großen Testament* die Interpretatio nominis evident ist, muß man hier nach dem Witz suchen: *Mirebeuf* (*mère* + *boeuf* – ›Mutter Ochs‹) und *Louviers* (*loup* + *vieux* – ›alter Wolf‹) geben ein komisches Paar Geizkragen ab, denen ein entsprechend kleines Legat ausgesetzt wird. 267 *l'escaille d'un œuf:* ›eine Eierschale‹, i. S. v. ›gar nichts‹; vgl. afrz. *ne valoir mie un oef*, wie Chrétien de Troyes, *Perceval*, V. 2019. Die komische Überraschung ist um so größer, wenn diese Eierschale dann gefüllt ist. 268 *francs:* vgl. Anm. zu V. 131. *escus vieulx:* ›alte Taler‹; diese Münze war seit 1436 außer Kurs gesetzt. 269 *Gouvieulx:* Schloß und königliche Domäne im Departement Oise, Kanton Creil, Arrondissement Senlis (Forêt de Chantilly); auf dem Weg nach Norden und in die Picardie (Amiens) führte die Fahrstraße auf einem Damm durch den Teich von Gouvieux und war zollpflichtig. Als Folge des Hundertjährigen Krieges war die Straße aber nur wenig befahren, das Amt nicht sehr lukrativ. Möglich, daß Villon den Weg kannte, denn er erwähnt z. B. auch Pontoise (PD XIII,2). 271 *le donner:* kein substantivierter Infinitiv, wie früher angenommen (›damit er das Geben besser versteht‹), sondern: ›um ihm besser zu verstehen zu geben, ihm zu verdeutlichen‹. 272 *le Prince:* Gemeint ist der Narrenprinz (wie T 1078), der wie der König beim Einzug in eine Stadt Münzen unters Volk warf, nur daß sie entwertet oder gar aus Holz waren. Man denke an die heutigen Karnevalsumzüge.

XXXV Die Legate sind beendet; mit dieser Strophe, die eine Traumvision im Stil des *Roman de la Rose* vorbereitet, kündet Villon das Ende des »Testaments« an. Der Inhalt der Vision ist angeblich »ein prätentiöser wie pedantisch gelehrter Beschreibungsversuch einer Geistesstörung und eventuellen Nachtwandelei« (Pinkernell, S. 124), in dem man seit A. Burger eine versteckte Beschreibung von Villons Einbruch ins Collège de Navarre erblicken möchte. Ich persönlich glaube jedoch, ausgehend von V. 315, daß Villon sich hier in die Tradition der Melancholie einordnet, die den »poète maudit« auszeichnet (vgl. S. 16; 243), und damit sein »Testament« als dichterische Fiktion zu erkennen gibt. 274 *en bonne:* Zu ergänzen ist *humeur:* ›gutgelaunt‹. 278 *Le salut:* (1) ›das Heil, die Rettung‹; (2) ›der Gruß‹. Gemeint ist das abendliche Angelus-Läuten, das mit einem Gebet zum Gedächtnis der Menschwerdung Christi verbunden wurde (»Angelus Domini nuntiavit Mariae« – »der Engel des Herrn brachte Maria die Botschaft«). *Le salut* ist der den Menschen das Heil bringende Gottessohn. Aber auch ›Gruß‹ macht Sinn, denn der Engel Gabriel sagt (Lk. 1,28) »Ave Maria« – »Gegrüßet seist du, Maria«; daher »Englischer Gruß«, der zum Hauptbestandteil des Rosenkranzgebets wird. Villon greift im übrigen Str. IX auf; das »Testament« hat eine deutliche Kreisstruktur. 279 *mis en bonne:* Hapax legomenon, i. S. v. *si suspendis*; ich übersetze wie im Deutschen: »es gut sein lassen«; die meisten Herausgeber setzen statt *bonne* »borne« (›Grenze‹).

XXXVI 282 *Non pas par force de vin boire:* Villon verfällt während des Abendgebets – der Übergang vom Tag zur Nacht ist den Visionen günstig – in einen Rauschzustand, der dem »furor poeticus« gleicht. Die kommenden Strophen sind weder ein Studentenstreich (»espièglerie d'écolier«; L. Foulet) noch der Bericht vom Einbruch in einem somnambulen Zustand, der folglich Verantwortung ausschließt (A. Burger), noch ein »aristotelischer Ulk« (»canulard aristotélicien«; R/H), sondern die pathologische Beschreibung von Villons dichterischer Inspiration. Die Niederschrift wird als Phantasieprodukt hingestellt (V. 273 ff.), was sie möglicherweise vor Sanktionen schützen soll. 284 *dame Memoire:* die personifizierte Intelligenz. 286 *Ses especes:* ›Erkenntnisgegenstände‹, hier: ›die geistigen Fähigkeiten‹ (Urteil, Schluß, Voraussicht, Distinktion usw.)

XXXVII 289 *l'estimative:* ›Fähigkeit, Werturteile abzugeben‹. 290 *prospective:* ›Fähigkeit, zukünftige Folgen im voraus zu bedenken‹. 291 *simulative:* ›Fähigkeit, Vorstellungen zu identifizieren‹. *formative:* ›Fähigkeit, Vorstellungen zu entwickeln‹. 294 *Fol et lunatique:* weitere Begleiterscheinungen des Melancholikers, der nicht nur ein Visionär, sondern auch ein Narr ist, der unter starken Stimmungsschwankungen leidet. Die Kreativität des Dichters hat nach Aristoteles hier ihre Wurzeln. 296 *Aristote:* Zu denken ist an die (pseudo)aristotelischen *Problemata physica* XXX,1, einen Schlüsseltext zur Lehre von den Körpersäften. Aristoteles gilt im MA aber ganz allgemein als stützende Autorität.

XXXVIII 297 *le sensitif:* »anima sensitiva« als Ort der sinnlichen Wahrnehmungen, die den intellektuellen gegenübergestellt werden. Die Sinnlichkeit (»Weiber, Wein und Würfelspiel«) zeichnet den »poète maudit« vornehmlich aus. 299 *organes:* ›Sinnesorgane‹. 300 *la souveraine partie:* Gemeint ist der ›Verstand‹. 304 Ich folge R/H gegen die älteren Lesarten »des sens l'aliance« (›um zu zeigen, daß die Sinne zusammenhängen‹).

XXXIX 305 *Puis que:* ›dann, als‹; temporal, nicht kausal: In V. 297 war *le sensitif* erwacht und kommt jetzt wieder zur Ruhe; das »Testament« wird so erneut als ein Produkt der Sinne, der Sinnlichkeit, dargestellt, was bereits in V. 18 angekündigt worden war, wo der Leser erfährt, daß eine unglückliche Liebe den Anlaß zum Testament bietet; vgl. auch V. 51 *comme mon povre sens consoit.* 306 *l'entendement desmellé:* Der Zustand der Unbewußtheit ist vorüber, der Verstand (*esperit*, V. 283) wieder befreit, aber damit ist auch die dichterische Inspiration erloschen. 310 *finer:* hier: ›sich verschaffen‹.

XL Es fällt auf, daß Villon von der 1. Person Singular zur 3. Person wechselt und damit Distanz schafft. 313 *de la dite datte:* formelhafter Rückverweis auf V. 1 und 10. 314 *renommé:* nicht ›berühmt‹, sondern ›ehrbar‹; ähnlich wie in dem Freisprechungsbrief von 1456, der ihn vom Mord an Sermoise entlastet: »est homme de bonne vie, renommée et honneste conversation«. 315 *figue ne datte:* Trockenfrüchte, die *sec* (V. 316) antizipieren; zugleich vielleicht unerreichbare exotische Luxusspeise, um seine Armut zu untermalen. Pinkernell deutet dies, entprechend seiner These von der Homosexualität Villons, als weibliches (*figue*) und männliches

Geschlecht (*datte*), da *le date* ›Urin‹ heißt (S. 130). Seine Ausführungen sind auch hier nicht zu halten, denn der Sprung vom »Urin« (= Penis) zum *escouvillon* ist äußerst gewagt und setzt voraus, daß V. 316 auf *le datte* bezogen wird: »Wir vermuten, daß auf die als dürr, dunkel und mit lappenartig am Ende hängendem Hodensack vorgestellten Glieder liebesbedürftiger älterer Herren abgezielt wird« (sic!; S. 132). 317 *tente ne pavillon* greift V. 72 wieder auf; hier bedeutet das Wortpaar soviel wie ›kein Möbelstück; nichts‹, ist also deutlich ironisch. 321 *Explicit:* (lat.) ›Es ist am Ende.‹ Der Ausdruck stand in alten Handschriften und Drucken am Schluß; das Gegenstück dazu ist das *Incipit* (›es beginnt‹).

Das Große Testament

I 1 Das Testament beginnt mit einer Zeitangabe; *an* ›Jahr‹, *aage* ›Lebensalter, Lebensjahr‹. Die Strophe ist elliptisch; zu ergänzen wäre: »Gegeben im . . ., testiert am . . .« u. ä. Sobald Villon aber auf seinen Erzfeind Thibault d'Aucigny zu sprechen kommt, läßt er sich von seiner Indignation fortreißen und verschiebt den eigentlichen Beginn des Testaments immer mehr. – Nach dieser Zeitangabe wäre Villon um 1430 geboren; das »Testament« ist 1461 (das Jahr endete nach neuem Stil im April 1462) verfaßt, vgl. V. 81 ff. 6 *Thibault d'Aucigny:* auch: d'Aussigny; Erzdiakon, dann Bischof von Orléans, gewählt am 15. Dezember 1447, bestätigt am 5. Mai 1452, gest. 24. September 1473; ein strenger, ernsthafter, geiziger, aber korrekter Kirchenfürst, dem Villons ganzer Haß gilt. 7 *signant les rues:* ›der über die Leute auf der Straße das Kreuzeszeichen schlägt‹.

II 12 *serf / biche:* Villon parodiert den Gedanken eines Lehnsverhältnisses zwischen sich und dem Bischof. Da er von ihm nur Brachland (*friche*, V. 10) bekommen hat, schuldet er ihm auch keinen Gehorsam (*foy*, *ommaige*, V. 11), ist nicht sein Lehnsmann (*serf*). Über das Homophon *cerf* ›Hirsch‹ bildet Villon ein weiteres Wortspiel: Da er nicht sein *serf/cerf* ist, ist er auch nicht seine *biche* (›Hirschkuh‹ i. S. v. ›homosexueller Freund‹). 13 *Peu:* zu *paistre* ›nähren‹. Villon wurde vermutlich 1461 vom bischöflichen Gericht in Orléans aus unbekanntem Anlaß verurteilt und in Meung-sur-Loire gefangengesetzt, wo er bis Oktober (V. 81 ff.) blieb. 15 *Large ou estroit:* Gemeint ist: ›mag er großzügig oder engherzig sein‹. 16 Villon geriert sich als vermeintlicher Christ: Gott soll dem Bischof nur Gleiches mit Gleichem vergelten, vgl. auch V. 22 ff., 28.

V 34 *du bon feu Cotart:* Maistre Jehan Cotart (auch: Cotard) war Villons Anwalt vor dem geistlichen Gerichtshof (vgl. V. 1231); 1443 ist er »chapelain de Notre-Dame«; er kommt 1460 und 1461, in seinem Todesjahr, als »promotor curiae« vor. Villon widmet ihm die Strophe CXXV und die Verse 1238–65, eine Ballade, die Cotart als starken Säufer ausweist. 35 *par cueur:* Wortspiel: ›auswendig‹ und ›in Gedanken‹ (also: nicht wirklich!). 37 *Priere ... de picart:* Als *picarts* (auch: *béguards*) wurden böhmische Häretiker adamitischer und taboritischer Provenienz bezeichnet, die die Transsubstantiation leugneten, den Waldensern verwandt. Da diese das geheime Gebet in der Kammer dem in der Öffentlichkeit der Kirche vorzogen, ist eine *priere de picart* ein ketzerisches und damit unwirksames Gebet. 38 *le:* entweder die *priere de picart* oder der ›pikardische Dialekt‹. Villon macht ein neues Wortspiel und setzt die pikardischen Ketzer mit den Einwohnern der nordfranzösischen Landschaft Picardie gleich. Wenn Thibault also nicht weiß, wer die *picarts* sind, soll er nach Douai oder Lille in Flandern gehen, wo er natürlich darüber auch keinen Aufschluß erhält.

VI 41 *que l'on prie:* indirekter Fragesatz: ›was man betet‹ (R/H); andere übersetzen *que* mit ›daß‹ als Fortsetzung von V. 35. 42 Villon betont noch einmal seine Frömmigkeit! 43 *crye:* als 1. Person Singular Präsens übersetzt; andere Übersetzer (F. Neri; A. Burger) fassen die Form als 3. Person auf: ›wenn er es nicht jedermann weitersagt‹ (also das Geheimnis bewahrt); J. Frappier versteht: ›angesichts der Tatsache, daß sich seine Bitte nicht an jedermann richtet‹. 46 *cordouen:* Cordoba-Leder, feines Ziegenleder; der Psalter, der nicht in Leder eingebunden ist, ist der des Gedächtnisses. 48 *pseäulme Deus laudem:* Ps. 109,8; Villon irrt sich bezüglich der genauen Versangabe, aber die Psalmen wurden im MA gelegentlich anders gezählt: Der Vers, eine bekannte Klerikersatire, lautet: »Fiant dies eius pauci et episcopatum eius accipiat alter« – »Nur gering sei die Zahl seiner Tage, sein Amt soll ein anderer erhalten«. (Bibelzitate werden nach der »Einheitsübersetzung« wiedergegeben.)

VII 52 *de qui tiens:* Das Verb greift V. 10 auf. Von Thibault d'Aucigny hat Villon nichts, sondern alles von Gott. 54 *ville puissance:* Entweder ist ›der Teufel‹ oder ›der Bischof‹ gemeint. 56 *Loÿs:* Ludwig XI., der ihn (V. 81 ff.) aus dem Gefängnis von Meung befreit hat; *bon* hieß ursprünglich ›tapfer‹ und erst später ›edelmütig‹.

VIII 57 *l'eur de Jacob:* ›Jakobs Glück‹; vgl. Jakobs Traum (1. Mose 28,12 ff.: Jakobsleiter) und die Verheißung »Deine Nachkommen werden zahlreich sein wie der Staub auf der Erde«. 58 *de Salmon l'onneur et gloire:* z. B. 2. Chr. 1,1–9.31. 64 *Mathussalé:* Er soll nach 1. Mose 5,27 969 Jahre alt geworden sein.

IX 65 1. Mose 35,22: »Erant autem filii Jacob duodecim« – »Jakob hatte zwölf Söhne.« Ludwig XI. war weniger gesegnet, denn er hatte nur einen Sohn aus zweiter Ehe, den späteren Karl VIII. 66 *Veoir:* Infinitiv, abhängig von *doint,* V. 57. 68 *ventre nuptïal:* im Unterschied zu Jakob (vgl. 1. Mose 30), der Kinder von insgesamt vier Frauen hatte (1. Mose 35,23 ff.). 69 *Bons:* ›tapfer‹. *saint Marcïal:* erster Bischof von Limoges (Mitte des 3. Jh.s); wegen des Gleichklangs des Namens mit dem des Kriegsgottes Mars wird er für kriegerische Tugenden in Anspruch genommen.

X Villon verkündet seine Absicht, jetzt testieren zu wollen, und parodiert die Formeln lateinischer Testamente wie »Sanus mente, licet debilis corpore, et bene mei compos, per Dei graciam, existens, testamentum meum seu extremam voluntatem meam facio et de bonis meis mihi a Deo colatis dispono et ordino per modum infra scriptum« (R/H, S. 24). 77 *ne l'ay emprunté* bezieht sich auf *plain sens,* V. 75: Villon vertraut nur auf Gott, nicht auf die anderen.

XI 81 Das Jahr 1461 (a. St.) endete am 17. April 1462 (n. St.). Villon wurde Anfang Oktober 1461 freigelassen und hat das »Testament« in den folgenden fünf, sechs Monaten verfaßt. 82 Ludwig XI. war seinem Vater Karl VII. am 23. Juni auf den Thron gefolgt und am 15. August in Reims gesalbt worden. Am 2. Oktober zog er über Meung-sur-Loire nach Tours, wo, beim ersten Besuch eines neuen Königs, der Tradition entsprechend alle Gefangenen freigelassen wurden.

XII 94 *Esguisez comme une pelocte:* ›scharf wie ein Pelotaball‹ (nicht: ›wie ein Wollknäuel‹), also: ›völlig stumpf‹. 96 *Averroÿs:* Averroes (Ibn Ruschd), arabischer Arzt und Philosoph (geb. 1126 in Córdoba, gest. 1198 in Marrakesch), im MA schlechthin »der Kommentator« (des Aristoteles) genannt.

XIII 97 *Combien, au:* die meisten Herausgeber haben »Combien, qu'au«, doch so ergibt der Folgesatz keinen Sinn! 98 *sans croix ne pille:* ›sans pile ni face‹ (›Kopf oder Schrift‹, die beiden Seiten der Münze), zu nfrz. *pile* ›Prägestempel‹, mit dem die Devise eingedrückt wurde. Der Sinn ist: ›völlig mittellos‹. 99 *Esmaulx:* vgl. Lk. 24,13–35 (die Begegnung mit dem Auferstandenen auf dem Weg nach Emmaus). 101 *une bonne ville:* vielleicht Moulins, die Residenz des Herzogs von Bourbon, wo sich Villon bereits um 1458 auf seiner Wanderung durch Frankreich aufgehalten hatte, denn in PD X spricht er von seiner »Requeste« an den Herzog von Bourbon. 102 *esperance:* Dies war die Devise der Herzöge von Bourbon. Burger und andere lesen deshalb statt *pourveut* (V. 102) »pourveue« und beziehen auf *ville.*

XIV 106 *mort:* ›Tod‹ (Subst.). 108 *mort:* ›beißt‹ (3. Pers. Sg. Präs. zu *mordre*). 109 *soye mort:* ›ich bin erstorben‹ (Part. Perf. zu *mourir*). Die drei Formen bilden mit *remort* (V. 111, ›erzeugt Gewissensbisse‹) eine Figura etymologica.

XV 113 f. *Roumant / De la Rose:* Der Rosenroman ist eines der bekanntesten und meistzitierten Werke des MA, aber Villon irrt sich: die Verse, die er meint, finden sich nicht dort, sondern am Anfang des Testaments (*Codicille*) von Jean de Meung: »Bien doit estre escusé jone cuer en jonesse / Quant Diex li donne grace d'estre viel en viellesce.« Villon unterschlägt wohlweislich die beiden folgenden Verse: »Mais moult est grant vertu et tres haute noblesse / Quant cuer en jone aage a meureté s'adresse.« 118 *helas!:* hier Ausruf des Bedauerns über das Alter.

XVI 127 f. *Les mons ne bougent:* vgl. Jud. 16,18: »Montes a fundamentis movebuntur cum aquis« – »Meere und Berge erbeben in ihrem Grund«; die Zeile ist hier aber ins Negative verkehrt.

XVIII 137 *araisonna:* ›sprach ihn an‹; Michel gibt an, es handle sich um ein Wortspiel, denn das Verb bedeute auch ›ein Schiff anhalten‹.

XIX 145 *ma fortune:* Der Schicksalsglaube ist bereits neuzeitlich-modern! 149 Der Personenwechsel (hier von der 2. Person Singular zur 2. Person Plural) war im MA in ein und derselben Rede durchaus gebräuchlich. 152 *Ne gist pas:* ›ne se trouve pas‹ (›liegt nicht beschlossen‹).

XX 157 *ne mesdit:* Von jetzt an ist Diomedes geläutert und wird keine aufrührerischen Reden mehr halten; alle Handschriften haben *mesdit* gegen Marots »mesprit« und Longnons »mesfit«; R.-L. Wagners Deutung, das Subjekt sei Alexander d. Gr., ist ebenfalls nicht zu halten. 159 *Valere:* Diese Angabe ist falsch, denn die Anekdote findet sich nicht bei Valerius Maximus (erste Hälfte des 1. Jh.s n. Chr.), sondern bei Jean de Vignau und Johannes von

Salisbury. Aber Valerius Maximus galt im ganzen MA als Autorität für moralisch-gnomische Erzählungen, so daß ihm vermutlich auch die Diomedes-Episode zugeschrieben wird. *bauldit:* zu *baudre, baidre, baeldre* ›angeben, bekräftigen‹.

XXI 162 *Ung autre piteux Alixandre:* Villon hat aber nur Thibault d'Aucigny getroffen; er hoffte vielleicht, in René d'Anjou (vgl. V. 1459 f.) einen Mäzen zu finden. Er verteidigt hier den Piraten Diomedes und damit seine eigenen Räubereien, die er der Armut und damit der sozialen Ungerechtigkeit anlastet. 164 *Et ... qui:* hier, wie oft bei Villon, in der Bedeutung ›wenn man‹.

XXII Diese Strophe, wie auch die beiden folgenden, in denen Villon den Verlust der Jugend und seine bittere Armut beklagt, gehört zu den berühmtesten Passagen des ganzen »Testaments«. Die Memento-mori-Stimmung ist zugleich pathetisch und ergreifend. Spätestens seit Petrarcas *Canzoniere* (Str. 1) ist die jugendliche Leidenschaft als »giovenil errore« zum literarischen Topos geworden. 170 *gallé:* Das Verb in der Bedeutung ›faire la noce‹ (›schlemmen, prassen‹) lebt heute nur noch in dem Partizip *galant* fort. 172 *Qui:* auf *le temps de ma jeunesse*, nicht auf *viellesse* zu beziehen.

XXIII 179 *plus noir que meure:* eine höchst naturalistische Metapher: ›schwärzer als eine Brombeere‹ (oder auch ›Maulbeere‹); hier natürlich in übertragener Bedeutung: ›düsterer Stimmung‹. Villon schreibt sich das Erscheinungsbild der »schwarzen Melancholie« zu, vgl. L 53 f., 316; zu denken ist auch noch an die Schwärzung der Gehenkten durch Wind und Wetter, den *mau halle* (V. 1722), auf den auch die »Ballade des pendus« anspielt (PD XI,22). 180 *cens:* regelmäßige Zahlung an den Grundherren; *rente:* Einkünfte unterschiedlichen Ursprungs. *cens* ist ein Homophon mit *sens*, V. 178.

XXIV Villon verteidigt sich allein gegen den Vorwurf (*si ne crains*), sein Geld verpraßt zu haben (weil er nämlich keines besaß!), was aber nicht besagen will, daß er den aufgezählten Lastern (Freß- und Trunksucht sowie Bordellbesuche) nicht gefrönt hätte. Insofern können ihm seine Verwandten (*amis*, V. 188) auch keine Vorhaltungen machen.

XXV 195 Rabelais läßt im *Tiers Livre* (Kap. 31) den Arzt Rondibilis den Zusammenhang von Essen und Liebesfähigkeit mit einem antiken Sprichwort beschreiben: »Vénus se morfond sans la compaignie de Cérès et de Bacchus« (*Œuvres complètes*, hrsg. von G. Demerson, Paris 1973, S. 483; auch im folgenden wird Rabelais nach dieser Ausgabe zitiert). Ein anderes Sprichwort lautet: »Ventre affamé n'a pas d'oreilles« – »Einem leeren Bauch ist schlecht predigen«. 198 *s'en recompence:* sowohl Indikativ als auch Konjunktiv sind möglich: ›que quelqu'un se dédommage de ce contretemps‹ oder ›quelqu'un se dédommage‹. Das Verb hat den Sinn von ›sich schadlos halten‹. 199 *Qui:* männlich oder weiblich? Entweder zieht eine Frau (Catherine de Vaucelles, Marthe, Rose oder eine andere »fillette«) daraus Nutzen, daß Villon nicht mehr auf der Liebe Pfaden wandelt – sie wäre dann dick und rund –, oder ein Rivale. Hier kommt zuallererst Ythier Merchant (L XI) in Frage, der T 970 zufolge als Rivale betrachtet wurde, weshalb ihm Villon dort sein *branc* (›Schwert‹; ›männliches Glied‹) vermacht. L. Foulet entdeckte im vorliegenden Vers ein Anagramm für Ythier Merchants Namen (man beachte die leichte Änderung der Schreibweise): RAMplY sur les CHANTIERs. Angeblich hat er Villon bei Catherine de Vaucelles ausgestochen. *les chantiers:* ›das Faßlager, der Kentner‹ (Holzbalken, auf die die Fässer gelegt wurden, damit sie nicht fortrollen). 200 *la dance vient de la pance: la dance*, ›der Tanz‹, ist Euphemismus für den ›Geschlechtsakt‹; mit *la pance*, ›Schmerbauch‹ (dt. *Pansen*), ist ›übermäßiges Essen‹ gemeint. Vgl. »Luxure [...] a ventre plein voulentiers vient« (Eloi d'Amerval, *Livre de la Diablerie* II,14) oder den deutschen Volksmund, der das lateinische Sprichwort »Post cenam stabis, vel mille passus meabis« in »Nach dem Essen sollst du rauchen oder eine Frau gebrauchen« abwandelt.

XXVI 201–208 Viele Kritiker unterstreichen die Aufrichtigkeit dieses Bedauerns, aber es sind Zweifel angebracht, ob es sich nicht um Topoi handelt. Der »poète maudit« ist stets »Weibern, Wein und Würfelspiel« ergeben und hat in seiner Jugend über die Stränge geschlagen. Wenn Villon und François de Montcorbier identisch sind, so hat letzterer 1449 (n. St.) in Paris den Grad eines »baccalaureus« und 1452 den eines Lizentiaten, der den Magistergrad vorbereitete, erworben. Man müßte dem Verb *estudïé* (V. 201) den Sinn von ›eine akademische Laufbahn angestrebt‹ unterlegen, um die Dinge zurechtzurücken.

XXVII 209f. wörtl. ›das, was der Weise sagt, stellte ich ihm (meinem Herzen, V. 208) zu günstig, zu vertrauenswürdig dar‹, d. h. ›ich schenkte dem Wort des Weisen in meinem Herzen zu viel Vertrauen‹. *bien en puis mais!:* ›c'est bien ma faute‹ (R/H); ›j'en suis bien avancé!‹ (Thuasne; ›dadurch bin ich keinen Schritt weiter‹). Gemeint ist Pred. 11,9 »Laetare ergo, iuvenis, in adulescentia tua« –

»Freu dich, junger Mann, in deiner Jugend«; Villon unterschlägt aber bewußt das Ende des Verses, »et scito quod pro omnibus his adducet te Deus in iudicium« – »aber sei dir bewußt, daß Gott dich für all das vor Gericht ziehen wird«. 214–216 Pred. 11,10: »adulescentia enim et voluptas vana sunt«, »denn die Jugend und das dunkle Haar sind Windhauch«. (Villon stützt sich bei diesem zweiten Zitat nicht auf die Vulgata, in der die Stelle verderbt ist, sondern vielleicht auf eine volkssprachliche Version.)

XXVIII 218–222 Der Vulgatatext (Hiob 7,6) lautet: »Dies mei velocius transierunt quam a texente tela succiditur, et consumpti sunt absque ulla spe« – »Meine Tage sind schneller vergangen, als der Weber das Gewebe abschneidet«. Die modernen Bibelübersetzungen bieten einen veränderten und korrigierten Text: »Schneller als Weberschiffchen eilen meine Tage, der Faden geht aus, sie schwinden dahin«; vgl. auch Jes. 38,12: »Generatio mea ablata est et convoluta est a me quasi tabernaculum pastorum, praecisa est velut a texente vita mea; dum adhuc ordirer, succidit me« – »Meine Hütte bricht man über mir ab, man schafft sie weg wie das Zelt eines Hirten. Wie ein Weber hast du mein Leben zu Ende gewoben, du schneidest mich ab wie ein fertig gewobenes Tuch«. – Villons Vergleich geht in eine andere Richtung, es sei denn, R/H hätten recht mit ihrer Vermutung, Villon hätte »succenditur« (›es wird angezündet‹) statt »succiditur« (›es wird abgeschnitten‹) gelesen. 217 *errant:* ›eilends, schnell‹. 222 *ravit:* zu *ravir* ›enlever de force‹, (›abreißen, gewaltsam fortnehmen‹).

XXIX 225 *Ou sont:* Hier klingt erstmals das im MA weitverbreitete Thema des »Ubi sunt?« an, das Villon insbesondere in der »Ballade des dames du temps jadis« (V. 329–356), der »Ballade des seigneurs du temps jadis« (V. 357–384) und der »Ballade en vieil langage françoys« (V. 385–412) thematisieren wird. Es ist eine Variante des Vanitas-Motivs und geht auf Bar. 3,16 zurück: Alles ist eitel, und am Ende erwartet uns nur der Tod. Beispiele dazu sind Alain Chartier, *Quadrilogue*; Chastellain, *Complainte de Fortune* u. a.; vgl. I. Siciliano, *François Villon et les thèmes poétiques du Moyen Age*, S. 256.

XXX 234 *maistres:* Viele deutsche Übersetzungen haben »Magister« oder »Juristen«; es liegt aber wohl Synonymendoppelung mit *seigneurs* vor. 238 *Celestins:* ›Zölestiner, Celestiner‹; von Zölestin V. (1254) gegründeter Orden nach der Regel des hl. Benedikt, der seit Philipp dem Schönen (König 1285–1314) in Paris ein Kloster besaß. Die Kartäuser hatten in Paris ihren Sitz im Schloß Vauvert, das wegen seines Teufelsspuks verschrien war; vgl. V. 1197; daher die Redewendung *aller au diable Vauvert* bzw. *c'est au diable Vauvert* (›ganz weit draußen‹). Die Kartäuser (1084 vom hl. Bruno bei Grenoble als Orden gegründet) hatten den Spuk angeblich organisiert, um das Schloß von Ludwig XI. geschenkt zu bekommen. Villon ist, wie viele Zeitgenossen, auf die Mönche wegen ihrer opulenten und luxuriösen Lebensweise nicht gut zu sprechen. 239 *houlsés com pescheurs d'oestres:* ›mit hohen Stiefeln wie Austernfischer‹; Villon will sagen, daß sie besser gekleidet sind als der Durchschnitt der Bevölkerung, obwohl sie eigentlich nur Sandalen tragen dürften oder barfuß gehen müßten; *pescheurs* ist auch ein Homophon zu *pécheur* ›Sünder‹.

XXXI 241 *maistres:* vgl. Anm. zu V. 234. *bien fere:* weniger ›gut, tugendsam leben‹ als anderen ›Gutes zu tun‹. 244 Villon will es nicht mit den Mächtigen verderben; vgl. V. 1459. 248 *pictence:* ›Klosterkost‹ (vgl. nfrz. *pitence* ›kümmerliche Kost‹); hier aber wohl ›Fleisch und Fisch‹, die man zusätzlich zum Brot ißt, vielleicht eine Anspielung auf V. 236; mit *aux autres* (V. 247) sind, wie das Folgende lehrt, wieder die Mönche gemeint.

XXXII 249 und 253 Von wem genau ist die Rede? Sind wieder die Mönche (*aux autres*, V. 247 und früher) gemeint? 250 *brouestz:* Fleisch mit gebundener Sauce, eine Art Ragout oder Gulasch. 251 f. *oefz … Perduz:* vgl. dt. *verlorene Eier*; hier aber sind es mit Zucker verschlagene Eier. 253 *maçons:* ›die Maurersleute‹; ihnen wurde von ihren Handlangern das Essen auf Dächern und Gerüsten serviert, was sehr beschwerlich war.

XXXIII 259 *commis:* Part. Perf. i. S. v. ›beauftragt, eingesetzt‹ (meine Übers.); möglich ist auch ein Substantiv *juge délégué* ›Ersatzrichter, Stellvertreter‹. 263 ›Ich schulde ihnen Genugtuung‹ oder ›ich muß sie um Entschuldigung bitten‹. 264 vgl. die Worte des Pilatus, nachdem er das INRI hat anbringen lassen (Joh. 19,22): »Quod scripsi scripsi« – »Was ich geschrieben habe, habe ich geschrieben«. Villon vergleicht sich mit dem Statthalter Pilatus, der Christus verhört und verurteilt, wenn er ein negatives Bild der Mönche entwirft! Im Johannesevangelium (19,21) wird zwischen dem, was einer gesagt hat, und dem ›Istzustand‹ unterschieden (»Die Hohenpriester der Juden sagten zu Pilatus: Schreib nicht: Der König der Juden, sondern daß er gesagt hat: Ich bin der König der Juden«). Pilatus will das nicht differenzieren.

XXXV 273–276 Wir wissen nichts Genaues über Villons Herkunft: Er nennt sich in seinen Gedichten selber »Françoys Villon« (L 2; T 1887; PD X,3), »Françoys« (PD VIII,132; XII,2,37; XIII,1; Akrostichon T 942–949) oder »Villon« (L 314; T 1997; PD IX und XII, Refrain; Akrosticha T 903–908; 1621–26; PD I,31–36; IV,25–30; XI,41–46). Die Verhörprotokolle in der Sache gegen Guy Tabarie wegen des Einbruchs ins Collège de Navarre sowie in der Affäre Ferrebouc 1462 nennen ihn »maistre Françoys Villon«. Villon verdankt diesen Namen wahrscheinlich seinem Adoptivvater Guillaume (de) Villon, vgl. T 849 f. Aus anderen Dokumenten läßt sich vielleicht sein ursprünglicher Familienname erschließen: »maistre François des Loges autrement dit de Villon« bzw. »Françoys de Monterbier (= Montcorbier)«. – Zu Villons Lebzeiten gab es eine adlige Familie Montcorbier, die aus dem gleichnamigen Ort im Bourbonnais stammte (heute: Gemeinden Céron, Dpt. Saône-et-Loire, Arr. Charolles, Kanton Marcigny, bzw. Bouchaud, Dpt. Allier, Arr. La Palisse, Kanton Donjon), aber V. 280 spricht dafür, daß Villon nichts mit ihr zu tun hatte; »des Loges« hieß auch eine Pariser Familie, doch sind Beziehungen zu ihr ebenfalls nicht nachweisbar. 275 *Mon pere:* Villon erwähnt seinen Vater nur noch einmal (V. 300). 276 *ayeul:* ›Großvater, Ahn‹. Ob es sich bei *Orrace* um einen echten Vorfahren handelt oder Villon sich als satirischer Dichter nur einen ehrwürdigen Stammbaum zulegt, der bis Horaz zurückreichen soll, ist nicht auszumachen. 277 *Povreté:* Leitmotiv dieser und kommender Strophen; vgl. V. 269, 273, 274, 281, 657, 833, 865, 1886, 1997 u. ö. *suit et trace:* ›verfolgt uns und setzt uns nach‹ (Synonymendoppelung).

XXXVI 282 *le cueur:* vgl. PD XI »Le débat du coeur et du corps de Villon«. 285 *Jaques Cueur:* damaliger Inbegriff des Reichtums; er war Kaufmann und unterstützte Karl VII. und seinen Hof. Durch seine Vormachtstellung schuf er sich viele Neider, die ihn zu guter Letzt denunzierten. Er wurde der Münzfälschung, des Hochverrats und der Vergiftung der Agnes Sorel angeklagt und verurteilt, seine Güter konfisziert. Es gelang ihm jedoch, aus der Haft zu entkommen und sich zum Papst nach Rom zu begeben. Dieser beauftragte ihn mit einer Expedition gegen die Türken. Er starb 1456 auf der Insel Chios. 286 *bureau: bure* ›grober Wollstoff‹ (aus dem meist Mönchskutten verfertigt wurden). Vgl. auch das Sprichwort »Un chien vivant vaut mieux qu'un roi mort«.

XXXVII 289–296 Villon betrachtet als Armer die Reichen stets als privilegiert. Nun tut er naiv so, als ob er sich gar nicht vorstellen könne, daß auch sie sterblich seien. Doch die Bibel, hier die Psalmen, lehrt, daß der Mensch auf Erden keine bleibende Statt hat (Ps. 103,16), also auch nicht der Reiche Jacques Cueur. Da es sich hierbei aber um ein theologisches Problem handelt, sollen die Predigermönche, d. h. die Dominikaner, auf die Villon im übrigen nicht gut zu sprechen ist, eine Lösung dafür finden.

XXXVIII 297 *bien le considere:* entweder Imperativ als Selbstappell, nicht zu vergessen, daß er ein Sterblicher ist (R/H), oder (meine Übers.) 1. Pers. Sg. Präs.: ›und bin mir dessen wohl bewußt‹. 298 f. Nach 1. Mose 6,2 u. ö. sind die Engelssöhne unsterblich; die Sternenkrone soll besagen, daß die Engel nach aristotelisch-thomistischer Lehre die Beweger der Himmelskörper sind; vgl. Dante, *Divina Commedia*, »Paradiso« XXVII ff.

XXXIX 305–312 Der Gedanke, daß vor dem Tod alle gleich sind, ist ein verbreiteter Topos der mittelalterlichen Literatur. Villon hat ihn durch Str. XXVIII f. – das Motiv des »Ubi sunt?« – vorbereitet. Ein Fresko mit einem Totentanz (Danse macabre) auf dem Friedhof »des Innocents« aus dem Jahr 1425 mochte ihn dazu inspiriert haben. 309 *rebrassés colletz:* ›umgeschlagene Pelzkragen‹ als Zeichen von Eleganz. 311 *atours:* ›Turmfrisuren‹. *bourreletz:* Kränze aus *bourre* ›Füllstoff, künstliches Haar‹, auf dem man die Frisur auftürmte.

XL 313 *Paris / Elayne:* Vorausverweis auf die bald folgende »Ballade«. 316 *Son fiel se criesve:* Das Platzen der gelben Galle galt nach Hippokrates als ein sicheres Zeichen des nahenden Todes.

XLI 324 *croistre:* zu *croissir*, *croistre* ›grincer‹ (R/H; ›knirschen‹). 327 *attendre:* hier: ›endurer‹ (›erdulden‹). 328 *vif:* ›lebendig‹ (Anspielung auf die Himmelfahrt der Jungfrau Maria).

Ballade 329–356 Marot gab dieser Ballade den Namen »Ballade des dames du temps jadis« (»Ballade von den Damen vergangener Zeiten«), unter dem sie, meist allerdings aus dem Zusammenhang gerissen und in Anthologien verbannt, berühmt geworden ist. Das »Ubi sunt?« – Thema wird in der Bibel (Bar. 3,16: »Ubi sunt principes gentium?« – »Wo sind die Gebieter der Völker?«) angeschlagen, ist aber auch der Antike (Statius, *Silvae*) nicht fremd. Thuasne (Bd. 3, S. 49) zitiert aus einem Manuskript der Abtei St. Viktor aus dem 13. Jh.: »Cum Helena Paris pulcherrimus / Aut Achilles ubi magnanimus? / Ubi Plato, ubi Porphirius? / Ubi

Tullius et Vergilius?« Über andere mittelalterliche Belege vgl. Anm. zu V. 225. Noch das deutsche Kommerslied »Gaudeamus igitur« greift das Motiv auf: »Ubi sunt qui ante nos in mundo fuere?« – Der Refrain *Mais ou sont les neiges d'anten?* ist sprichwörtlich geworden. 330 *Flora:* hier nicht die römische Göttin der Blumen, sondern die Kurtisane, die Plutarch (*Vita Pompei* II), Juvenal (*Satiren* II,49) und Laktanz (*Divinae institutiones* VII,1,20) erwähnen. Montaigne nennt Flore noch in den *Essais* (I,26; II,15; III,3). 331 *Archipïadés:* Alkibiades; für Villon und andere Zeitgenossen irrtümlich eine Frau. Der Fehler geht auf Jean de Meung (*Roman de la Rose*, V. 8913) zurück. *Thaÿs:* griechische Hetäre, die Alexander d. Gr. auf seinem Zug nach Persien folgte, vielleicht aber auch die hl. Thaïs, eine ägyptische Kurtisane, von der die *Legenda aurea* (nfrz. Version von J.-B. M. Roze und H. Savon, Bd. 2, Paris 1967, S. 270 f.) erzählt, denn dann wären die drei Länder Rom, Griechenland und Ägypten vertreten. 333 *Echo:* Nymphe, von der Ovid (*Metamorphosen* III,339 ff.) handelt und die Guillaume de Lorris (*Roman de la Rose*, V. 1439–1510) beschreibt.

337–339 *Esloÿs / Pierre Esbaillart:* Der Theologe Petrus Abaelardus (1079–1142) zog sich 1118 nach Saint-Denis zurück, nachdem ihn der Kanonikus Fulbert, der Onkel seiner Schülerin Héloïse (1101–1168), hatte entmannen lassen, weil er sie entführt und geheiratet hatte. Ihr gemeinsamer Sohn hieß Astrolabius. Héloïse trat ebenfalls in ein Kloster ein (zunächst Argenteuil, später Le Paraclet bei Nogent-sur-Seine). Beide wurden durch ihren Briefwechsel berühmt, von dem man nicht weiß, ob er authentisch ist. Neben Tristan und Isolde sind sie die großen Vorbilder aller unglücklich Liebenden. *saige:* hier eher in der Bedeutung von ›savante‹ (›gelehrt‹) als ›weise‹. 342 *Buridan:* nominalistischer Philosoph (um 1300–1372). Nach einer Pariser Lokaltradition, vor allem in Studentenkreisen des späten 15. Jh.s, soll eine Königin (Jeanne de Navarre, die Frau Philipps des Schönen?) sich ihre Liebhaber unter den Studenten der Pariser Universität gesucht und nach der Liebesnacht aus dem Fenster ihres Palastes in die Seine gestürzt haben, um das Geheimnis ihres Fehltritts zu kaschieren. Der schlaue Buridan ließ einen Kahn voll Heu unter dem Fenster warten und konnte sich so retten. Es handelt sich bei Jeanne de Navarre wohl um eine Verwechslung mit Marguerite de Bourgogne, der Frau Ludwigs X., die wegen ihres unsittlichen Lebens auf Befehl ihres Gemahls erdrosselt wurde. Die vorerwähnte Anekdote wird von Robert Gaguin (*Compendium de Francorum gestis*, Kap. 7) überliefert. Hatte Villon in der ersten Strophe Frauen der Antike besungen, so feiert er in der zweiten und dritten Frauen der französischen Geschichte.

345 f. *La Royne Blanche comme liz:* Blanche de Castille (?), Mutter Ludwigs des Heiligen (1185–1252), doch ist nichts über ihre besonderen musikalischen Talente bekannt; *blanche* könnte auch Adjektiv sein und hieße dann ›la reine douairière‹ (›die Königinwitwe‹). 347 *Berte au plat pié:* die durch Adenet le Rois Gedicht (um 1275) bekanntgewordene Frau Pippins des Kurzen und Mutter Karls d. Gr.; sie wird oft mit der gleichnamigen Frau Roberts II., des Frommen, verwechselt. Gleichzeitig ist an die sagenhafte Reine Pédauque (Königin »Klumpfuß« oder »Gänsefuß«) zu denken und an eine Fee, die so lange am Spinnrad saß, bis ihr Fuß platt wurde. »Bietrix« und »Aliz« werden zusammen mit Berte in der lothringischen Chanson de geste (*Hervé de Metz*) genannt: vielleicht Beatrix von Provence, Gattin Karls, des Sohns Ludwigs VIII., und Alix de Champagne, die 1160 König Ludwig VII. heiratete. 348 *Haranburgis:* Erembourg, Erembourc; Erbin und einzige Tochter des Elie de la Flèche, Graf von Maine, die 1126 starb. 349 *Jehanne:* Jeanne d'Arc, die 1431, in Villons vermutlichem Geburtsjahr, verbrannt wurde und zur Nationalheldin avancierte.

353 *Prince:* Titel des Vorsitzenden einer Dichtergesellschaft, einer Art Akademie (»puy«), der der Dichter angehörte und an den er sich wendet. 355 *ne vous remaine:* zu *ramener* (i. S. v. ›rappeler‹): ›daß ich euch nicht immer wieder zum Kehrreim zurückführe‹.

Ballade 357–384 Marot nennt diese Ballade: »Ballade des seigneurs du temps jadis suivant le propos precedent« (Ballade von den Herren vergangener Zeiten über den nämlichen Gegenstand«); sie ist ein Pendant zur vorangehenden und handelt von Männern, die noch nicht lange tot sind. Sie hat jedoch nicht die Qualität der Frauen-Ballade, da sie nur aus einer Aufzählung von Namen besteht. 357 *Qui plus, ou est:* Emendation von R/H; die Manuskripte haben »Qui plus est, ou est«. *Calixte:* Alfonso Borja, gest. 8. August 1458 im Alter von 81 Jahren; er war drei Jahre, vier Monate und vier Tage lang Papst gewesen. 360 *Alfonce:* Alfonso V. (I.), König von Aragon und Neapel, ein kunstfreudiger Mäzen, der seit 1416 regierte und am 28. Juni 1458 starb. 361 *Le ... duc de Bourbon:* Charles I. (1401–56), an dessen Sohn Jean II. Villons »Requeste«

(PD X) gerichtet ist (vgl. Anm. zu V. 101). 363 *Charles:* Karl VII., König von Frankreich (1404–61; reg. seit 1422).

365–368 *le roy scotiste ... emastiste:* James (Jakob) II., gest. 1460. Mehrere Chronisten berichten von dieser Eigentümlichkeit, z. B. Jacques Duclerc. Zwar hat der Amethyst den Lapidarien zufolge die Farbe des Bluts, doch könnte man auch an den *hématite* denken, den ›Blutstein‹ (meine Übers.). 369 *Le roy de Chippre:* Johann III. aus dem Haus Lusignan, gest. 26. Juli 1458. 370 *le bon roy d'Espaigne:* Johann II. von Kastilien (1406–54).

378 *Lancellot:* Ladislaus (László) V. Postumus, König von Ungarn und Böhmen (1440–57); sein Name wird französisiert. Sein Tod hatte Frankreich erschüttert, denn gerade war eine Delegation eingetroffen, um in Tours die Ehe mit Madeleine, der Tochter Karls VII., vorzubereiten.

381 *Clacquin:* der berühmte Connétable Bertrand du Guesclin (gest. 1380), der bei der Belagerung von Châteauneuf de Randon (Lozère) tödlich verletzt wurde. Seine Tapferkeit war sprichwörtlich. 382 *le comte daulphin:* Bertrand III. (um 1375–1426). 383 *le bon feu duc d'Alençon:* Er fiel im Alter von 30 Jahren 1415 in der Schlacht von Azincourt.

Ballade 385–412 Villon hat hier bewußt einige Archaismen verwendet, um der in der Ballade angesprochenen Vergänglichkeit Relief zu verleihen. Marot, der diese Absicht wohl erkannte, gab ihr folgerichtig den Untertitel »Ballade a ce propos en vieil langage françois« (»Ballade über den nämlichen Gegenstand in altertümlichem Französisch«). Ihr Ablauf ist ›hierarchisch‹ konsequent: In der ersten Strophe wird gesagt, daß auch der Papst sterblich ist; in der zweiten treten Kaiser und Könige hinzu, in der dritten Fürstensöhne: der Dauphin von Frankreich und der Erbe des burgundischen Herzogtums. 385 *ly sains appostolles:* im MA geläufiger Name für den Papst als »Apostelfürsten«. 386 *aubes:* ›Albe, weißes Chorhemd‹. *amys:* ›Amikt, Schultertuch‹, früher auch über den Kopf gezogen, daher *coeffez* ›bemützt‹; wie das folgende Plural, da V. 385 alle Päpste meint. 387 *estolles:* Villon stellt sich vor, vielleicht von einem zeitgenössischen Gemälde oder einer Skulptur inspiriert, der Priester packe den Gottseibeiuns (*mauffez*, V. 388) beim Exorzismus mit der »Stola« am Hals. 390 *cilz:* archaisierendes Demonstrativpronomen mit deiktischer Funktion. *servans:* ›frères convers‹. 391 *buffez:* früher (Thuasne) fälschlich als ›bouffez‹ (›gefressen‹) gedeutet, hier zu okz. *büfa* ›souffler‹ (›blasen‹).

394 *poing:* zu lat. *pugnum* ›Faust‹, gekreuzt mit lat. *pomum* ›Apfel‹; gemeint ist der ›goldene Reichsapfel‹, nicht etwa (so Lanly) die ›vergoldete Faust‹ auf dem Grabmal des Grafen Alphonse d'Eu in der Kapelle Saint-Martin der Abtei von Saint-Denis, das Villon vermutlich aus eigener Anschauung kannte. Der Graf war auch nicht selber Kaiser, sondern der Sohn des Lateinischen Kaisers und Königs von Jerusalem Jean de Brienne (um 1148–1237). – Hier wie im folgenden sind Titel, nicht historische Persönlichkeiten gemeint. 395 Der »König« ist der französische König allgemein, *batist* (V. 398) ist Präsens. Man könnte natürlich an Saint-Louis denken, von dem der Historiker Joinville bezeugt, wie eifrig er zahlreiche Gotteshäuser errichten ließ. 396 *decorez:* ›ausgezeichnet‹.

401 *Vïenne et Grenobles:* Städte in der Dauphiné, die seit 1349 Kronlehen war und traditionell vom Dauphin, dem ältesten Sohn des französischen Königs, verwaltet wurde. 403 *Dijon, Salins et Dolles:* wichtige Städte im Herzogtum Burgund, das damals ein mächtiges Zwischenreich zwischen Deutschland und Frankreich war (bis 1477). 404 *Ly sires filz le plus esnez:* so überzeugend von R/H gelesen, aber mit ›le seigneur héritier présomptif‹ umschrieben. Es liegt näher, einen archaisierenden Casus obliquus anzunehmen: ›le fils aîné du Seigneur de Dijon ...‹ 407 *boutez soubz le nez:* ›s'en mettre plein la lampe‹ (R/H): ›tüchtig essen und trinken; sich einen hinter die Binde, auf die Lampe gießen‹.

411 *courcez:* ›courroucé‹, ›erzürnt‹. *n'atinez:* (zu *atainer*) ›irrités‹ (Synonymendoppelung).

XLII 413–420 Villon zieht die Schlußfolgerungen aus den letzten zwei vorangegangenen Balladen und wendet sie auf sich selber an. 414 *Et conceuz:* Die Aufzählung geht eigentlich weiter: ›und die, welche im Schoß von Königinnen empfangen sind‹, d. h. Prinzessinnen, vielleicht auch Bastarde? 417 *marcerot de regnes:* Es handelt sich um einen ›kleinen, ambulanten Händler‹, einen »colporteur«; das Wort *regnes* harrt noch der Erklärung: R/H identifizieren dieses Hapax legomenon mit dem wallonisch-pikardischen *raisne* ›propos, discours‹: der *marcerot de regnes* wäre ein ›Wortkrämer‹, eben ein ›Dichter‹. Das Bild wird durch *estraines* (V. 419) erneut aufgenommen; andere Ausgaben haben »de Renes« (›aus Rennes‹), da es dort eine Kaufmannsgilde gab, was aber nichts erklärt! Auch gibt es keinen Hinweis auf einen Aufenthalt Villons in dieser Stadt. Eigentlich hindert nichts daran, hier für *regnes* die

Bedeutung ›Königsherrschaft‹ anzunehmen, da Villon ja in den drei vorangehenden Balladen mit Königen und ihren Regierungszeiten ›gehandelt‹ hat; *regnes* in V. 416 meint dann ›Königreich, Land‹. 418 *se Dieu plaist!:* hier: ›Si Dieu plaist‹, nicht: ›s'il plaît à Dieu‹. 419 *fait mes estraines:* Hapax legomenon; ›pour que j'aie fait mes premières ventes, pour peu que je n'aie pas perdu ma journée, que j'y aie fait quelques affaires‹ (R/H). Die übrigen Herausgeber deuten: ›wofern ich nur meinen Anteil am Glück gehabt habe‹. Die Bedeutung ›Kampf‹ ist für *estraines* belegt, und dieses Bild paßt eigentlich zu V. 420 (›aber wenn ich wacker gekämpft habe‹).

XLIII 423 Vgl. das Schwert, das der Tyrann Dionysios d. Ä. von Syrakus (405–367 v. Chr.) über dem Haupt des Höflings Damokles an einem Pferdehaar aufhängen ließ, während dieser alle Genüsse einer fürstlichen Tafel kostete (Cicero, *Tusculanae Disputationes* V, 21,6). Das »Damoklesschwert« wurde sprichwörtlich für eine stets dräuende Gefahr. 427 *paillart:* ›verachtungswürdig; pfiffig, durchtrieben‹; vgl. aber nfrz. *paillard* ›wollüstig, geil‹.

XLIV 429–444 Ich folge R/H und vertausche die Strophen XLIV und XLV; man beachte die Figurae etymologicae zum Stamm *plaire* in V. 429–433. 434 *fol recreu:* ›ausgemachter Narr‹; zu *recroire* ›se lasser, se décourager; avouer‹. 435 f. Wörtlich heißt diese Redensart: ›Wenn er spricht, sagt man ihm, er solle schweigen, weil auf seinem Pflaumenbaum nichts mehr wächst‹ (*creu*; Subst.) oder ›er soll schweigen, weil es nicht auf seinem Pflaumenbaum gewachsen ist‹ (Burger; R/H). Wir haben im Deutschen eher das Bild »weil es nicht auf seinem ›Mist‹ gewachsen ist«.

XLV 439 *huy / hier:* wörtl. ›heute und gestern‹. 442/444 Der Selbstmord ist nach mittelalterlicher christlicher Vorstellung eine Todsünde; vgl. Dante, *Divina Commedia*, »Inferno« XIII,1–108.

XLVI 445–452 Nachdem Villon in Str. XLII–XLV von seinem eigenen Alter als Verkörperung des Alters schlechthin gesprochen hat, kommt er jetzt (im Rückgriff auf die erste »Ballade«) ganz natürlich auf die Vergänglichkeit der weiblichen Schönheit zu sprechen. 445 *famelettes:* nicht unbedingt Diminutivform, aber doch mit zärtlich-ironischer Nuance. 447 *pucellettes:* ›Freudenmädchen‹ oder ›junge Mädchen, die viele Liebhaber haben‹. 448 Die Zeile ist auf verschiedene Weisen übersetzt worden, je nachdem, wie man *emprunter* deutet: (1) ›wenn sie sehen, daß diese ihre (Kuppler-)Dienste in Anspruch nehmen‹ (meine Übers.); (2) ›wenn sie sehen, wie diese Mädchen öffentlich ihren Körper verkaufen‹; (3)

›wie sie sie nachahmen‹; (4) ›sehen, wie sie sich ganz ruhig Geld leihen‹. 452 *au tancer:* ›bei einem Streit, einer Diskussion‹ (meine Übers.) oder ›wenn er (Unser Herrgott) sie beschimpfte‹. *le perdroit:* ähnlich konstruiert wie nfrz. *l'emporter.*

XLVII–LVI Aus dem Kreis der alten Frauen tritt die *belle hëaulmiere*, die »Schöne Helmschmiedin«, heraus und beklagt ihre vergangenen Reize. Marot hat die Verse 453–560 deshalb »Les Regrets de la belle Heaulmière« genannt. Das Ich des Dichters tritt hier deutlich zurück, um der Perspektive der Frau Platz zu machen. Die Ideen der Klage sind z. B. dem *Roman de la Rose* (V. 13526ff. und 15258ff.) entlehnt. Eustache Deschamps hat eine bekannte Ballade »De la complainte d'une vieille sur le fait de sa jeunesse« geschrieben. In neuerer Zeit sei auf die eindrucksvolle Plastik Rodins von 1880–83 im Musée Rodin verwiesen. – *Hëaulmiere* bedeutet, daß sie Angestellte oder Verkäuferin eines Helmschmieds war, nicht seine Ehefrau. Es könnte sich vielleicht um eine reale Person handeln, von der Dokumente berichten: Diese wurde 1374 geboren und war mit dem Kanonikus Nicolas d'Ogremont von Notre-Dame liiert, dessen Haus »La Queue de Renart« sie 1394 verlassen mußte, als er in eine Verschwörung verwickelt und in Meung-sur-Loire eingekerkert wurde. Danach hatte sie andere Gönner; sie soll um 1456, achtzigjährig, noch gelebt haben, so daß Villon sie hätte kennen können.

XLVIII 461 *la haulte franchise:* ›die höchste Macht‹; sie drückt sich wie eine Herrscherin aus! 468 *Ce que:* wie das *le* der folgenden Strophe unpersönliches ›es‹, für ihre Liebe, oder konkret ›ihren Leib, ihr Geschlecht‹; wahrscheinlich beides zusammen.

XLIX 471 *rusé:* ›verschlagen, listig‹. 473 *je feisse fynesse:* zu ital. *fare finezza* ›gefällig sein‹, dann auch ›täuschen‹.

L 479 *Et m'eust il fait les rains trayner:* ›und hätte er mich auf dem Rücken über den Boden geschleift‹. 482 *glouton:* nicht nur ›coquin, scélérat‹, sondern auch ›(sexuell) gierig‹, vgl. das Folgende. *de mal entaichié:* nur moralisch, nicht ›von der Seuche zerfressen‹, wie alle deutschen Übersetzer sagen: die Syphilis gab es in Europa noch nicht! 483 *m'embrassoit:* repetitiv. *J'en suis bien plus grasse!:* wie im Deutschen »das macht den Kohl auch nicht fett« oder »macht den Braten nicht fett«, allerdings hier – aus Sarkasmus – positiv ausgedrückt.

LII 493 *Qu'est devenu:* Die »Ubi sunt?«-Frage wird hier in anderer Form wiederaufgenommen. Das Porträt verfährt analog der von den Artes poeticae des MA vorgeschriebenen Weise von oben nach unten. Es lassen sich weitere Beispiele finden, z. B. im *Jeu de la Feuillée*, V. 91 ff., oder Guillaume de Lorris, *Roman de la Rose*, V. 525 ff. (Dame Oyseuse). Der Verfall der weiblichen Schönheit wird bereits in den *Lamentations de Matheolus* vorgeführt. 495 *entreuil:* der Abstand zwischen den Augen. Das Neufranzösische kennt das Wort nicht mehr, da die Sache nicht mehr Teil des modernen Schönheitsideals ist. 499 *traictiz:* ›mit reinen Zügen‹.

LIII 506 *sadinet:* ›das zierliche Ding‹, Bezeichnung für das »Venusgärtlein«; ohne obszönen Beiklang; Diminutiv zu *sadé* ›mignon‹.

LIV 509 Es folgt nach dem Bild der Schönheit das Bild der Häßlichkeit, wie wir es bereits von Matthieu de Vendôme, *Ars versificatoria* (éd. Faral, V. 109 f.) kennen. Schon die Antike weist ähnliche Stereotype auf, z. B. Properz IV,5; Martial III,93 (Vetustilla) aber auch I,100; II,41; IX,37 und X,90; Horaz, *Satiren* I,8, *Epoden* 8 und 12, *Carmina* I,25, III,15 und IV,13. Zum vorliegenden *Roman de la Rose* V. 337–357. 510 *sourcis cheux:* von den französischen Kommentatoren mit ›herabhängenden Brauen‹ übersetzt; ein derartiges Epitheton würde sich aber eher auf die Lider beziehen; gemeint ist wohl, daß die Haare der Brauen ausgefallen sind; vgl. V. 1896 ff. 512 *meschans:* ›malheureux‹, versus *marchans* ›reiche Männer‹ (in einigen Ausgaben) oder gar *ruffians* ›Zuhälter, Kuppler‹ bzw. ›die Vorübergehenden‹.

LVI 526 Der Kreis der klagenden Alten weitet sich aus; es ist, als ob die »belle hëaulmiere« aus ihm herausgetreten wäre, um ihre Klage vorzubringen. 528 *comme peloctes:* ›wie Bälle‹ bzw. (meine Übers.) ›wie Wollknäuel‹. 529 *chenevoctes:* ›Hanfstengel‹ (die zum Feueranzünden verwendet wurden, hier aber auch Symbolwert haben und an die Vergänglichkeit gemahnen).

Ballade 533–560 Marot hat dieser Ballade den Titel »Ballade de la belle Heaulmiere aux filles de joie« (»Die schöne Helmschmiedin an die Freudenmädchen«) gegeben. Sie lebt von dem Wortfeld des Geldwerts, den der Refrain immer wieder einhämmert. Nur junge Frauen können sich verkaufen, und das schlägt die Belle Heaumière ihren ›Schülerinnen‹ vor. 533 *Gantiere:* bei diesem und den folgenden Berufen ist nicht deutlich, ob die Mädchen die Produkte herstellen oder nur verkaufen, ob die Genannte also Handschuhmacherin oder nur Handschuhverkäuferin oder beides ist. 534 *escolliere:* meist als ›Schülerin‹ übersetzt oder ›die ihr es mit den Studenten treibt‹; ich folge R/H: ›apprenti, novice, débutante‹. Das Imperfekt bedeutet nicht ›qui étiez autrefois‹, sondern ›qui étiez jusqu'ici‹. 536 *congnoistre:* ›de faire réflexion sur vous-même, de savoir où vous en êtes‹. 538 *N'espargniez:* ›verschont nicht‹, aber auch monetär, ›spart nicht‹, laßt keinen aus‹.

541 *Saulcissiere:* eigtl. ›Wurstverkäuferin‹. 542 *dancer:* sexuell konnotiert; vgl. V. 200. 544 *maistre:* Die »belle hëaulmiere« meint sich selber; das Wort ist aber auch ironisch, da alle als Handwerkerinnen einem »Zunftmeister« unterstehen. 545 *clore fenestre:* wiederum ironisch und doppeldeutig, da sexuell konnotiert. 547 f. Die Parallelkonstruktion ›Vous ne rendrez pas plus de services (et de services amoureux) qu'un vieux prêtre ni qu'une monnaie qu'on décrie‹ ist laut R/H grammatikalisch unmöglich. Die Zeilen sind brachylogisch, V. 547 ist doppeldeutig: Die alten Frauen gehen in die Kirche oder sie treiben es mit alten Priestern; das *servirez* (V. 547) bezieht sich auch noch auf V. 548: ›ihr seid nur noch soviel wert wie Geld, das man aus dem Verkehr zieht‹.

550 *empestre:* ›in Schwierigkeiten bringen, behindern‹ (zu lat. *pastoria* ›entrave à bestiaux‹, ›Tierfessel‹). 553 Ich folge R/H und deute *perpestre* und *rie* als optative Konjunktive, ohne ganz die folgende Lösung auszuschließen: ›wer nicht schön ist, der zieht sich nicht ihr Mißfallen zu, sondern ihr Gelächter‹. Die Sprecherin will sagen, daß Katherine nicht die Schönste ist und es sich folglich nicht leisten kann, Männer auszulassen, wodurch sie ihr Mißfallen erregen würde (*perpestre leur male grace*); sie soll ihnen statt dessen einladend zulächeln. V. 555 ist Warnung: ›eine häßliche Alte erfährt auf Verlangen (*n'impestre*) keine Liebe‹ – ist eine Frau alt und häßlich, hat sie keine Chance mehr.

557 *Filles:* Im allgemeinen richtet sich der Envoi einer Ballade an den »Prince«, nicht an Freudenmädchen; wenn man bedenkt, daß die »entremetteuse« die Kupplerin ist, ist Villon zum Ende noch einmal ein hübsches Wortspiel gelungen, denn *entremectre* heißt hier ›sich anstrengen, sich bemühen‹.

LVII 565–568 Villon legt sich einen Sekretär zu, um die Fiktion des Testaments aufrechtzuerhalten; dieser hat jedoch den Beinamen »der Vergeßliche« oder »Zerstreute«, was das vorher Gesagte desavouiert, denn ein vergeßlicher Diener hat auch, wie es in schöner Umkehrung des Sprichworts »Tel maître, tel valet« heißt, einen vergeßlichen Herrn. Firmin, den man mit Frémiz le May identifiziert hat, einem öffentlichen Schreiber, dessen Vater »libraire et notaire de la Cour à l'Official de Paris« war, wird noch in V. 779 und 787 erwähnt. 566 *rassiz:* vgl. L 3.

LVIII 571 Anakoluth, in V. 585 fortgesetzt. 573 *estrange / reboute:* ›entfremdet, zurückstößt‹ (Synonymendoppelung).

LIX 577 Über die weibliche Geldgier gibt es zahlreiche literarische Zeugnisse, z. B. Colin Muset. 579 *Rondement:* ›rundum‹ (so auch im FEW: »indistinctement«). Von R/H wird diese Bedeutung mit der Begründung abgelehnt, dieser Gedanke komme bereits in *toute gent* zum Ausdruck (was, wegen der häufigen Synonymendoppelungen, kein Einwand zu sein braucht); sie deuten als: ›promptement, sans détour‹ (›ohne Umschweife‹), Lanly als: ›à la bonne franquette‹ (›ohne besondere Umstände‹). 581 *queurre:* entweder 3. Pers. Sg. Präs. von *courir:* ›jeder läuft vor ihnen davon‹ (von R/H abgelehnt, da *courir de aucun* in dieser Bedeutung nicht belegt sei); oder 3. Pers. Sg. Präs. von *quérir* ›suchen‹ – dann wörtl.: ›unter ihnen gibt es keine, die nicht auf der Suche (nach Abenteuern) ist‹. 583 *Franc:* im Unterschied zum Unfreien (*serf*), mit dem Sinn von ›honnête homme‹.

LX 589 *en lieu de bien:* Gemeint sind ›ehrbare Frauen‹. 591 Bedeutet dies, daß Villon immer in diesem Milieu lebt oder regelrecht Milieustudien anstellt? 590 *mon:* zu lat. *mundus*; affirmatives Adverb. 592 Villon und sein fiktives Gegenüber vertreten unterschiedliche Positionen, die bereits aus dem *Roman de la Rose* bekannt sind. Guillaume de Lorris hatte die ehrbare Liebe gefeiert und die »faux amants«, die »falschen Liebenden«, getadelt; Jean de Meung, wie Villon, neigt zu der Auffassung, daß die Letztgenannten recht hätten.

LXI 600 *feu saint Anthoyne:* die im MA verbreitete und gefürchtete Mutterkornvergiftung; vgl. L 263.

LXII 601 Da Villon die Fehltritte der gefallenen Mädchen nicht durch die Schuld der Männer, sondern durch ein Gesetz der weiblichen Natur erklären will, folge ich R/H: *firent* bezieht sich auf die *fillectes* (V. 590), nicht auf *leurs amys*; *faire un ami* ›sich einen Freund nehmen, suchen‹. *ce decret:* Die meisten Kommentatoren lesen »le Decret« und sehen darin eine Anspielung auf das »Decretum Gratiani« oder das Kirchenrecht ganz allgemein; aber warum nicht ›nach der folgenden Maxime, Regel‹ (nämlich V. 603, daß sie zuerst nur *einen* Geliebten haben)? 603 *secret:* ›à part, réservé, particulier, privé‹ (›für sich‹). *lieu:* ›Person‹. 604 *n'y:* bezogen auf *lieu*, als Bezeichnung für die Person, sie selber.

LXIII 612 Ich lese mit R/H *unyement* statt »vivement« (Hs. I). 616 Obszöne Anspielung; das Sprichwort ist sicherlich verfremdet!

LXIV 617 *ont ... le bont:* Terminus des Federballspiels, des »jeu de paume«; ›den aufprallenden Ball annehmen‹ i. S. v. ›in einer schwierigen Situation sein, die Partie als aussichtslos aufgeben‹; ebenso V. 618 *prins la vollee* ›den Ball im Flug annehmen (bevor er den Boden berührt)‹, vgl. ital. *cogliere la palla al balzo* ›den Ball beim Rückprall treffen; die Gelegenheit beim Schopf ergreifen‹; *avoir le bont* ›den Ball erst aufprallen lassen, bevor man ihn zurückschlägt‹. 623 Andere Lesart: »Chascun le dit a la vollee« – ›jeder sagt es, ohne zu zögern‹ (zu *traire à la volée* ›ohne Unterbrechung schießen‹) bzw. i. S. v. ›à tout venant‹ – ›dem ersten besten‹. *devollee:* ›verbreitet, verkündet‹. 622/624 Beide Verse geben in etwa ein Sprichwort wieder; vgl. »Car on chante en maint noble hostel: ›De chiens, d'oiseaux, d'armes, d'amours, / Pour ung plaisir mille douleurs‹« (*Les faicts et dictz de Jean Molinet*, hrsg. von N. Dupire, Bd. 1, Paris 1936, S. 68); sein Sinn ist, daß Hunde, Falken (= Jagd), Waffen (= Krieg) und Frauen (= Minnedienst), die drei dem Ritter angemessenen Betätigungen, immer ein großes Risiko des Mißerfolges in sich bergen (vgl. das deutsche Sprichwort »Bei Fischen, Buhlen, Saufen und Jagen kann man Gut, Ehr' und alles vertragen«; K. F. W. Wander, *Deutsches Sprichwörterlexikon*, Bd. 1, Leipzig 1867, Sp. 1040). Villon faßt damit Str. LVIII–LXIV zusammen.

Double Ballade 625–672 Sechsstrophige Ballade ohne Envoi. Der Titel »Double Ballade sur le mesme propos« (»Doppelballade über denselben Gegenstand«) stammt wieder von Marot. Sie greift das Thema des Liebeswahns auf und vertieft noch das »Ubi sunt?«, wendet es jedoch ins Komische. 628 *n'y romperez que vos testes:* ›se fatiguer la tête, s'abrutir‹ (›sich den Kopf zerbrechen, zermartern‹). 630 *Salmon:* Salomo hatte nach 1. Kön. 3,3–8 siebenhundert Frauen und dreihundert Konkubinen. Im Alter trieben sie ihn dazu, Astarte und Moloch anzubeten. 631 Samson wurde von Deli(l)a verraten und von den Philistern geblendet (Ri. 16). *lunectes:* ›Brille‹ i. S. v. ›Sehkraft‹, mit komischer Wirkung.

633 *Orpheüs:* Orpheus war durch Ovid-Bearbeitungen im MA sehr populär; seine Leier wird anachronistisch durch zeitgenössische Musikinstrumente ersetzt. 635 *de murtrier:* mit R/H als Verb zu lesen (andere Handschriften: »du meurtrier« – ›setzte sich der Gefahr eines Mörders – des Hundes Zerberus – aus‹). 636 Villon

weiß, daß Zerberus nur drei Köpfe hat; er übertreibt im Hinblick auf V. 628. 637 *Narcisus:* Narziß verschmähte die Nymphe Echo; zur Strafe verliebte er sich an einer Quelle in sein eigenes, ihm unbekanntes Spiegelbild und ertrank bei dem Versuch, sich selber zu umarmen. Auch dieser Mythos ist durch Ovid bekannt (Ovid, *Metamorphosen* III,345–510; *Roman de la Rose*, V. 19651 f.; Achille Caulier, *Ospital d'Amours*).

641 *Sardana:* Gemeint ist König Sardanapal von Assyrien, der der Tradition zufolge (Orosius I,19) Frauenkleider anlegte und spann (so auch René d'Anjou und Robert Gaguin). Der Name geht auf ein Mißverständnis zurück und soll weibischer klingen, indem er auf *-a* ausgeht. Lanly und Thuasne weisen auf ein Manuskript des 16. Jh.s hin, *Lignée de Saturne*, in dem auch Sardanapal als Abkömmling Jupiters gezählt wird, was erklärt, warum er hier König von Kreta genannt wird, wofür es ansonsten keinen Beleg gibt. 645 *David ly roys:* David und Bathseba, die Frau Uriahs; vgl. 2. Sam. 11,2. 647 *cuisses:* Pars pro toto für Bathseba.

649 *Amon:* Davids Sohn Amnon verliebte sich (2. Sam. 13) in seine Schwester Thamar. Er stellte sich krank und ließ sich von ihr eine Mahlzeit bringen. Als er mit ihr allein war, vergewaltigte er sie. Absalom, ein anderer Sohn Davids, rächte Thamar später. *voult:* Euphemismus; vgl. V. 652. 653 *Herodes:* Herodes liebte seine Schwägerin Herodias, was ihm Johannes der Täufer vorwarf (Mt. 14). Herodias stiftete aus Groll ihre Tochter Salome an, als Belohnung für ihre tänzerische Darbietung das Haupt des Johannes zu fordern.

658 *telles:* Die »Leinwand« wurde zur Säuberung im Waschhaus oder am Bach geklopft; sprichwörtliche Redensart, vgl. nfrz. *battre comme plâtre*, ›windelweich dreschen‹. 660 *macher ces groselles:* wörtl. ›Johannisbeeren, Stachelbeeren kauen‹, i. S. v. ›bittere Pillen schlucken, Beleidigungen hinnehmen müssen‹; wohl wegen der Säure der Frucht, nicht, wie Lanly angibt, weil die Verurteilten mit dornigen Johannisbeerreisern ausgepeitscht wurden. 661 Vgl. L 18 und die dortigen Erklärungen; Katherine de Vauselles ist sonst nicht weiter bekannt, wird aber von manchen mit der in L 18 genannten untreuen Geliebten identifiziert. Warum Villon ihretwegen ausgepeitscht wurde, wissen wir nicht. *Vaucelles* ist auch (vgl. *Jeu de la Feuillée*, V. 170–172) die Bezeichnung für die Grübchen und Vertiefungen des weiblichen Körpers; außerdem wohnte eine Familie Vaucelles neben Saint-Benoît-le-Bétourné. 662 Text von

R/H verbessert; früher »Noël le tiers est, qui fut là«. *Noël:* vermutlich Noël Jollis, dem Villon in V. 1636 200 Rutenstreiche vermacht; *le tiers* kann auch ›der Zeuge‹ heißen. 663 *Mitaines:* ›(Halb-)Handschuhe‹; im übertragenen Sinn ›Prügel‹; *nopces:* Bei Hochzeiten bestand der Brauch, den Eingeladenen Prügel zu verabreichen, damit sie das Fest nicht vergaßen; vgl. z. B. Rabelais, *Quart Livre*, Kap. 12–15 (Le Seigneur de Basché et les Chiquanous).

668 *ung chevaucheur d'escouvettes:* ›Besenreiter; Hexenmeister‹; vgl. die Etymologie von dt. *Hexe* aus ahd. *hagazissa* ›Zaunreiterin‹. 669 *cyvetes:* ›Moschuskatzen‹, dann auch ›Zibet, Moschus‹. *doulces* bezieht sich auf den Duft, weniger auf die Fellqualität; daher auch nicht, wie in älteren deutschen Ausgaben, gleich engl. *tippets* (*civets*) ›in Wein getauchte Brotschnitten‹.

LXV 673 *celle:* vgl. T 910 u. L III–VII; die Rolle des »amant martyr«, des »leidenden Liebhabers«, gehört zur Rolle des satirischen Objekts unabdingbar hinzu.

LXVI 684 *acouter:* zu lat. *accubitare* ›bei ihr liegen‹ oder frz. *coste* ›Seite‹: ›an sie heranrücken‹. 686 *m'aloit amusant:* ›trieb ihr Spiel mit mir‹.

LXVII 689 Das Folgende ähnelt den spätmittelalterlichen Fatrasien oder Unsinnsgedichten mit dem Motiv von der »verkehrten« oder »verdrehten Welt«. Unlogische Begriffe oder unmögliche Dinge werden miteinander gepaart, vgl. die deutschen Kindergedichte »Ich will euch sagen und will nicht lügen«, »Des Abends, wenn ich früh aufsteh«, »Dunkel war's, der Mond schien helle« usw. Das Gedicht baut hier auf dem Betrug der Frau auf, die die Tatsachen verdreht; vgl. auch die »Ballade des contre-vérités« (PD VII). 694 *ambesars:* ›zwei Asse, zwei Einer‹ (galt als schlechterer Wurf im Würfelspiel als der Dreierpasch). 696 *Et rend vecyes pour lanternes:* vgl. die neufranzösische Redewendung *faire prendre des vessies pour des lanternes* ›ein X für ein U‹ bzw. ›blauen Dunst vormachen‹.

LXVIII 697 *paille:* ›poêle‹, ›Pfanne‹ (Tertium comparationis zwischen Himmel und Pfanne ist die Wölbung) bzw. ›paile‹, ›Baldachin‹. 699 *le serain:* zu lat. *sero* ›der Abend‹. 702 *truye:* ›Wurfsau‹, hier: ›Wurfmaschine‹; vgl. Rabelais, *Quart Livre*, Kap. 40 (éd. Demerson S. 690). 703 *hart:* ›Schnur‹, Strick‹.

LXIX 705 *Amours:* Plural: ›Liebesverhältnisse‹, im Deutschen Singular. 706 *pourmené de l'uys au pesle:* Die Redewendung entspricht dem deutschen »an der Nase herumführen«; gemeint ist etwas wie »von zwölf bis Mittag« (hier: »von der Tür zum Türschloß führen«), also etwas, das keinen Fortschritt bezeichnet. *pesle:* wie nfrz. *pêne*, nicht ›poêle‹, wie einige deutsche Übersetzer meinen und daher ›aus der Kälte (= draußen) in die Hitze (= Ofen)‹ übersetzen. 708 *fin:* ›raffiniert, geläutert‹. *coupelle:* dt. *Kapelle* oder *Kupelle*, geschlossener Raum mit Abzug zum Untersuchen gesundheitsschädlicher Stoffe, auch Tiegel aus Knochenasche zum Untersuchen von silberhaltigem Blei; zu lat. *capella* ›Deckel der Destillierblase‹, und *cupella* ›Probiertiegel‹. 709 *drappelle:* ›harde‹, (›Kleidung; Habe‹). 710 *manïé:* vgl. V. 658. 712 *remis et renÿé:* ›repoussé et renié‹ (Lanly; ›zurückgewiesen und verleugnet‹); R/H deuten aktivisch, was aber nicht zwingend ist, vgl. auch L 47 und T 2001, also ›qui renonce et qui renie‹ (›der sich lossagt und abschwört‹).

LXX 714 *a feu et a sang:* ›(fordere sie heraus) zu einem blutigen Kampf‹; man denke an nfrz. *mettre à feu et à sang* ›mit Feuer und Schwert vernichten, verwüsten‹. In dieser Strophe fällt eine durchgehende Kriegsmetaphorik auf. 717 Sprichwörtliche Redensart der mittelalterlichen Jongleure.

LXXI 721 *Car j'ay mis le plumail au vent:* als Zeichen der Aufgabe des Kampfes, daher R. Cotgrave »to grow desperate, retchlesse, carelesse«; nicht zu verwechseln mit *mettre la plume au vent, jeter la plume au vent* ›seine Zukunft dem Schicksal anvertrauen‹. 722 *les:* Lesart von R/H, zu beziehen auf V. 718 (*les Amans*); die älteren Herausgeber lesen »le« (= le plumail). 724 *mon entente:* ›Plan, Projekt‹ (gemeint ist das Abfassen des Testaments).

LXXII 729 *ma seuf:* Anspielung auf Christi Agonie (Joh. 29,28). 730 *blanc:* Adverb, nicht etwa Apposition (›weiß wie Watte‹; gemeint ist: im Gesicht); der weiße Speichel ist ein Zeichen großen Dursts. 731 *Jacoppins:* ›die Dominikaner‹, nach ihrem Pariser Kloster Saint-Jacques »Jakobiner« genannt; sie trugen im Kloster weiße Wollkutten. Die Redewendung, die ›den Auswurf‹ bezeichnet, belegt, daß sie nicht gerade beliebt waren. Meine Übersetzung versucht über die »Wollkotze« das Wortspiel für einmal nachzumachen. 732 *Jehanneton:* ›Hannchen‹ (als Allerweltsname). 734 *rocquart:* laut R/H nicht ›alter Gaul‹ (R. Cotgrave), sondern ›grognon‹ (alle Ableitungen des Onomatopöies *rog-* deuten auf heiseres Sprechen), aber die deutschen Äquivalente »Brummbär«, »Knurrhahn«, »Querkopf« sind zu positiv. Ich belasse Cotgraves Ausdruck, der mit Burgers Vorschlag ›au rancart‹ (›ausgedient‹) übereinstimmt; vgl. auch *roquentin* ›lächerlicher Alter, der noch den jungen Geck spielt‹. 736 *coquart:* ›junger Hahn‹, mit der Nuance der Dummheit, weniger der sexuellen Kraft wie *être le coq du village* usw.

LXXIII 737 *Tacque Thibault:* Gemeint ist Thibault d'Aucigny, vgl. V. 6; Villon belegt seinen Peiniger aber mit dem Schimpfnamen »Tacque« Thibault. Dieser Tacque war ein Günstling des Herzogs Jean de Berry im 14. Jh., beim Volk verhaßt und von Froissart wegen seiner »mœurs honteuses et exactions« kritisiert. Die Strophe greift die Indignation von V. 6 ff. wieder auf. 739 *ung bas:* ›basse fosse‹ (›tiefes Verlies‹); *ung hault* – Wortspiel – wäre dann ein ›hochgelegenes Gefängnis‹. 740 *d'angoisse mainte poire:* (1) Birnensorte aus dem Obstort Angoisse im Périgord; (2) ›herbe Birne‹, d. h. ›bittere Pille, schlechte Behandlung‹; (3) (erst im 16. Jh. belegt) ›Knebelgerät‹ oder Gerät, um zwangsweise bei der Tortur Flüssigkeiten einzuflößen, im Jargon *pirenelle* genannt; dann hätte V. 738 eine zynische Bedeutung. 741 *Enferré:* ›in Eisen gelegt‹, aber auch zu *enfer* ›höllisch‹ und dann auf Thibault beziehbar! 742 *et relicqua:* ›alles übrige; usw.‹; juristische Formel.

LXXIV 746 *lieutenant:* ›Stellvertreter‹ (des Bischofs); er war Ankläger beim bischöflichen Gericht; hier: Pierre Bourgoing. 747 *officïal:* ›Offizial‹, bischöflicher Vertreter bei der Ausübung kirchlicher Gerichtsbarkeit; er war der Gerichtsvorsitzende; wahrscheinlich handelt es sich um Etienne Plaisance, daher (Interpretatio nominis) die ironischen Epitheta in V. 748, die so ironisch sind wie bereits V. 745. 750 *maistre Robert:* Man nahm bisher an, dies sei der Henker von Orléans; *maistre* spricht jedoch für einen juristischen Titel; es handelt sich eher um den ›Gerichtsassessor‹. 752 *le Lombart:* Man nahm früher an: ›der Lombarde‹, ›der Wucherer‹ (als Akkusativobjekt), da in Frankreich das Bankwesen in italienischer Hand lag. J. Frappier machte *le Lombart* zum Subjekt: Petrus Lombardus (gest. 1160) aus Novara in der Lombardei, der große Systematiker und Exeget, schrieb auch in den vielgelesenen *Sententiae* (Buch 1) über die Unteilbarkeit der Trinität. Sie setzt sich hier aus den drei Juristen zusammen, was sehr ironisch ist. Die Doppeldeutigkeit mit dem lombardischen Wucherer könnte intendiert sein.

LXXV 757 Villon wendet sich dagegen, daß *Le Lais* (*Laiz*; *Legs*) von einigen Leuten mit »Testament« bezeichnet wurde; und in der Tat finden sich früh in den Handschriften Titel wie »Le petit

Testament Villon«, »Le petit Testament maistre François Villon« usw.

LXXVI 761 *les:* Gemeint sind die *laiz* (V. 755). 764 *le bastard de la Barre:* Es handelt sich um Perrenet (Diminutiv von Pierre) Marchand, genannt de la Barre. Er war »sergent à verge du nombre de la douzaine du roy nostre sire ou Chastelet de Paris«, d. h. Polizist. Villon hat ihm in L 177–184 »trois gluyons de fuerre« (›drei Schütten Stroh‹) vermacht, um sein Leben damit zu fristen, denn zu nichts anderem sei er gut (vgl. auch T 1094). Villon spielt mit dem Namen *Marchand*, was hier soviel wie ›Gauner, Spitzbube‹ heißt, wahrscheinlich auch mit der Bezeichnung der Amtsinsignie (*la barre, la verge* ›Stab; Rute; Bastardbalken; Gerichtsschranke; männliches Glied‹), indem er ihn als Sittenstrolch verhöhnt. Jetzt schenkt er ihm drei *nattes* (›Matten‹), aber wozu? Um darauf zu liegen wie auf der Streu und »die Sache« zu tun, oder aber, wofür V. 768 spricht, die von »der Sache« weichen Knie damit zu bandagieren, wie es Avicenna sagt und was man (laut Thuasne) mit den Hengsten nach dem Bespringen machte. Ich übersetze gewollt offen.

LXXVII 772 *mes hoirs:* Die ›Erben‹ und die ›Legatare‹, d. h. diejenigen, die nur ein Legat ausgesetzt erhalten, sind nicht unbedingt identisch. 773 *Si le demande:* exhortativ, nicht bedingt! Burger konstruiert: ›wenn jemand danach fragt, so sagt, ich richtete ihnen aus, daß Morreau, Prouvins und Robin Turgis von mir sogar mein Bett bekommen hätten‹. Der Sinnunterschied ist nicht sehr groß.

LXXVIII 779 *Fremin:* vgl. V. 565. 781 *detester:* ›verachten‹; wahrscheinlich Figura etymologica mit *tester* (V. 770) und *protester* (V. 780) ›beteuern‹. Es gibt keinen Beleg dafür, daß *detester* auch ›enterben‹ heißt, wie fast alle Übersetzer annehmen, obgleich dieses Wortspiel gewollt ist. Die Strophe betont den »Willen« (V. 778, 780, 781, 783) Villons und soll damit seine ungebrochene Geisteskraft bezeugen.

LXXIX 786 *papïer:* zu lat./ital. *pappare* ›den Mund öffnen, die Lippen bewegen‹ (FEW VII, S. 582), nicht zu *pépier* ›piepsen‹, wie fast alle deutschen Übersetzer annehmen. 791 *coppïer:* nicht so sehr ›kopieren‹ (wegen *partout*) als ›verbreiten‹.

LXXX 795 Villon versäumt es nie, der Hl. Trinität seine Ehrerbietung zu erweisen. 798 *pery:* (mit pluralischem Sinn) ›die Verlorenen‹. 799 Gemeint sind die Heiligen (V. 800). Im Unterschied z. B. zu Dante äußert sich Villon eher skeptisch über die Auferstehung der Toten und den Heiligenkult.

LXXXI 803 Villon stützt sich bei seiner Jenseitsvorstellung auf das *Speculum humanae salvationis* des Johannes von Beauvais, das 1449 übersetzt worden war und vier Teile unterscheidet: die Hölle der Verdammten, die Hölle der Kinder, das Purgatorium und den Limbus der Heiligen. 806 *patriarches:* die zwölf messianischen Vorläufer Christi von Adam über Noah und Moses bis hin zu Enoch oder, im engeren Sinn, die »Erzväter«, die geschichtlichen Stammväter Israels wie Abraham, Isaak und Jakob. *prophetes:* die Propheten der Bibel, die das Gottesreich voraussagten.

LXXXII 816 *ladre:* eigtl. ›der Lepröse‹; zu *Lazarus*, der per antonomasiam zum Bild des Armen und (vermeintlich) Leprösen wurde; vielleicht beeinflußt von lat. *latro* ›Räuber‹. Das Gleichnis ist nach Lk. 16,22–24 das vom reichen Mann und vom armen Lazarus. Das Thema wurde im MA mit seinen krassen sozialen Gegensätzen sehr häufig dargestellt. Es gab auch eine bekannte Moralité (»La vie et l'histoire du maulvais riche«), die Villon vielleicht kannte. Die Parabel war ebenfalls auf den Glasfenstern der Kathedrale von Bourges dargestellt.

LXXXIII 817–824 Ich folge R/H, die an einigen Stellen im Apparat einen von den übrigen Lesarten abweichenden Text bieten, z. B. V. 819: »N'eaue au bout de ses dois aherdre« (›noch Wasser mit der Spitze seiner Finger zu nehmen‹) bzw. V. 824 »bourde jus mise« (›Spaß beiseite‹). R/H haben statt dessen *N'au bout d'icelluy doiz aerdre* bzw. *main mise.* 817 Der Anfang der Strophe wird nur verständlich, wenn man das Gleichnis Lk. 16,24 zitiert: »Da rief er [der Reiche]: Vater Abraham, hab Erbarmen mit mir und schick Lazarus zu mir; er soll wenigstens die Spitze seines Fingers ins Wasser tauchen und mir die Zunge kühlen, denn ich leide große Qual in diesem Feuer« (der Arme ist dazu in der Lage, weil er selber nicht brennt!). Villon benutzt das Gleichnis zu einer eher unernsten Beschreibung der Hölle. *eust veu le doyz ardre:* Gemeint ist, wenn auch der Arme in der Hölle geschmort hätte.

LXXXIV 827 *ce dit:* sowohl das (fiktive) Testament als auch das literarische Werk. 828 *chimere:* mythologisches Wesen, nach Homer vorn Löwe, in der Mitte Ziege, hinten Schlange oder Drache; hier allgemein ›mageres Ungeheuer‹. 829 *fievre eufumere:* Avicenna (ein arabischer Arzt des 11. Jh.s) spricht ausführlich von der »febris ephimera« und führt sie auf den Zorn zurück, den Villon ja gerade vermeiden will.

LXXXV 836 *Chambre:* ›Gemach‹; gemeint ist das Paulinische »vas electionis« (vgl. Apg. 9,15), daher meine Übers. 838 Das *Elucidarium* des Honorius Augustodunensis (aus Autun oder aus Augsburg), ein Werk der katholischen Glaubensunterweisung, nennt die neun Hierarchien: Seraphim, Cherubim, Throne, Macht usw.

LXXXVI 842 Vgl. *Roman de la Rose*, V. 17831. 846 Vgl. 1. Mose 3,19 das adamitische Verdikt: »Quia pulvis es, et in pulverem reverteris« – »Denn Staub bist du, zum Staub mußt du zurück.«

LXXXVII 850 *Maistre Guillaume de Villon* lebte um 1400–1468, war »chanoine de Saint-Benoît-le-Bétourné« und Juraprofessor; vielleicht hatte er die Halbwaise Villon vor 1455 adoptiert. Dies war üblich, um frühzeitig geeigneten Priesternachwuchs heranzuziehen. Pinkernell (S. 11, 35 u. ö.) will aus dieser Stelle (*plus que pere*) ein pädophiles Verhältnis zwischen beiden herleiten. Er sei eben nicht nur »Vater«, sondern darüber hinaus auch »Liebhaber« und daher »süßer« als eine Mutter zu ihrem »den Windeln entwachsenen Kind« gewesen. Die Beweise scheinen eher beliebig! 854 *pas ne s'esjoye:* ›freut sich nicht darüber‹; wahrscheinlich die Festsetzung in Meung und vielleicht der Entzug der Klerikereigenschaft durch Thibault d'Aucigny.

LXXXVIII 858 Während der Universitätsunruhen 1451–53 entfernten die Pariser Studenten einen großen Stein, den *Pet au Deable* (›Teufelsfurz‹), der dem gleichnamigen Haus auf der Ile de la Cité als Grenzstein diente, und schleppten ihn zur Montagne-Sainte-Geneviève. Die Polizei brachte ihn zurück, die Studenten eroberten ihn wieder und machten ihn zur Trophäe in ihrem Kampf gegen die Obrigkeit. Das Hôtel du Pet au Deable gehörte der in V. 1058 genannten Mlle de Bruyeres. Ob Villon wirklich einen Roman mit diesem Titel geschrieben hat, ist fraglich. 859 *Guy Tabarye:* Mitbeteiligter am Einbruch ins Collège de Navarre 1456; er hatte im Verhör die Bande verraten, deshalb wird er (V. 860) als *homs veritable*, als ein ›geständnisfreudiger; wahrhaftiger‹ und, antiphrastisch, als ›ein wahrer Mann‹, also eine Memme, bezeichnet. 861 *Par cayeulx:* ›heftweise‹; aber Colin de Cayeux, der 1460 als Coquillard gehenkte Jugendfreund Villons, könnte ebenfalls an den Unruhen beteiligt gewesen sein.

LXXXIX 865 *donne:* absolut gebraucht (das Akkusativobjekt fehlt); zu ergänzen ist: die folgende »Ballade«. 866 *saluer:* ›beten‹; vgl. den Beginn des Ave-Maria: »Je vous salue, Marie«. 867 *Qui:* Die meisten deutschen Übersetzer beziehen das Relativpronomen auf die »Mutter«; ich übersetze bewußt offen, denn es wäre ein persönlicher Bezug zur Jungfrau Maria genausogut denkbar.

Ballade 873–909 Marot nennt sie »Ballade que Villon feist a la requeste de sa mere pour prier Nostre Dame« (»Ballade, die Villon auf Bitten seiner Mutter machte, um zur Gottesmutter zu beten«). 874 *infernaulx paluz:* ›Höllensümpfe‹; hier mischen sich heidnisch-antike und mittelalterliche Vorstellungen vom Jenseits, man denke an den Acheron und den Styx oder Dante, *Divina Commedia*, »Inferno«, 7. Gesang. 878 *vous:* im Deutschen 2. Person Singular. 881 *jangleresse:* weibliche Form von *jongleur:* ›ich gaukle diesbezüglich nichts vor, ich bin ganz aufrichtig‹.

885 *l'Egipcïenne:* Sancta Maria Aegyptiaca (gest. 321), ehemalige Kurtisane, die sich bekehrte und 47 Jahre in der Wüste lebte; sie war im MA äußerst populär, z. B. in der *Legenda aurea*, vgl. V. 331; Rutebeuf hat ihr Leben in 1296 Versen beschrieben (*La Vie de sainte Marie l'Egiptiane*); in Paris gab es später eine Rue de l'Egyptienne (verballhornt in »de la Jusienne«). 886 *Theophiluz:* St. Theophilus war Verwalter (»vidame«) der Güter des Bistums von Adana in Kilikien (6. Jh.). Da er sich bei einer Beförderung zurückgesetzt fühlte, schloß er einen Teufelspakt. Nach sieben Jahren ergriff ihn Reue, und er wurde durch Vermittlung der Jungfrau Maria gerettet. Der Stoff wurde von Marbod von Rennes, Gautier de Coincy (*Miracles de la Sainte Vierge*) und Rutebeuf (*Le miracle de Théophile*) dramatisiert bzw. bedichtet.

895–902 Die Anfangsbuchstaben dieser Verse ergeben APELLA CE; zusammen mit dem Akrostichon von Str. IV bedeutet dies: ›dies verfaßte Villon‹. 895 *moustier:* vielleicht die Kirche der Zölestiner (heute: Quai des Célestins), die nach Guillebert de Metz (*Description de Paris sous Charles VI*, 1434) entsprechend ausgemalt war. Es handelte sich dabei aber nicht um eine »église paroissiale«.

XC 910 *m'amour:* Entgegen R/H handelt es sich um ein indirektes Objekt, das durch *luy* (V. 911) präzisiert wird; wäre es ein Vokativ, dürfte nicht *luy* stehen. *ma chiere rose:* parallel konstruiert wie *m'amour*; kein weiblicher Vorname, der im 15. Jh. noch nicht belegt ist, sondern Symbol für die Geliebte (man denke an den *Roman de la Rose*, die *Divina Commedia* u. ä.); hier ironisch; auch dürfte die Angeredete »Marthe« heißen, vgl. das Akrostichon V. 950 ff. 911 *cueur ne foye:* ironisches Wortspiel: ›Herz‹ im physisch-psychischen Sinn; *foye* ist Homonym zu *foi* ›Treue, Glauben‹ und *foie* ›Leber‹; deutsch vielleicht ›Leben und Leber‹; zugleich Anspielung auf die mittelalterliche »Herzmäre«. 912 *chose:* monetär-mammonistisch, aber auch obszön (vgl. *la bagatelle* – »die Sache«). 914 *bourse:* Geldbörse, Geldsäckel; aber möglicherweise auch eine seidene *braguette* (Hosenlatz)? 915–917 *escuz* ›Schild; Taler‹ (wegen des darauf abgebildeten Wappenschildes); *targe* kleine bretonische Geldsorte, aber auch obszön ›targe phallique‹, so daß *escuz* und *targe* die Geldgier wie die sexuelle Gier meinen.

XCI 918–925 Die Strophe ist sehr krud und baut auf mehreren Wortspielen auf. 918 Gemeint ist: genügend Liebhaber und genügend Geld. 921 Vgl. V. 197; wahrscheinlich eine Anspielung auf Catherine de Vaucelles, die dann mit der »Rose« identisch wäre, und die ihretwegen erlittenen Prügel, vgl. V. 658 ff. 922 *Michault:* Name für sinnliche Männer; *le saut Michellet* ›l'acte amoureux‹ (vgl. V. 924; des weiteren *Renart le Contrefait*, zweite Fassung 14. Jh., V. 943 f.). 923 *Bon Fouterre:* zu *foutre*, sehr obszön für ›den Geschlechtsakt ausüben‹. 924 *faictes ung sault:* vgl. Anm. zu V. 922; sexuell konnotiert wie nfrz. *sauter* ›bespringen‹. 925 *Sainct Sathur:* Wortspiel mit *Satyr*, dem mythologischen Fruchtbarkeitsgeist im Gefolge des Dionysos; es gibt aber auch einen hl. Satyrus (Fest: 17. September), der besonders in Norditalien verehrt wurde. Der Ort Saint-Satur existiert wirklich (Dpt. Cher, nördlich von Sancerre, Arr. Bourges). Ob die Erzählung von Michaut etwas mit dem Ort zu tun hat, ist nicht bekannt. *Sancerre:* Auch dieser Ortsname geht auf *Sanctus Satyrus* zurück.

XCII 933 *Je n'y voy que rire pour moy:* Die Zeile bedeutet nicht, wie einige Ausgaben und Übersetzer annehmen: ›ich sehe für mich nur Gründe zum Lachen‹, sondern das Gegenteil ist der Fall: *que* ist indirektes Fragepronomen.

XCIII 935 *erre:* ›das r‹; dieser Buchstabe (der erste von *rose*) galt als unangenehmer, knirschender und knurrender Laut, der etwas Pejoratives ausdrückte. Die Ballade ist ein negatives Legat. 937 Der Polizeibüttel *Pernet* oder *Perrenet de la Barre*, in dessen Namen ebenfalls mehrere *r* vorkommen, ist uns bereits aus L 177 und T 764 bekannt und erscheint in T 1094–1101 erneut. Villon zeichnet ihn als unsittlich und skrupellos. Er ist zwar Polizist, macht seinen Rundgang, fungiert hier aber auch als Zuhälter.

Ballade 942–969 Marot gab der Ballade den Titel »Ballade de Villon a s'amye« (»Ballade Villons an seine Freundin«). In dieser und der (den?) folgenden Strophe(n) finden wir ein erneutes Akrostichon. Die erste Strophe ist eine Amor-Apostrophe, derart, daß die einzelnen Wirkungen des Liebesgottes gesondert angeredet werden.

950–957 Wer Marthe ist, wissen wir nicht; vielleicht hatte Catherine de Vaucelles einen Doppelnamen, oder es handelt sich um eine andere Frau und die »Ballade« wurde später in das »Testament« eingefügt. Möglich ist auch, daß Marthe die mit *ailleurs* (V. 951) apostrophierte Frau ist, bei der Villon, aus späterer Sicht, Zuflucht suchen und Liebe hätte finden können. 954 *Haro, haro, le grant et le mineur: le grant haro* war ein Alarmruf (das Wort selber ist normannischen Ursprungs und war der Notruf der Normannen bei Diebstahl, Brand und Mord, der jedermann zum Eingreifen verpflichtete); ›le petit haro‹ ist ein Scherz Villons, denn einen ›kleinen Hilfeschrei‹ gab es natürlich nicht.

958–965 Die Strophe weist ein unvollendetes oder mißglücktes Akrostichon auf: UJJLVON. Sie enthält mehrere »Carpe-diem«-Motive, wie sie den Dichtern der Pléiade lieb und teuer sein werden. Sie werden an »Rose« gerichtet, weil sie sich dem Dichter verweigert hat.

XCIV 970 *maistre Ythier Merchant:* möglicherweise ein Studiengenosse Villons; er stammte aus dem Amtsadel und stand als politischer Helfer im Dienst des Herzogs von Guyenne, des Bruders Ludwigs XI., und anderer Fürsten. Als Verschwörer gegen den König verhaftet, starb er später (um 1474), vermutlich an Gift, im Kerker. In L 81–83 hieß es: »Item, ich laß Ytier Merchant, / dem ich mich sehr verpflichtet weiß, / mein schneidend-scharfes Schwert aus Stahl«; in T 198 f. wird er, vielleicht anagrammatisch verschlüsselt, als Rivale Villons bei Catherine de Vaucelles (= Rose?) genannt. 971 *branc:* ›Schwert‹, aber auch ›Membrum virile‹; der Adressat war Villons Nachfolger bei einer Frau, so daß diese Zeile eine sehr krude Anspielung darstellt. 972 f. Das *Lay* »Mort, j'appelle de ta rigueur« (V. 978 ff.) ist in Wirklichkeit ein Rondeau und war zu seiner Zeit sehr bekannt. Der Erbe war wohl unmusikalisch und unkünstlerisch. Das Rondeau ist zudem eine zynische Anspielung auf den (baldigen?) Tod der gemeinsamen Geliebten, denn das De profundis (Ps. 130) wird bei der Einsegnung der Leichen gebetet und sicherlich nicht für die frivole Laute vertont.

Lay 978–989 Es handelt sich um ein »Rondeau« (so auch der Titel Marots), genauer: um ein Rondeau-quatrain, nach dem Schema abba/ab*ab*/*abba* (kursiv: Wiederholung). Es war vermutlich vertont. Das Thema, den Tod, der die Geliebte entrissen hat, wegen seiner Grausamkeit anzuklagen, hat eine lange Tradition im MA, vgl. *Atre Périlleux* oder Alain Chartier, *Les quatre Dames*, u. a. m. 981 Gemeint ist: Der Tod ist nicht zufrieden, wenn der Liebende sich nicht auch noch nach dem Verlust der Geliebten dauernd weiter verzehrt.

XCV 990 *Jehan Cornu:* Er ist (vgl. L 84) als Steuereinnehmer, Beamter und königlicher Sekretär von 1446 bis zu seinem Tod an der Pest 1476 zuerst in Senlis, dann in Paris bezeugt; da er »clerc criminel« und »clerc civil de la prévôté de Paris« war, also zur Justiz gehörte, dürfte V. 992f. antiphrastisch gemeint sein. 992 *subvenu:* ›unterstützt‹; dies könnte auch, wie die folgenden Strophen, auf finanzielle ›Unterstützung‹ deuten, der Erbe demnach ein Kreditgeber sein. – Jehan Cornu war in LXI gemeinsam mit Ythier Merchant mit dem »Degen« bedacht worden. Mit dieser Strophe beginnt (bis Str. CXXXVIII) eine Serie satirischer Legate, die alle wertlos oder nicht einlösbar sind. 995 *Pierre Bobignon* (auch: Baubignon) war »procureur au Châtelet«, d. h. Bevollmächtigter am Gerichtsgefängnis. Diese und die folgende Strophe, die alles andere als verständlich und klar sind, könnten eine ironisch-lustige Umschreibung des Gefängnisses (Châtelet) beinhalten. 997 *L'uys ... le pignon:* Bei einem ›Garten‹ sind ›Eingangstür‹ und ›Mauergiebel‹ eher ungewöhnlich, aber für den Vergleich mit dem Gefängnis (V. 998) hilfreich. Es handelt sich um einen *enclos*, einen ›umfriedeten, umschlossenen Garten‹, und die Wurzel ›schließen‹ ist für den Vergleich ebenfalls strukturbildend.

XCVI 998–1005 Da keiner den Text richtig versteht, ist Spekulation erlaubt: Ich glaube, daß es sich angesichts des Berufs von Bobignon um eine Beschreibung des Gefängnisses handeln muß: Villon ist mit Einbruchswerkzeug (zum Schlagen und Brechen) gefaßt worden und verliert dieses, notgedrungen, bei der Inhaftierung, weil er nicht frei ein und aus gehen kann (*par faulte d'un huys*, ›weil ein Eingang fehlt‹). *Ung grez* (V. 999): wie nfrz. *grès* ›Sandstein; behauener Stein‹; *manche de houe* (V. 999): entweder ›manche de houx‹, ›Stiel, Griff aus Ilexholz‹ (das als besonders hart galt) – gemeint ist ein ›Schlagstock‹ –, oder ›manche de houe‹, ›Hackenstiel‹ (zu dt. *Haue*). – V. 1005 bezeichnet die schlechte Unterbringung,

V. 1000, etwas änigmatisch, die vorherrschende Dunkelheit: Selbst acht, nicht einmal zehn Falken, die noch aus größter Höhe genau spähen, hätten hier eine Lerche fangen können; *faucons* und *aloue* sind aber wohl auch Namen für ›Täter‹ und ›Opfer‹. Als *enseigne* (V. 1003), als Hauszeichen also, bringt Villon den *havet*, eine Art Brecheisen, an. *Qui que l'ait prins* (V. 1004) deute ich nicht als ›wer ihn gestohlen hat‹, sondern ›wer es zu spüren bekommen hat‹; *cloue* (V. 1002) zu *clore* ›schließen‹.

XCVII 1007 *Piere Saint Amant:* Pierre de Saint-Amant war 1447 »clerc du trésor du roi« und Hausbesitzer; er galt als einflußreich und hatte Jeannette Cochereau, Tochter eines »procureur en Parlement«, geehelicht. In L 87 hatte Villon Saint-Amant zwei Wirtshausschilder (*enseignes*) vermacht, die auf seine Trunksucht und Sexualgier deuten könnten, denn ›Reiten‹ ist eine eindeutige Metapher. Sie werden jetzt, was eine Zuspitzung ist, gegen zwei andere Schilder (?) eingetauscht. Der Bezug der Personalpronomina ist nicht ganz eindeutig: angesprochen ist Pierre Saint-Amant, aber in V. 1008 und 1012 kann auch seine Frau gemeint sein. Offenkundig ist sie eine ehemalige Beleidigerin oder gar Geliebte, weshalb es mehr Sinn macht, wenn man ›die Stute‹ auf ihn, den ›Roten (= geilen) Esel‹ auf sie bezieht. 1010 *caÿmant:* ›Bettler; Lump‹ (wie nfrz. *quémander*).

XCVIII 1014 f. *Denis Hyncelin* bzw. Hesselin war seit 1453 »élu« (eine Art Friedensrichter, der die Höhe von Sondersteuern und Abgaben, besonders auf Wein, festsetzte) der Stadt Paris, dann »prévôt« (Vorsteher) der Kaufmannschaft (1470–74), Steuereinnehmer (»receveur«) von 1474 bis 1500, Vertrauter Ludwigs XI. Er leitete die Verteidigung der Stadt Paris, als die Burgunder 1472 Beauvais angriffen, und spielte eine wichtige Rolle im Prozeß gegen Jean Hardi, »clerc« von Ythier Marchant, des Herzogs von Alençon, des Connétable de Saint-Pol und des Herzogs von Nemours. *Sire* ist seit dem 13. Jh. keine Adels-, sondern eine Bürgertitulierung (sieht man vom Titel für den König ab). 1016 *muys:* zu lat. *modius* ›Scheffel, Schaff‹; Hohlmaß, das je nach Landschaft zwischen 23 und 223 l umfassen konnte. *Aulnys:* heute: Aunis, Landschaft zwischen Poitou und Saintonge mit der Hauptstadt La Rochelle; im MA ein bekanntes Weinanbaugebiet. 1017 *Turgis:* Robin T., Eigentümer der Schenke «La Pomme de Pin» (›Der Kienapfel‹ oder ›Der Tannenzapfen‹) in der Rue de la Juiverie in der Cité (vgl. Anm. zu V. 1959), bei dem Villon hoch verschuldeter

Stammgast gewesen zu sein scheint (vgl. V. 774 und 1054); die Zeile heißt wörtlich: ›die auf meine Kosten bei Turgis bezogen worden sind‹. 1021 Sprichwörtliche Redensart; Anspielung auf die nichtadlige Abkunft Hesselins, seine Trunksucht, sein Amt als Steuereinnehmer, vielleicht aber auch darauf, daß er Wein mit Wasser pantschte.

XCIX 1022–29 Auch das Verständnis dieser Strophe macht einige Mühe, da die Handschriften F und I lesen: »Quoy qu'il marchande ou ait estat« (›womit er auch handelt‹ bzw. ›welchen Beruf er auch hat‹), was einen Sinn gibt; auch Longnons Korrektur »Quoy que Marchant l'ot par estat« (›obgleich Marchant ihn erhalten hatte‹) wäre möglich, da in V. 970 Ythier Merchant bedacht wird. Ich folge dennoch R/H: ›Was? Das, was Marchant wegen seines (adligen) Standes erhalten hatte‹. 1025 *branc:* ›Schwert‹; sicher wieder ein Sexualsymbol. Droht er ihm nicht sogar die Sodomisierung an? Dann bezöge sich *fourreau* auf Maistre Guillaume Charüau; wird auf die Impotenz angespielt, der Villon »sein Schwert leiht«, ist mit *fourreau* die Ehefrau gemeint. – Vom Legatar weiß man nur, daß er 1449 »licencié ès arts« und vielleicht 1447 »grenetier du grenier à sel« zu Etampes in der Beauce auf der Strecke zwischen Orléans und Paris war. 1026 *ung reau:* ›Real‹, eine Goldmünze, um 1470 zu 27 Sols und sechs Deniers (= 330 Heller) gehandelt; man kann mit Lanly in der Zeile das Anagramm CHARÜAU EN ANGE (›Charüau als Engel‹ oder ›Charüau auf einer Engelsmünze, einem Angelot‹) lesen. 1027 *En change:* ›gewechselt‹ (als Münzgeld); *sa bourse* ist wieder obszön zu deuten. 1028 *carreau:* viereckige Bodenplatte. 1029 *costure:* ›couture, culture‹ (›Garten, Wiese, Feld‹); zwischen den Mauern der Stadt und der Einfriedung der Komturei des Temple, wo nach der Auflösung des Templerordens (1312) die Hospitalier ihren Sitz hatten. Wenn diese Deutung stimmt, handelt es sich um ein höhnisches Adynaton, weil es dort weder Straßen noch Pflaster gibt.

C 1030 *Fournier* war 1447–74 »procureur« – heute würde man sagen: »avoué« –, d. h. nicht plädierender Prozeßbevollmächtigter, für Saint-Benoît-le-Bétourné am Châtelet. Der »procureur« war königlicher Beamter und entspricht in seinen Funktionen in etwa dem deutschen Rechtsbeistand oder Prozeßbevollmächtigten. In L 157 hatte er Schuhwerk und Stiefel erhalten. 1033 *havees:* ›Handvoll‹; Homophon mit *ave* ›leb wohl‹. 1037 Sprichwort: »Bon droit a besoin d'aide«, ›Mit dem guten Recht allein ist's nicht getan‹.

CI 1038 f. *Jacques Raguier:* Sohn von Lubin R., »maître queux« (Erster Koch) Karls VII., selber »garde des fours« (Oberküchenmeister) von Champagne und Brie, großer Trinker und Vielfraß. Villon hatte ihm in L 145–152 mit den Wirtshäusern bzw. der Pferdetränke »Abeuvroir Popin« und »Trou de la Pomme de Pin« bedacht. Es fällt auf, daß sich aus den Anlauten von *Pomme de Pin* der Name *Popin* bilden läßt, was kein Zufall ist! In T 1940–43 wird er antiphrastisch zu den »gens de bien« gerechnet und zum Testamentsvollstrecker bestellt. 1039 *Grant Godet:* ›Große Trinkschale‹; ›Großer Becher‹. *Greve:* heute: Place de l'Hôtel de Ville; der Platz reichte einst bis ans Seineufer, daher der Name (zu *grève* ›Sand‹). 1040 *placques:* wertlose flämische Kupfermünzen, 1427–41 mit dem Bild Karls VII. in Tournai geschlagen. 1042 *mol et greve:* ›das weiche und das harte Bein‹; gemeint sind die Strümpfe oder Gamaschen; wir würden heute sagen: ›müßte er auch noch sein letztes Hemd verkaufen‹. 1043 *chappin:* ›escarpin‹ (leichter Schuh). 1044 *assiet ne lieve:* ›sich zu Tisch setzt und aufsteht‹, oder zu *lever l'assiette* ›den Teller heben; tafeln‹. 1045 *Au trou de la Pomme de Pin:* ›das Loch ‚Zum Tannenzapfen'‹, Kneipe, die Robert Turgis gehört; vgl. V. 1017, 1054 u. ö.

CII 1046 *Merebuef:* Der Tuchhändler Pierre M. in der Rue des Lombards wird bereits in L 265–268 zusammen mit seinem Kompagnon Nicolas de Louviers oder Louvieulx (gest. 1483), später Steuereinnehmer (»receveur des aides«, 1454–61) bzw. »conseiller à la Chambre des comptes«, bedacht. Es könnte sein, daß Villon bei ihm seinen Kleiderbedarf deckte und Schulden machte. – Villon mokiert sich über die beiden auf mehrfache Weise: Zuerst in Form einer Interpretatio nominis, denn Merebeuf liefert das negative Legat *vache* und *beuf* (›Kuh‹ und ›Ochse‹), zugleich eine Anspielung auf die Schafzucht, die die beiden als Tuchhändler betrieben. Der Name *Louviers* klingt ähnlich wie *bouviers*, ›Ochsentreiber‹ oder ›Viehhirt‹, zugleich ›grober Lümmel‹. Beide hatten Ambitionen, in den Adel aufzusteigen, was Louviers 1464 auch gelang, als er »noble homme et sire« wurde. In diese Richtung weist die Sperberjagd (V. 1050), der Falkenjagd, einem adligen Zeitvertreib, vergleichbar. 1050 *gans:* ›Handschuhe‹; Konjektur von R/H; andere Herausgeber lesen »gens« (›Leute‹) bzw. »giès«, zu *giet*, *get* ›courroie pour les serres du faucon‹, ›Fußriemen (für den Falken)‹. 1053 *Machecoue:* Die Jagd findet hier nicht im Freien, sondern in der Geflügel- oder Wildbrethandlung der Witwe Machecoue (»marchande de volaille à l'enseigne du Lion d'or, près du Châtelet«) statt. Sie lebte noch 1459, war aber 1461 bereits tot, was eine Datierung dieser Zeilen ermöglicht.

CIII 1054 *Robert Turgis:* auch: Robin T.; er ist der mehrfach erwähnte Inhaber der Taverne »Pomme de Pin« (L 149; T 1017, 1045, 1054). Wie der Dichter ihn um einen Eimer Wein betrog, ist in der 4. »Repue franche« erzählt (»La manière d'avoir du vin«; vgl. *Eulenspiegel*, Kap. 57; dazu v. Wurzbach, S. 103). 1056 f. Villon hielt sich möglicherweise versteckt; um ihn zu finden und bezahlt zu werden, müßte Turgis geschickter als ein *devin*, ein Wahrsager, sein. 1058 *Le droit ... d'eschevin:* ›das Schöffenrecht‹ (da es unveräußerlich ist, handelt es sich wieder um ein Scherzlegat). 1060 *Si je parle ... poictevin:* (1) ›wenn ich mich unklar ausdrücke; wenn ich Ausflüchte mache‹ (im Argot war der Name des Poitou die Bezeichnung für ›irgendwo‹; die Zeile bedeutet, daß er seinen Aufenthaltsort nicht verrät); (2) wörtlicher Sinn: ›wenn ich poitevinisch spreche‹; Str. CIV ist daher in diesem Dialekt verfaßt. Die beiden Damen sind vielleicht Marthe und Catherine de Vaucelles?

CIV 1063 *Saint Generou:* heute: Saint-Généroux (auch: Gènerou), Deux Sèvres, Arr. Parthenay im Poitou (bei Thouars), 100 km entfernt von Saint-Julien-de-Vouventes. Es dürfte sich um Phantasiegeographie handeln, denn v. Wurzbach (S. 104) weist auf Rabelais, *Gargantua*, Kap. 6 hin, wo es von einer Dirne heißt, daß sie aus »Brisepaille [›Strohbrech‹] près Saint-Genou [›auf den Knien‹]« stammt (éd. Demerson, S. 56). H. Dubois deutet *Generou* in Pariser Aussprache als *je ne sous (pas)* ›ich bezahle nicht‹ und *Voventes* als *vo ventes* ›was ihr mir verkauft habt‹. 1065 *Marche:* ›Grenzmark‹, also: ›an der Grenze zwischen‹. 1067 *pensent:* Die anderen Ausgaben haben »passent«; R/H behalten die Lesart der besten Handschriften bei, ohne sie zu verstehen; *penser* gibt aber einen Sinn, wenn man es für eine doppeldeutige Schreibung mit *panser* ›striegeln‹ (mit sexueller Konnotation!) ansieht. 1068 Diese Zeile gibt die poitevinische Mundart wieder, wie auch einige andere Formen dieser Strophe, z. B. *illes* (V. 1062). 1069 *celer:* Homophon zu *sceller*, also nicht nur ›verbergen‹, sondern auch ›bekräftigen‹.

CV 1070 *Jehan Raguier:* Er wird bereits in L 131 genannt. Villon beginnt jetzt seine Abrechnung mit den Vertretern des Strafvollzugs. Jean Raguier gehörte zu den zwölf Berittenen, die den Prévôt von Paris (Befehlshaber der Gendarmerie) als Leibwache begleiteten. In L 145 wird Jacques Raguier bedacht, der Sohn von Lubin Raguier, dem Leibkoch Karls VII., vielleicht sein Bruder. 1073 *tallemouze:* eine Art Käsesoufflé; Homonym zu *souflet* ›Ohrfeige‹ (allerdings für diese Epoche noch nicht belegt); vgl. auch nfrz. *donner une tarte* ›eine Watsche verpassen‹; das deutsche *Schmiere*, zu *Schmer* ›Fett‹, wie das Verb *(eine) schmieren*, hat den gleichen Sinn und ermöglicht ein identisches Wortspiel. 1075 *Bailly:* Jean de Bailly war »procureur en Parlement (= Anwalt) et greffier de la Justice du Trésor (= Urkundenbeamter)« und wohnte an der Fontaine Maubué, früher Ecke Rue Saint-Martin und Rue Simon Lefranc, einem damals übelbeleumdeten Viertel, wo heute das Centre Pompidou steht. Wenn Villon ihm Wasser statt Wein zu trinken wünscht, ist das eine Schmähung des Vielfraßes Jehan Raguier. 1077 R/H übersetzen sinngemäß: ›an Speisen hat es ihm nicht gefehlt‹; gemeint ist jedoch: ›beim Essen hat er nie versagt‹, d. h. er ist ein wackerer Fresser.

CVI 1078 *Prince des Sotz:* Oberhaupt der »Enfants sans souci«, einer Gesellschaft, welche eine bestimmte Art dramatischer Spiele, die »sotties« (vgl. L 272) aufführte. 1079 *sot:* Homophon mit *sault* ›Sprung‹, was wiederum ein Wortspiel ergeben könnte. *Michault du Four:* seit 1457 »sergent à verge« (Polizeibüttel mit Rute oder Schlagstock) am Châtelet, daneben aber auch Gastwirt und Metzger; er hatte an der Untersuchung des Einbruchs ins Collège de Navarre mitgewirkt. 1081 Das wird antiphrastisch für seine rohen Worte gemeint sein. 1083 Gemeint ist: Mit dem zweifarbigen Narrengewand, der Narrenkappe und dem Zepter (*la marrotte*). 1084 *sot de sejour:* ›ein ausgeruhter Narr‹ i. S. v. ›ein vollkommener Narr‹. 1085 *Et est plaisant:* ›er ist nur da angenehm, wo er nicht ist‹; die Wendung ist nicht unpersönlich zu lesen, wie Foulet meint.

CVII 1086 *Unze Vings sergens:* die zur Prévôté gehörenden 220 Polizisten zu Fuß. Vigesimale Zählung keltischen Ursprungs wie T 1642 und 1725. 1089 *Denis Richier:* Er wird am 5. August 1455 als »sergent royal« genannt. *Jehan Valecte*, auch J. Varlet, wird gleichzeitig erwähnt und hat dieses Amt noch am 7. März 1468 inne. Die Namensform *Valecte* als vermeintliches Femininum könnte auf Verweichlichung und weibisches Gehabe abzielen. – Die Zeile ist kein direktes Objekt zu *donne* (V. 1087), sondern eine Erklärung von V. 1088. 1090 *cornecte:* im Deutschen kaum wiederzugebendes Wortspiel: (1) ›Reiterstandarte‹ (vgl. dt. *Kornett*; das ›Fähnchen‹, das er trägt, ist spitz wie ein ›Hörnchen‹) – die Genannten sind aber nur Fußsoldaten; (2) ›weibliche Flügelhaube‹ (als Zeichen der Feigheit und vielleicht der Effeminiertheit); (3) ›Henkerseil‹

(*pour pendre* schafft zuerst eine Spannung, denn sie könnten gehenkt werden oder sich selber aufhängen: das schwierige *hohecte!* – V. 1092 – ist nach Thuasne, Lanly und anderen ein in den Pastourellen vorkommendes Onomatopöiewort mit der Bedeutung ›Ah! oui, certes‹, nach v. Wurzbach, dem ich mich anschließe, gehört es zu engl. *ho-height* ›in die Höhe, nach oben‹, was sowohl fürs Hängen wie für das Hutband der Reiter paßt!); (4) ›Hutband‹ (aus Seide oder ähnlichem Material).

CVIII 1094 *Perrenet:* Über Perrenet (Pernet) Marchand (Marchant), le Bastard de la Barre, vgl. L 177, T 763–768, wo er als Lüstling hingestellt wurde. Hier folgt der Vorwurf des Falschspiels. 1097 *barre:* Dieser heraldische Terminus bezeichnet den ›Bastardbalken‹, der das Wappen der nicht-legitimen Abkömmlinge von links unten nach rechts oben durchschnitt. 1098 *dez plombez:* ›mit Blei gefüllte Würfel‹, die dadurch immer auf eine Seite fallen, aber äußerlich ganz normal aussehen (*de bonne quarre*, ›gut zugeschnitten‹, sind). 1100 *vecir ne poire:* Synonymendoppelung: *vecir* zu *vesse* ›kleiner Furz‹, nicht, wie in einigen deutschen Übersetzungen, zu *vessie* ›Harnblase‹ (›pissen‹). 1101 *les fievres quartes:* Quartanfieber, Wechselfieber mit viertägigen Schüben; *quartes* ist zugleich Homophon von *cartes* ›Spielkarten‹. Das Wechselfieber wünschte man seinen ärgsten Feinden an den Hals.

CIX 1102 *Chollet:* Der Böttcher und Faßbinder Casin Cholet (L 185, wo er eine Ente bekommt, die er widerrechtlich in den Stadtgräben gefangen hat) ist seit 1459 als Polizist (Wachsoldat) bezeugt; er wurde 1465 bestraft, weil er einen Falschalarm ausgelöst und verbreitet hatte, die Burgunder seien im Anrücken. 1103 Nicht vier Verben, wie in den älteren Ausgaben zu lesen: *douve* und *boise* sind Akkusativobjekte (›Dauben‹ und ›Bretter‹); *doller* bedeutet ›travailler à la doloire‹ (›mit dem Böttcherbeil glätten‹). 1107 *hutinet:* ›Schlegel‹ oder kleiner Böttcherhammer, wie man ihn heute noch zum Anzapfen von Bierfässern benutzt, und das ist gemeint: Als Polizist muß er Lärm ablehnen und für Ordnung sorgen; als Privatmann liebt er aber das bewegte Leben; *hutin* (heute nur noch der Königsname »Louis le hutin«) heißt aber auch ›streitsüchtig, lärmend‹.

CX 1110 *Jehan le Lou:* Die beiden Brüder Jean und Robin le Loup waren Polizeispitzel, Wilderer, Fischer, Salzhändler, Gesundheitspolizisten usw. In L 185–192 wird Jehan le Loup zusammen mit Cholet bereits ein Mantel (*tabart*; vgl. V. 1116) und eine gewilderte

Ente geschenkt. Er wurde 1460 wegen unerlaubten Fischfangs und 1461 wegen Beleidigung einer Äbtissin belangt. 1111 f. antiphrastisch! 1113 *serchant: cherchant* ›Treiber, der das Wild aufspürt‹, aber auch *sergeant* ›Polizist‹; daher dt. »Spürhund«. 1114 *chiennet couchant:* ›Vorsteherhund‹.

CXI 1118 Jehan Mahé, genannt »l'Orfevre de Boys«, wird seit März 1462 n. St. als Polizist (»sergent à verge«) genannt und taucht zweimal (1476) in den Prozeßakten des Herzogs von Nemours auf. Vermutlich war er vor seinem Eintritt bei der Polizei Goldschmied, dem hier Fälscherei (»Holzgoldschmied«!) unterstellt wird. Die Strophe ist äußerst obszön. Ich vermute, daß Villon wie schon bei Perrenet Merchant ein Wortspiel mit *verge*, der Amtsinsignie des Polizisten, bildet, die sexuell konnotiert soviel wie ›Schwanz, Rute, männliches Glied‹ heißen kann. 1119 f. *clouz ... De gingembre* gibt es nicht (›Ingwernäglein‹), sondern nur Nägel von Gewürznelken, aber beide Pflanzen gelten als Aphrodisiaka. Jehan Mahé wird als Kuppler gezeichnet; *clou* ist auch eine Bezeichnung für das Membrum virile. 1121 *acouppler:* Andere lesen »acomplir« (›füllen‹); gemeint ist, daß er »paarweise« Dosen mit Aphrodisiaka herstellt und vertreibt. 1122 *couëctes:* Diminutiv zu *queue* ›Schwanz‹. Wie das Folgende handelt es sich um Sexualmetaphern. Gemeint ist wohl, daß er die Produkte an sich selber ausprobiert.

CXII 1126 *Jehan Riou:* Pelzhändler und zugleich Hauptmann der 120 Bogenschützen der Stadt Paris, die nicht zur Polizei gehörten und nur bei feierlichen Anlässen auftraten. *Riou* klingt aber auch wie *riot* ›Streit‹. Villon macht sich mit seinem Geschenk über den doppelten Beruf des Erben lustig, zugleich auch über seine adligen Ambitionen, denn *hure* (V. 1128) ist eigentlich der ›Wildschweinkopf‹, dann ein ›Wappenbild‹ bzw. eine ›Mütze aus Wolfspelz‹. Der Wolf ist kein Wildbret, das man waidmännisch mit einer Meute hetzt, sondern wird nur mit wilden Metzgerhunden gejagt; auch wird er im allgemeinen nicht verzehrt.

CXIII 1136 *tante:* ›Zeltlager‹; es wird ironisch auf das martialische Äußere der Bogenschützen angespielt. 1138 Subjekt sind die »Wölfe«. 1139 *courre:* ›jagen (mit der Meute)‹; sie werden unwaidmännisch in einer Falle gefangen; die Metzgerhunde haben ihnen das Fell nicht zerrissen, so daß man es gerben kann. 1140 *miege:* ›Arzt‹, aber auch *mégissier* ›Weißgerber‹, der mit Alaun feine Leder gerbte. Dies ist das eigentliche, von den französischen Kommentatoren nicht gesehene Wortspiel, das durch die Rezeptformel *j'ordonne* ›ich ordne an, verschreibe‹ eingeleitet wird; vgl. v. Wurzbach, S. 108.

CXIV 1142 *Robinet Trouscaille:* Ein Robert Trascaille figuriert seit 1449 in den königlichen Rechnungen als Angestellter (»clerc«) von Jehan de Picart, der das Amt eines »général conseiller sur le fait et gouvernement de toutes les finances« (»Generalfinanzrat und Obersteuereinnehmer«) bekleidete; dieser Trouscaille ist 1457 Steuereinnehmer (»receveur des aides«) in Château-Thierry, 1462 königlicher Sekretär. Hier scheint es sich jedoch um einen Polizisten zu handeln. – Villon verhöhnt seinen Geiz; das erste Wortspiel *caille* ›Wachtel‹ + *trousser* ›das Geflügel zum Braten dressieren, festbinden‹ ist eine geschickte Interpretatio nominis; die *jacte* (V. 1147) wäre dann eine Bratenschüssel oder ein Gefäß zum Auffangen des Bratensafts; *buffet* (V. 1146) ist ironisch, denn es bezeichnet edles Geschirr, wohingegen die *jacte* aus Holz oder Ton ist. Villon wollte wohl bei Trouscaille Geld leihen und bekam nichts: jetzt setzt er ihn zum Erben ein. Für die von J. Dufournet, *Recherches sur le Testament*, Lfg. 3, Paris 1968, S. 40–53 aufgezeigten sexuellen Anspielungen *service* ›Liebesdienst‹, *caille* ›Prostituierte‹ – *Trouscaille* wäre dann ein ›Schürzenjäger‹ bei Prostituierten –, *mesnage* ›Liebesberuf‹ gibt es außer Antoine Oudin (17. Jh.), der eine Prostituierte »caille coiffée« nennt, keinen zeitgenössischen Beweis. 1145 *gras et reffait:* ›fett und wohlgenährt‹ (Synonymendoppelung). 1147 *Une jacte* könnte auch einen ›Helm‹ meinen, da Trouscaille 1454 im Haus zum »Omme armé« (›Zum bewaffneten Mann‹) wohnte.

CXV 1150 *Perrot Girard*, vereidigter Bader (*Barbier juré*) aus Bourg-la-Reine, unterhielt in dieser Stadt, die nur wenige Kilometer von Paris entfernt auf dem Weg nach Orléans liegt, eine Art Absteige, wo Villon vielleicht 1455/56 auf der Flucht nach der Ermordung von Philippe Sermoise oder dem Einbruch ins Collège de Navarre logierte. Vermutlich hat die Strophe einen obszönen Doppelsinn: *bacins*, *cocquemart* und womöglich *cochons gras* können auch Bezeichnungen für liederliche Frauen sein, denn die in V. 1157 als Zeugin benannte Äbtissin von Pourras (so heißt ein Weiler in der Nähe des Klosters Port-Royal bei Chevreuse, Dpt. Yvelines), Huguette du Hamel, war seit 1455 im Besitz dieser Würde und wurde später (1463) wegen ihres schlimmen Lebenswandels abgesetzt. 1153 Die älteren Herausgeber deuten *telle* intensiv: ›weil er sich so sehr bemüht, Geld zu verdienen‹.

CXVI 1158 *Freres mendïans:* ›Bettelmönche‹ (Karmeliter, Franziskaner, Dominikaner und Augustiner). Es beginnen jetzt fünf antimonastische Achtzeiler. Villon greift z. T. wörtlich auf L XXXII zurück. 1159 *Devotes:* identisch mit den *Filles Dieu de Paris* (L 250), deren Mutterhaus auf dem Faubourg Saint-Denis lag und die in Orléans eine Niederlassung unterhielten. 1161 *Turlupins:* eine häretische, z. T. übelbeleumdete Sekte, die im 13. und 14. Jh. in Europa umherzog. Karl V. hatte sie weitgehend ausgeschaltet. Villon wirft hier den Mönchen und Nonnen nicht nur Gefräßigkeit, sondern auch Ketzerei vor. 1162 *souppes jacoppines:* überbackene Käsesuppen; Name eines Rezepts dafür; von mir wegen der Anspielung auf die Jakobiner (Dominikaner von St. Jakob) mit ›Bettlersuppen‹ übersetzt. 1163 *flans:* vgl. V. 251. *faiz oblacïon:* religiöser Terminus, der das Meßopfer meint; so auch *contemplacïon* (V. 1165). 1165 Kaum schon laszive Spiele (»jeux d'alcôve«), sondern hier wohl noch Verbalerotik nach Tisch; *contemplacïon* ist aber lautlich mit *complantation* ›Bepflanzung‹ im erotisch-sexuellen Sinn verwandt.

CXVII Villon greift jetzt V. 255 f. aus L XXXII auf: »Carmes chevauchent noz voisines« – »Wenn Karmeliter unsre Fraun / Besteigen, nein, das ist nicht schlimm!« Hatte Villon in Str. CXVI auch die Nonnen mit einbezogen, hat er jetzt allein die Mönche im Visier. Er spielt mit *beaulx peres* (V. 1170): ›Mönche (= patres): Väter‹, als Erzeuger von Kindern. Es ist dies ein alter Topos der Klerikersatire bei Boccaccio, Chaucer, Rutebeuf, später Rabelais usw. Die Strophe ist durchaus hedonistisch zu deuten: Die *peines ameres* (›bittere Strafen‹) mögen Litaneien sein, meinen aber wohl eher die harten Mönchsgelübde; so ist auch der Appell an das Leben (V. 1170) zu verstehen.

CXVIII 1174 *Quoy que:* keine konzessive Konjunktion, sondern noch im alten Sinn ›alles, was Magister Jehan de Poullieu darüber sagen wollte; was auch immer ...‹. Bei *Jehan de Poullieu* handelt es sich um Johannes de Poliaco (de Pouilly, Pouilli), einen berühmten Lehrer der Universität von Paris und Prediger, der mehrere gegen die Bettelorden gerichtete Schriften verfaßte, die 1321 durch Papst Johannes XXII. verdammt wurden. Er selber mußte öffentlich widerrufen. Villon stellt sich auf die Seite der Universität wie schon vor ihm Rutebeuf. 1178 *Jehan de Meung:* vgl. *Roman de la Rose*, V. 11 436 ff. 1179 *De leur façon:* gemeint ist: die Lebensweise der Mönche (»sie«). *Mathieu:* Matheolus, ein Kleriker des 13. Jh.s und Verfasser eines über 10000 Verse umfassenden lateinischen Gedichts über seine ehelichen Mißgeschicke (*Liber de infortunio suo* bzw. *Liber Lamentationum Matheoluli*), das 1372 von Jean Le Fèvre ins Französische übersetzt und später (gedruckt 1492) sehr populär wurde. 1180f. Diese Bemerkung trieft vor Hohn!

CXIX 1188 *il ne fault pas dire:* richtig, wie R/H angeben: ›il n'y a pas besoin de dire‹, nicht wie Michel: ›il n'en faut rien dire‹ oder die deutsche Übersetzung von Küchler, die konstruiert: ›il ne faut pas dire, se gens sont ...‹ – »man soll nicht sprechen, wenn Leute da sind, rachbereit«.

CXX Der Sinn dieser Strophe ist nicht ganz klar. Sie baut auf einer Interpretatio nominis auf, denn Bruder Baude de la Mare, der von 1457 bis 1471 im Kloster der Karmeliter an der Place Maubert nachweisbar ist, leitet seinen Namen aus dem germanischen Wort **baltha* ›kühn‹ (wie engl. *bold*) her. Dem entsprechen als Legat die Waffen (mit sexueller Konnotation?); die deutsche Übersetzung vermag das Wortspiel (V. 1192) nicht wiederzugeben, zumal *baud* an *ribaud* ›lasterhaft, ausschweifend‹ anklingt. 1194 *Detusca:* vermutlich eine Deformation des Namens von Jean Turquant, »lieutenant criminel du prévôt« (seit 1436), der in der 5. »Ballade en jargon« als »Ostac« vorkommt. 1195 *caige vert: caige* ›nature de la femme‹ (hier: Prostituierte); *vert* ›coureuse‹; ›grün‹ war die Farbe der Prostitution; ein Bordell an der Porte Saint-Jacques hieß »le Panier vert«, eines in Toulouse »Châtel-vert«. Gegenüber dem Karmeliterkloster lag ein übelbeleumdetes Lokal mit einem Käfig als Wirtshausschild. Die Interpreten unterstellen, daß Bruder Baldus ein Verhältnis mit einer Dirne hatte, dem der Polizeileutnant Detusca (Turquant) entweder ein Ende bereiten oder die er für sich haben wollte. 1196 *ne se rent aux armes:* ›s'il ne s'avoue pas vaincu‹, ›wenn er sich nicht geschlagen gibt‹ (mit sexueller Konnotation für *armes*). 1197 *le deable de Vauvert:* Ein Geist machte ein königliches Gebäude (»le manoir de Vauvert«, das von Philippe-Auguste erbaut worden war) in der Nähe des heutigen Observatoriums unsicher, das daraufhin verlassen wurde und verfiel. Der Weg dorthin hieß Rue de l'Enfer. Saint Louis schenkte es 1257 den Kartäusern, worauf der Spuk verstummte. Der Teufel blieb sprichwörtlich für seine Hartnäckigkeit, daher das Sprichwort »aller au diable au vert (= de Vauvert)« (vgl. Anm. zu V. 238). Die Zeile besagt, daß er (sexuell) unermüdlich ist.

CXXI 1198 *le seelleur:* ›der Siegelbewahrer‹; er hieß Richard de la Palu, »maître ès arts et prêtre«. Villon hatte vielleicht mit ihm wegen eines Prozesses im Offizialgericht zu tun. Man erfährt in dieser Strophe manches Detail des Siegelns: Das Wachs wurde im Mund weich gemacht, das Siegel mit Speichel benetzt, damit es nicht klebte, und es mußte mit einem einzigen Daumendruck abgedrückt werden.

CXXII 1206 *auditeurs:* ›Staatsräte beim Rechnungshof‹ (von Philipp dem Schönen eingesetzt); hier: ›bischöfliche Räte und Gerichtsschreiber‹. 1207 *granche:* ›Scheuer‹; das Gebäude des Rechnungshofs in der Nähe der Sainte Chapelle galt als baufällig und diente noch bis 1504. 1208 *les culz rongneux:* vermutlich ›Hämorrhoiden‹, oder eine Anspielung auf sexuelle Laster? 1210 f. *la petite Macee / D'Orleans:* Gemeint ist der Richter Macé d'Orléans, »lieutenant du bailli de Berry au siège d'Issoudun«, der ein Streithansel war und wohl Villon einmal angezeigt oder verhaftet hatte. Zum gegenwärtigen Zeitpunkt hat er selber einen Rechtsstreit, und Villon wünscht ihm strenge Richter. Das Femininum ist Hohn: er schwätzt entweder wie ein Weib, ist feige oder pervers. *seinture:* ›Gürtel‹ (i. S. v. ›Geldkatze‹), vielleicht aber auch komisch für den ›heiligmäßigen geistlichen Stand‹, der Villon in Orléans offenkundig genommen wurde.

CXXIII 1214–37: Hatte Villon in Str. LXXIV die Richter des Offizialats, des bischöflichen Gerichts in Bourges, geschmäht, die ihn in Meung eingekerkert hatten, schont er jetzt in drei Strophen auch die von Paris nicht. 1214 f. *maistre Françoys ... de la Vacquerie:* Er wird 1436 »maître ès arts«, 1442 Lizentiat im Kirchenrecht, war »promoteur« (Ankläger) und wird letztmalig 1470 erwähnt. Er galt als streng und wurde 1464 fast von einem Kleriker getötet, der sich unschuldig von ihm angeklagt fühlte. 1216 *hault gorgerin:* eigtl. ›Halsschutz des Helms‹, im Gegensatz zum *hauberc* ›Halsberge, Halsschutz des Brustpanzers‹, wie ihn die Schotten, die unter Ludwig XI. die königliche Garde stellten, trugen. 1217 *sans orfaverie:* ›ohne Goldschmiedezierat‹; hier wird deutlich, daß es sich um ein Wortspiel handelt: Villon meint mit dem ›Halsstück‹ einen Strick, an dem François de la Vacquerie ›hoch‹ hängen oder der ihm den Hals ›längen‹ soll. 1218 *receut chevallerye:* die *collée*, ›der Ritterschlag auf den Hals‹, hier jedoch wörtlich gemeint: ›ein Überfall mit Prügel‹; aber wir kennen die Einzelheiten nicht. 1219 *saint George:* Der hl. Georg aus Kappadokien war einer der populärsten

Heiligen des MA und war zuständig für Waffenschmiede, Schützen, Reiter und seit den Kreuzzügen für die Ritter ganz allgemein.

CXXIV 1222 *Jehan Laurens:* ebenfalls Ankläger (»promoteur de l'Evêché«); er kommt im *Kleinen Testament* noch nicht vor, denn Villon lernte ihn erst 1458 kennen, als er Guy Tabarie, Villons Komplizen beim Einbruch ins Collège de Navarre, verhörte. 1223 *les ... yeulx si rouges:* Rote Augen gelten als Zeichen von Trunksucht oder Erbkrankheit bei Trunksucht der Eltern. 1225 *boivent:* Praesens historicum. 1226 *l'envers:* Man muß sich die ›Innenseite‹ abgenutzt und rauh vorstellen. 1228 *arcevesque de Bourges:* Erzbischof von Bourges war Jean Coeur, der Sohn von Jacques C. (V. 285), der als einer der reichsten Männer seiner Zeit galt.

CXXV 1230 *Jehan Cotart:* Er wurde bereits V. 34 erwähnt; 1455 war er »procureur en cour d'Eglise«, d. h. Rechtsbeistand, aber von 1460 bis zu seinem Tod am 9. Januar 1461 (n. St.) war er als »promoteur de l'archidiacre« eine Art Untersuchungsrichter. In welcher Eigenschaft Villon mit ihm zu tun hatte, wissen wir nicht. Meine Übersetzung »Anwalt« (›Rechtsanwalt‹ oder ›Staatsanwalt‹) läßt dies offen. Er war selber nicht ganz unbescholten, denn 1451 verbüßte er eine Strafe im Châtelet; 1455–59 wurde er beschuldigt, hinterlegten Schmuck unterschlagen zu haben. 1232 *ung patart:* wertlose Kleinmünze aus Flandern und Artois. Die Münze wurde 1435 von Philipp dem Guten in Umlauf gesetzt. 1234 *chicaner:* ›vorladen, vor Gericht zitieren‹; über diese »Denise« (wohl ein Allerweltsname) und die Hintergründe des Prozesses ist nichts bekannt. Der Mann, der Cotart wegen des Schmuckdiebstahls belangte, hieß Charles Dyonis. R/H vermuten (S. 180), daß sich hier vielleicht eine Anspielung auf diese Angelegenheit verbirgt. Sollte Villon mit ihm zusammengearbeitet haben?

Ballade 1238–65 Die »Ballade et oroison« (Marot) ist weniger dazu gedacht, Cotarts Andenken zu verunglimpfen, als dem Säufer allgemein seine Sympathie zu bezeugen und ihm freies Geleit ins Paradies zu sichern. Sie hat eine ähnliche Tendenz wie die »Ballade pour prier Notre-Dame« (V. 873–909). – Vorläufer finden sich in der goliardischen mittelalterlichen Lyrik, z. B. in der *Confessio Goliae* das berühmte »Meum est propositum in taberna mori«.
1238 *Pere Noé:* vgl. 1. Mose 9,20 »Coepitque Noë vir agricola, exercere terram et plantavit vineam« – »Noach wurde der erste Ackerbauer und pflanzte einen Weinberg«. *qui plantastes:* im Deutschen »du«, im Frz. »vous« (vgl. etwa das Vaterunser in beiden

Sprachen). 1239 *Loth:* Nach der Zerstörung Sodoms zog sich Loth in eine Höhle (*ou rocher*) zurück, wo ihn seine Töchter betrunken machten und von ihm Kinder empfingen (1. Mose 19,30–38). 1240 *engingne:* ›täuscht‹; nicht zu *engendre* ›erzeugen‹ wie in den deutschen Übersetzungen, z. B. Löpelmann: »von ihm kommt alles Leben«. 1243 *Archedeclin:* Mißverständnis nach Joh. 2,8 (»Hochzeit zu Kana«): »Et dicit eis Iesus: Haurite nunc et ferte architriclino« – »Schöpft jetzt, und bringt es dem, der für das Festmahl verantwortlich ist (dem Tafelaufseher)«; die mittelalterliche Legende hielt diesen Titel fälschlich für den Eigennamen des Bräutigams. 1244 *prescher:* R/H: »annoncer«; Hs. I,A und F: »percher« (›donner une place, établir‹); beide Lösungen bedeuten in jedem Fall nicht ›beten für‹, sondern ›ankündigen‹ oder ›einen Platz zuweisen‹.

1249 *archer:* Wortspiel: ›Bogenschütze‹ bzw. ›Zecher‹; Cotart kämpft also in vorderster Front!

1257 *pour la pie juchier:* Lesart von R/H zu *pie* ›boisson‹; die Wendung besagt soviel wie »mettre la pie sur son perchoir« i. S. v. »cuver son vin«, ›seinen Rausch ausschlafen‹ (*jucher* ›sich ausruhen‹); die Handschriften I, A und F haben »a l'estal d'un boucher« (›an der Auslage eines Fleischers‹); ich bevorzuge mit R/H die Lectio difficilior und versuche, das Wortspiel mit »kippen« wiederzugegeben.

1262 *il n'eust sceu … cracher:* weil er zu großen Durst und nicht genug Speichel hatte.

CXXVI 1266 *le jeune Marle:* Man weiß nicht, ob antiphrastisch der ›alte‹ Marle (auch: Merle), d. h. der Wechsler Jean le Merle (gest. 12. Januar 1462, n. St.) gemeint ist oder sein Sohn Germain, der seit 1457 als Geldverleiher auf dem »grant Pont« nachgewiesen ist. Infolge des Hundertjährigen Kriegs und der territorialen Zerrissenheit zirkulierten diverse Geldsorten und war der Beruf des Wechslers für den reibungslosen Ablauf des alltäglichen Lebens notwendig. Villon will zeigen, daß die Wechsler unehrlich sind und, die Unwissenheit ihrer Kunden schamlos ausnutzend, zu wenige oder außer Kurs gesetzte Münzen herausgeben, aber *changer* muß hier noch eine andere Bedeutung haben im Sinne von ›verkuppeln, Frauen tauschen‹! Natürlich hat der Dichter gar kein Geld. – Diese und die folgenden Strophen zielen alle auf Geldwechsler, Wucherer und Pfandleiher. 1271 *troys escus:* ›drei Golddukaten‹; der Golddukat war 20 *sols tournois* oder 300 *deniers* wert; die *brecte targe*, eine Silbermünze der Herzöge von Bretagne, nur 10 Deniers; für 700 Deniers gibt er also nur 60 heraus! *écu* und *targe* haben aber auch obszönen Sinn: *targe phallique* ›männliches Glied‹ und *écu* ›natura feminae‹. 1272 *angelotz:* Goldmünze mit dem Bild des Erzengels Michael, der den Drachen besiegt; sie war von Heinrich VI. von England von 1422 bis 1453 in Frankreich geprägt worden; Karl VII. setzte sie außer Kurs. Ludwig XI. ließ ab 1469 halbe Angeloten prägen. Der *grant ange* wurde ab 1400 von Wilhelm IV. vom Hennegau geprägt; aber bereits 1341 hatte Philipp VI. eine solche Münze mit dem beliebten Bild des Drachentöters geschlagen und in Umlauf gebracht. Der Kursunterschied ist nur schwer zu bestimmen. Möglich, daß *angelot* und *ange* auch auf Frauen mit unsolidem Lebenswandel anspielen. 1273 *amans:* entweder auf Villon und seine Lebensführung gemünzt – dann wäre die Zeile ironisch gemeint – oder auf Marle, dann würde ihm bei seinem Geiz und seinen Betrügereien die Liebesfähigkeit überhaupt abgesprochen.

CXXVII 1274 *ce voyaige:* Entweder ist die Zeit seiner Abwesenheit aus Paris von 1456 bis 1461 gemeint oder der kurze Aufenthalt in der Hauptstadt 1461, bevor Villon das »Testament« schrieb. 1275 *mes troys povres orphelins:* vgl. L XXV f., die Wucherer Colin Laurens, Girard Gossouyn und Jean Marceau (L 201 f.). Als arme junge Waisen antiphrastisch verspottet, führt Villon dieses Spiel hier fort und läßt sie in die Schule (= des Lebens) gehen. 1277 *belins:* ›Hammel, Schöps‹, zu *bêler* ›blöken‹. 1278 *Salins:* Stadt in Burgund, Zentrum des Salzhandels; sie wird genannt, weil die drei als Salzspekulanten ihr Geld gemacht haben. 1279 *tour d'escolle:* Wortspiel: ›astuce, ruse‹ (›List‹), aber auch ›Schulbesuch‹. 1280 *Mathelins:* auch *Mathurins*, ›Mathuriner‹ oder ›Trinitarier‹, Orden, dessen Aufgabe die Auslösung von Kriegsgefangenen war. Benannt wurden sie nach Jean de Matha, der den Orden 1198 gegründet hatte. Seit 1212 besaßen sie in Paris eine Kapelle, die St. Mathurin, dem Schutzpatron der Narren, gewidmet war. Die Zeile macht nur Sinn, wenn man finanzielle Transaktionen zwischen den Wucherern und dem Orden unterstellt. Darauf deutet das *or* (eigtl. ›nun‹) bzw. *par l'ordre* hin, was soviel wie ›auf Geheiß‹, aber auch ›durch den Orden‹ heißen kann; vgl. im übrigen Rabelais, *Cinquiesme Livre*, Kap. 12, Grippeminauds berühmtes »orça, orça« (éd. Demerson, S. 821).

CXXVIII 1283 *Pierre Richier:* Magister der Theologie und Leiter einer Privatschule für Knaben; gest. 1462/63. In seinem Namen steckt das Element *riche* ›reich‹. 1284 *Le Donat:* Aelius Donatus (4. Jh. n. Chr.) verfaßte ein Lehrbuch *De octo partibus orationis*, das bis ins Spätmittelalter hinein in Gebrauch war, um die Anfänge der lateinischen Grammatik zu lehren. Hier macht Villon ein Wortspiel mit lat. *donare* ›geben‹; die geizigen Wucherer ›verschenken‹ nichts! 1287 *Ave salus, tiby decus:* Parodie eines Marienhymnus; wegen des darauf dargestellten Englischen Grußes hießen aber auch einige französische Goldmünzen unter Karl VI., Heinrich V. und Heinrich VI. sowie Karl VII. *saluts*. So kann man die Zeile übersetzen: ›Salut: Salut d'or, à toi l'honneur‹ – ›Sei gegrüßt, du Goldukat, denn dir gebührt die Ehre!‹ 1289 *clercs:* im MA der Kleriker, der Studierte und der Gebildete allgemein. Vielleicht eine historische Anspielung auf den Streit zwischen den Klerikern der Universität von Paris und dem Gelehrten Fernando de Córdoba (1420 bis Anfang des 15. Jh.s) im Jahr 1445, den die Franzosen verloren.

CXXIX 1292 *credo:* wieder doppeldeutig: das ›apostolische Glaubensbekenntnis‹ bzw. die ›langfristige Kreditgewährung‹; *entendre:* ›anhören‹ bzw. ›verstehen‹. 1294 Anspielung auf den populärsten französischen Heiligen, Martin von Tours, der der Legende zufolge als Soldat vor den Toren von Amiens seinen Mantel mit einem frierenden Bettler teilte. Wenn Villon sich hier mit ihm vergleicht, resultiert die Vis comica daraus, daß er vermutlich gar keinen Mantel besitzt und ihn obendrein noch mit reichen Wucherern teilen will. 1296 *flans:* nicht nur ›Pudding‹ (aus Milch und gestockten Eiern), sondern auch ›der Schrötling, die Münzplatte‹, in die das Münzbild geprägt wird.

CXXX 1298–1305 Villon entwirft das Bild angepaßter Knaben, die, was üblich war, körperlich gezüchtigt und auf Gehorsam gedrillt wurden. Die Demutsgesten (V. 1299 f.) kann man auch wieder anders deuten: die tief in die Stirn gezogenen Mützen erinnern an Strauchdiebe, die Hände am Gürtel sollen das Geld festhalten. 1300 *enformez:* Lanly übersetzt ›à armature‹, ›mit einem Gestell darin‹ (zu *forme*); R/H deuten als ›enfoncés‹, ›in die Stirn gedrückt‹.

CXXXI 1306 Ich lese mit R/H »a mes povres clergons« statt »et« und konstruiere weiter (V. 1310): »sans (= cens) recevoir leur assigné« – i. S. v. nfrz. »attribuai« –; die beiden armen Kleriker sind *maistre Guillaume Cotin* und *maistre Thibault de Victry* aus L 217 f. Villon übernimmt große Teile dieser Strophe; die beiden waren steinreiche und hochbetagte Parlamentsräte und Kanoniker von

Notre-Dame; alle Anspielungen sind wieder ironisch zu verstehen und antiphrastisch gemeint. Villon mokiert sich über den Klerus von Notre-Dame und macht damit dem Kapitel von Saint-Benoît-le-Bétourné eine Freude, dem sein Adoptivvater Guillaume de Villon angehört. 1307 *mes tiltres:* vgl. L 209 ff. (seine Universitätsdiplome) und L 223 ff. (G. Gueuldrys Haus). 1310 *Sans recevoir:* doppeldeutig: L 222 hat noch »cens recevoir«, hier: ›ohne etwas zu bekommen‹ versus ›Zinsen zu bekommen‹. 1312 Es handelt sich um das Haus, welches das Kapitel von Saint-Benoît dem Fleischer Laurent Gueuldry vermietet hatte und welches zuvor an einen gewissen Guillaume verpachtet gewesen war. Für den Grund und Boden hätte Gueuldry auch noch an Notre-Dame zahlen müssen; er zahlte jedoch keinem etwas.

CXXXII 1314–21 Villon fährt in derselben Weise fort wie in der vorangehenden Strophe. Die vorliegende Strophe scheint darauf zu verweisen, daß die beiden Alten (wegen ihres Geizes?) einmal Prügel bezogen haben, denn von *esbatans* (V. 1314) ›mutwillig, ausgelassen‹, in dem *battre* ›schlagen‹ anklingt, führt eine gerade Linie zu *bat ne fiert* (V. 1320). Villon bleibt aber auch noch im Bild der zu erziehenden Schulkinder, die Prügel bekommen.

CXXXIII 1322 *Dix et Huit Clercs:* Das Collège der »Dix et Huit Clercs« war eines der ältesten Collèges in Paris und lag neben dem Hôtel-Dieu, also in der Nähe von Notre-Dame. Es sollte 18 alte und kranke Geistliche aufnehmen. Seit 1418 war es jedoch verfallen und z. T. verlassen. Dekan und Kapitel von Notre-Dame hatten eo ipso das Recht, dort Freiplätze zu vergeben. Villon hinterläßt Cotin und de Victry also etwas, worauf sie ohnehin Anspruch haben. Der erste war schwer krank und starb im März 1462 (n. St.); der zweite im März 1464 (n. St.), so daß die Anspielung doppelt boshaft ist. 1324 *loirs:* eigtl. ›Siebenschläfer‹.

CXXXIV 1330 *collateur:* ›Kollator‹, derjenige, der das Recht hat, ein geistliches Amt zu verleihen. 1337 *meres d'eulx:* Homophon mit *merdeux* ›Hosenscheißer, Rotzjunge, Pißnelke‹; Villon will sagen, er sei nicht ihr Vater bzw. ihre Mütter seien unbekannt, was beides gleich beleidigend ist. – Es erstaunt, daß Villon bei der sonstigen Knappheit seiner Legate den beiden vier Strophen widmet. Ihre Beziehungen müssen also intensiver gewesen sein, als wir das heute beurteilen können.

CXXXV 1338 *Michault Cul d'Ou:* Michel C. (auch: Culdoe), geb. 1407, entstammte einer alteingesessenen und steinreichen Pariser Familie; 1440–61 war er Schöffe und 1448 Prevost der »Grande Confrérie aux Bourgeois« der Stadt. Der Name (›Gänsearsch‹) ist schon an sich lächerlich genug. Villon nennt Michel *Michault*, was spöttisch und abwertend ist. 1339 *Charlot Tarrenne* (auch: Taranne) gehörte demselben Milieu an; Villon schuldete beiden wahrscheinlich Geld. 1341 *de manne:* zu 2. Mose 16,31, 4. Mose 11,7 – ›Manna‹, die vom Himmel gefallene Speise; das hebräische Wort bedeutet ›Was ist das?‹. Vielleicht handelt es sich um das genießbare süßliche Harz der heute noch vorkommenden Manna-Tamariske. 1342 *une houlse:* ›Gamasche‹, mit obszönem Nebensinn: ›ein starkes Glied‹. *basenne:* zu okz. *bazana* ›Schafsleder‹. 1344 *salueront:* Euphemismus! Die Adressaten sind alt und impotent. *Jehanne:* ›Johanna‹, als Allerweltsname für eine Frau mit schlechtem Ruf.

CXXXVI 1346 *seigneur de Grigny:* Philippe de Brunel; er war Herr des Dorfs Grigny (Seine et Oise, Kanton Longjumeau, Arr. Corbeil), ein Streithahn und Prozeßhansel. Villon hatte ihm in L 137–144 das alte Schloß Bicêtre bei Gentilly vermacht, das so nach seinem Erbauer Jean de Pointoise, Bischof von Winchester (um 1285), genannt wurde und im Volksmund auch »la grange aux gueux« (›die Bettlerscheune‹) hieß; dazu das ebenfalls heruntergekommene Schloß Nigeon (Nigon) am rechten Ufer der Seine zwischen Chaillot und Passy. Der Legatar kommt wiederum in T 1941 vor. 1348 *la tour de Billy:* einer der Türme der alten Stadtmauer im Zölestinerviertel; der Orden führte mit der Stadt Paris um seinen Besitz einen Prozeß – beide Legate sind also unbrauchbar. 1351 Der Aufbau lohnt sich also nicht; zudem hat der Legatar auch kein Geld.

CXXXVII 1354 *Thibault de la Garde*, in Wirklichkeit Jehan de la Garde, war bereits in L XXXIII mit einem Wirtshausschild oder einer Hausmarke, dem »Mortier d'or« (›Zum goldenen Mörser‹) bedacht worden (L 257 ff.). Beide Vornamen können soviel wie ›cornart, cocu‹ (›Hahnrei‹) bedeuten. Er soll demnach im Wirtshaus seinen Kummer ertränken. Jehan de la Garde war »épicier«, reicher Kaufmann; in T 1919 soll er zusammen mit anderen für Villon die Totenglocke (»le gros beffroi, le gros bourdon de Notre-Dame«, auch »la Jacqueline« genannt), läuten. 1358 *Dieu y vueille pourvoir:* auf V. 1357 bezogen; andere Lesart: »Dieu le veuille«, d. h. ›Gott soll ihm etwas geben‹, denn Villon will ihm nichts hinterlassen. 1359 *Le Barillet:* ›Das Fäßchen‹, Taverne im Quartier Saint-

Martin unweit der Geflügelhandlung der Machecoue. 1360 *Genevoys:* Pierre G. war 1454 Prokurator am Châtelet, starb aber bereits am 30. April 1460, so daß sein Bruder Etienne, ebenfalls Prokurator, gemeint sein könnte, es sei denn, Villon machte sich den makabren Scherz (*est plus ancïen*), einem Toten etwas zu hinterlassen. 1361 wörtl.: ›und hat eine schönere Nase, um dort zu saufen‹.

CXXXVIII Villon wendet sich jetzt den Juristen am Châtelet, dem Sitz der Pariser Stadtgerichtsbarkeit, zu. 1362–66 *Basennier / Mautaint:* Pierre B. war bereits in L XXI zusammen mit Jehan Mautaint bedacht worden, und zwar mit »le gré du seigneur«, ›dem Wohlwollen ihres Herrn‹. Basennier (auch: Basanier) war Notar und Schreiber (»greffier civil et criminel«); Jean Mautaint Untersuchungsrichter (»examinateur«). 1364 *giroffle:* ›Gewürznelken‹; dies war ein teures Gewürz, galt aber auch als Aphrodisiakum und sexuelles Stimulans. Das Geschenk soll die Juristen hier nicht sexuell, sondern moralisch – und darin liegt die Pointe – anspornen (V. 1367), ihrem Herrn treu zu dienen, was vielleicht nicht immer der Fall war. 1365 *Jehan de Rüeil:* Er war Auditor (Richter); sein Bruder war Kaufmann (»épicier«), so daß er als Bezugsquelle der »Nelken« gut in Frage kommt. Hier wird auch der Bogen zu Str. CXXXVII geschlagen. 1366 *Rosnel:* Nicolas R. wird 1453 ebenfalls als Untersuchungsrichter (»examinateur«) am Châtelet erwähnt. – Auffällig ist, daß die Eigennamen der Legatare *Basennier* (›teint basanné‹, ›sonnengebräunt‹), *Mautaint* (›mauvais teint‹) und *Rosnel* (›roux‹, ›rotgesichtig‹) gemeinsam haben, den *mau hasle* (V. 1722 f.), die ›Sonnenschwärzung der Gehenkten, der Galgenstricke‹, herbeizuführen. 1369 *Le seigneur qui sert saint Christofle:* ›der Herr, der dem hl. Christophorus dient‹; es handelt sich um den am 1. September 1461 abgesetzten Prevost Robert d'Estouteville, den Villon zu schätzen scheint. Wenn er dem hl. Christophorus dient, dem in Notre-Dame ein großes Bild geweiht war, kann das mehreres bedeuten: Wer ein Bild des Heiligen betrachtete, konnte nach mittelalterlichem Glauben an demselben Tag nicht mehr eines unvermittelten Todes sterben (v. Wurzbach); vielleicht ist aber nur gemeint, daß d'Estouteville mit Ambroise de Loré eine keusche Ehe führte, denn der Heilige hatte zwei Versucherinnen widerstanden (Lanly).

CXXXIX 1371 *sa dame:* Ambroise de Loré, deren Name als Akrostichon aus den Anfangsbuchstaben der ersten 14 Zeilen der folgenden Ballade gebildet wird, war die Tochter des Barons von

Ivry. Beim Turnier (*pas*, V. 1374; gemeint ist ›le pas d'armes‹), welches René, Herzog von Anjou und König von Sizilien, ein Onkel Ludwigs XI., der ihn 1480 allerdings absetzte, 1446 in Saumur veranstaltete, wäre Ambroise de Loré der Turnierpreis gewesen. 1374 Robert d'Estouteville siegte gegen den Dichter Louis de Beauvau (1410–62), gleichzeitig »sénéchal d'Anjou« (ab 1445). Er hatte für König René den *Filostrato* von Boccaccio übersetzt (*Roman de Troyle et Criseida*, 1454), der von der unglücklichen Liebe des Troilus handelt, des jüngsten Sohns des Priamus und der Hekuba, den Briseida (Briseis) um des Diomedes willen verläßt. Im Vorwort der Übersetzung spielt Beauvau auf sein Unglück im Turnier an. Troilus galt als besonders schüchtern, Hektor als besonders tapfer, so daß Villon seinem Gönner d'Estouteville die Eigenschaften zweier trojanischer Helden beilegt.

Ballade 1378–1405 Marot nennt sie »Ballade que Villon donna a un gentilhomme nouvellement marié pour l'envoyer a son espouse par luy conquise a l'espee« (»Ballade, die Villon einem frischvermählten Edelmann vermachte, um sie seiner Gemahlin zu schicken, die er mit dem Schwert erobert hatte«). 1380 *Bruyt:* ›lärmt, zwitschert‹; ältere Herausgeber lesen »broie« ›zerstampft, zermalmt‹, was wenig Sinn gibt, denn warum sollte der Sperber die Drossel schlagen? *la mauviz:* entweder zu lat. *malum vitis* ›Plage des Weinbergs‹ oder zu afrz. *mauve*, wie engl. *mew*, dt. *Möwe*. 1381 *se joinct a sa plume:* ›drängt sich an sein Brustgefieder‹.

1388 *Lorrier:* petrarkistisches Wortspiel mit dem Namen der Herrin (wie *Laura/lauro*; vgl. *Canzoniere*, Nr. 30, 67, 180, 188 u. ö.). *combat:* Robert d'Estouteville war von Karl VII. 1460 eingekerkert worden, weil er mit Philipp dem Guten Kontakte unterhielt, und am 1. September 1461 von Ludwig XI. abgesetzt worden, bei dem er in Ungnade gefallen war. 1389 *Olivier franc:* hier: ›ungepfropfter Ölbaum‹; vgl. Röm. 11,16–24; 2. Mose 15,22–25.

1394–1401 Das Akrostichon sollte ursprünglich wohl weiter gehen: Der Anfang der dritten Strophe ergibt EPVNSE DE (= épouse de *d'Es*touteville?); der der zweiten ließe sich noch als DE LORE*DE* lesen. Es handelt sich um ein traditionelles Liebesgedicht: Ambroise de Loré wird als Drossel, ihr Mann als Sperber dargestellt, das Lied dem Mann (sic!) in den Mund gelegt. Die Rolle der Frau wird teils traditionell (dritte Strophe) als Mutter und Gebärerin (vgl. die Metaphorik des Säens, V. 1398 ff.), teils modern gesehen, wenn sie für den in Ungnade gefallenen Gatten kämpft (V. 1388).

CXL 1406 *Jehan Perdriel:* wie sein jüngerer Bruder (*son second frere*, V. 1407) Françoys Sohn eines reichen Geldwechslers und Bürgers von Paris; Jean war »concierge du château royal des Loges en la forêt de Saint-Germain« (1464); Françoys »clerc de finances«; letzterer wurde 1461 beauftragt, die Beisetzung Karls VII. durchzuführen. 1408 f. antiphrastisch! 1411 Der Sinn ist nicht ganz klar, denn es gibt zwei Möglichkeiten der Übersetzung: *langues cuisans, flanbans et rouges* ist entweder Apposition zu V. 1410; *a Bourges* (V. 1413) könnte dann eine Person sein, die als ›böse Zunge‹ bezeichnet wird, z. B. der Erzbischof, dessen Jurisdiktion Villon übergeben wurde. Gegen diese Lösung spricht, daß *langues* im Plural steht. Ich fasse daher V. 1411 mit den meisten Kommentatoren als Objekt zu *me recommanda* (V. 1413) auf. Aber was genau ist gemeint? Bildet Villon eine Interpretatio nominis mit *perdriel* ›Rebhuhn‹, dessen ›Zungen‹ verspeist werden sollen? *langues* ist, wie auch im Deutschen, eine Speise; es kann aber auch die ›züngelnden Flammen‹ des Scheiterhaufens bzw. die aufgenähten Flammenzeichen auf den Kleidern von Ketzern und Verleumdern bedeuten. Wie Str. CXLI und auch die anschließende Ballade lehren, geht es um ein (Koch-)Rezept. Françoys Perdriel bekommt kein Legat, obwohl (oder gerade weil) er Villon in Bourges ›brennende Zungen‹ empfohlen hat. 1412 Offenbar hat Villon darum gebeten!

CXLI 1414 *Taillevant:* Guillaume Tirel, genannt Taillevant oder Taillevent (1326–98); er war Küchenmeister Philipps VI. und »premier écuyer de cuisine« Karls VI.; er ist der Verfasser des ersten bekannten Kochbuchs der Moderne, des *Viandier.* 1416 *derriere et devant:* ›verso et recto‹. 1418 *Macquaire:* Man weiß nicht genau, wer gemeint ist: Im *Martyre de saint Baccus* (1318) kommt ein Koch Macaire vor – »c'est le keu Macaire / Et tous jors oevre par contraire« –, doch fehlen Einzelheiten. Dann gibt es den hl. Makarius (Machaire) von Alexandrien, der im MA sehr populär war (*Legenda aurea*, Kap. 18); in den Chansons de geste (*Huon de Bordeaux*, *Fierabras*, *Aïol*) wird ein Verräter Macaire genannt, insbes. in der *Chanson de la Reine Sibile*, wo er Karl den Großen überzeugen will, seine junge Frau Sibylle habe ihn betrogen und müsse verbrannt werden. Aber alle diese Hinweise erlauben nicht wirklich, die Strophe zu deuten.

Ballade 1422–56 Marot hat dieser Ballade keinen Namen gegeben; sie wird gelegentlich als »Ballade des langues ennuyeuses« (»Ballade von den Lästerzungen«) tituliert. Villon hatte in Str. CXL Françoys Perdriel nichts vermacht, weil er ihm, Villon, in Bourges ›brennende Zungen‹ empfohlen, d. h. ihn mit Verleumdern in Beziehung gebracht hatte, die ihm schadeten. Jetzt wird das Rezept des Kochs Macquaire abgedruckt, wie derartige ›Lästerzungen‹ behandelt und zubereitet werden sollen. Villon kennt sich gut in den Ingredienzen und Zutaten der Alchimisten aus und kombiniert sie mit allerlei widerlichen Ausdünstungen und Körpersekreten. 1422 *rïagal:* roter Schwefelarsenik, Akonit. *alcenic rocher:* pulverisierter Arsenik. 1423 *orpiment:* Operment, Auripigment, gelber Schwefelarsenik. 1425 *suye:* ›Ruß‹; ältere Ausgaben haben »suif« (›Talg‹). 1428 *raclure*: eigtl. ›das Abgekratzte‹; hier: ›Hornspäne, Hornhaut‹.

1432 *qui hait pescher:* ›die es haßt, fischen zu gehen‹; gemeint ist, daß sie das Wasser scheut. 1437 *Detrenchee menu a bons cyseaux:* Die Zeile kann sich entweder auf *mulle* beziehen (meine Lösung) – ›das am ganzen Leib mit einer scharfen Schere mit Schnitten versehen ist‹, was vielleicht bedeutet, daß das Tier auf diese Weise angetrieben wird –, oder auf *l'escume*, den Schaum, der so zäh ist, daß er ›mit der Schere kleingeschnitten werden muß‹.

1443 *nombril:* nicht nur ›Nabel‹, sondern auch ›Anus‹ (FEW XIV, S. 18). 1445 *quant plaine lune arrive:* Der ›Vollmond‹ galt als günstiger Zeitpunkt für Aderlasse. 1446 Das Blut wurde in den Becken der Bader stehengelassen, bis es verweste. Eine »ordonnance« Karls VII. vom 19. Mai 1438, welche die Privilegien der Bader von Paris bestätigt, trug ihnen jedoch auf, das Blut aus Aderlassen möglichst schnell zu beseitigen (»dedans une heure après-midi«). 1447 *chancre:* ›syphilitisches Geschwür‹, wie dt. *Schanker*. *fix:* ›Feigwarze‹ (meist an den Geschlechtsteilen).

CXLII 1457 *Andry Courault* war 1454 und 1458 Prokurator am Parlament und 1455 »conseiller du roi au Trésor«; er stammte vermutlich aus dem Anjou und zählte mehrere Angevins unter seine Mandanten, darunter Thibault d'Aucigny sowie König René. Wahrscheinlich hatte er Villon dem König oder seiner Umgebung empfohlen, jedoch ohne Erfolg. 1458 Philippe de Vitry, Bischof von Meaux (1291–1361), hatte in einem Gedicht, das man später *Les Ditz de Franc-Gontier* nannte, das Landleben verherrlicht. Franc Gontier war der Held dieses in der *Georgica*-Tradition stehenden Werks und war sprichwörtlich geworden, denn man bezeichnete eine ländliche Idylle als »vie de Franc Gontier«. 1459 Die Gestalt des *tirant seant en hault* sollte laut Marot in einer nicht mehr erhaltenen frühen anonymen Parodie des *Franc-Gontier*, den sog. *Contreditz de Franc-Gontier*, vorgekommen sein, aber vermutlich bezieht sich Villon hier auf eine Dichtung des Kardinals Pierre d'Ailly (1350–1420), *Combien est misérable la vie du tyran*, in der das gefährliche Leben des Tyrannen in seinem Palast geschildert wird. Villon bestreitet das Glück des Landlebens und will sich mit den Mächtigen, den Tyrannen, keinesfalls anlegen. Seine Idealvorstellung wird durch den »gras chanoine« der nächsten Ballade verkörpert, der so gut lebt, wie Villon sich das für sich erträumt. 1461 *Le Saige:* Gemeint ist Jesus Sirach, vgl. Sir. 8,1 f.: »Non litiges cum homine potente, ne forte incidas in manus illius« – »Streite nicht mit einem Mächtigen, damit du ihm nicht in die Hände fällst«.

Ballade 1473–1507 Marot nennt die Ballade »Les Contreditz de Franc Gontier« (»Widerlegung von Franc Gontier«). Es fällt auf, daß Villon als Städter bereits völlig unempfindlich für die Reize des Landlebens ist; er delektiert sich nur an gehobener Wohn- und Eßkultur bzw. an sinnlichen Reizen. Die Ballade ist kunstvoll gebaut, denn das Ich wird erst in V. 1480 eingeführt, wo sich der Voyeur zu erkennen gibt, der den Kanonikus und seine Geliebte Sidoine beobachtet. 1474 *bien natee:* ›gut mit Matten ausgelegt‹; dieser Brauch kam im 14. Jh. auf, um die Wohnqualität zu erhöhen, und geht Stoffbespannungen und Tapeten voraus. 1475 *Sidoine:* abgeleitet von der phönizischen Stadt Sidon, deren Bewohner im Altertum wegen ihrer Üppigkeit berüchtigt waren (v. Wurzbach), vielleicht aber auch eine Reminiszenz aus dem anglonormannischen Roman *Ponthus et la belle Sidoine* (1372–90), der den Stoff von Horn und Rimenhild im französischen Sprachraum bekanntmachte und im 15. Jh. äußerst populär war. Der Verfasser ist möglicherweise Geoffrey de la Tour Landry. 1477 *ypocras:* Hypokras, Gewürzwein; eine Art Punsch aus erwärmtem Rotwein, Honig, Zimt, Ingwer, Nelken usw. mit aphrodisischer Wirkung. 1480 *trou de mortaise:* ›Zapfenloch‹ (wie nfrz. *mortaise*), Bohrung beim Zusammenfügen mehrerer Holzteile in der Wand.

1486 *N'acontassent:* R/H zu *aconter* ›schätzen‹: ›ils n'auraient pas estimé ognons et ciboules à la valeur d'un toast‹; viel überzeugender sind jedoch Burger, F. Neri und Lanly, die unter Berufung auf die *Ditz de Franc-Gontier* das Wort von ital. *acconciare* ›zubereiten‹

herleiten, auch wenn das Verb ansonsten erst im 16. Jh. belegt ist. In den *Ditz* heißt es: »Ilec mengoit Gontier et dame Helaine ... civet, oingnon, escaloigne froyee / Sur crouste bise, au gros sel, pour mieux boire«. Ich folge dieser Lösung; *oignons, cyvotz*: (V. 1485): ›Zwiebeln‹, ›Lauch‹.

1495 *Babiloyne:* Gemeint ist »Babyloyne d'Egypte«: Kairo; die Vögel stehen als Pars pro toto für die Reize der Natur und des Landlebens, wie wir dies z. B. auch aus der okzitanischen Liebeslyrik kennen.

CXLIV 1507 ff. Es folgen jetzt – etwas unmotiviert – von Str. CXLIV bis einschließlich CLI Legate für verschiedene Frauen, die zusammen mit den Balladen mehr als 100 Verse ausmachen. 1508 *Madamoiselle de Bruyeres:* Catherine de B. (gest. 1466), seit 1454 Witwe des Notars Girard de Béthisy; ihr gehörte ab 1443 das Haus »Hotel du Pet-au-Diable«, dessen Eckstein 1451 von einigen Studenten gestohlen wurde (vgl. Villons *Roman du Pet au Deable*, T 858), was zu einem Streit zwischen dem »prévôt de Paris« und den Studenten führte. Villon stellt sie als bigotte Frau dar, die die Freudenmädchen bekehren will. 1510 *bachelieres:* Das Wort wurde von Villon als weibliche Form zu *bachelier* gebildet. 1511 *villotieres:* zu *villoter* ›planlos herumschweifen‹, also ›coureuses‹, ›Streunerinnen‹; häufig auf die Händlerinnen der »Halles« bezogen. 1513 *cymetieres:* Im allgemeinen wurde auf den Friedhöfen gepredigt; aber auf dem Cimetière des Innocents gingen auch einige Damen dem ältesten Gewerbe der Welt nach. 1514 *Merchié au fillé:* der Markt, auf dem Hanf, Garn, Fäden, Strick- und Webwaren usw. verkauft wurden; aber auch lautlicher Anklang an *aux filles*, daher im Deutschen ein Wortspiel mit ›Garn‹ und ›umgarnen‹ möglich.

Ballade 1515–42 Die Ballade trägt bei Marot den Titel »Ballade des femmes de Paris« bzw. »Ballade des Parisiennes« (»Ballade von den Frauen von Paris«). Diese frühe Form der ›Registerarie‹ hat eine lange (komische) Tradition, vgl. z. B. in der italienischen Literatur Cielo d'Alcamos *Rosa fresca aulentissima*, Str. 13 u. ö. 1517 *estre messaigieres:* Die meisten Herausgeber deuten: ›um Kupplerdienste zu übernehmen‹, wogegen die folgende Zeile spricht, da dies traditionell nur den alten Frauen zugeschrieben wird; ich folge R/H: ›um eine Sache erklären und darlegen zu können‹.

1526 *Pruciennes:* Das Adjektiv ist erstmals für 1540 nachgewiesen (P. Robert, *Dictionnaire de la langue Française*, Bd. 7, Paris 1985,

S. 869); der Beleg bei Villon ist demnach wesentlich älter, was kein Kommentator vermerkt. Die Herausgeber entscheiden sich wegen der *Allemandes* für die Lesart *Pruciennes* statt »prouvenciennes« (›Provenzalinnen‹), doch sind Zweifel angebracht, ob Villon diesen Volksstamm wirklich kannte. 1529 *Castellannes:* die Herausgeber übersetzen als ›Katalaninnen‹, da Handschrift A »cathelennes« hat; dafür gibt es jedoch keinen Anhaltspunkt. Spanien meint das Land insgesamt (*Espaignolles*), Kastilien das Königreich gleichen Namens.

1533 Der *Petit Pont* verband die Rue Saint-Jacques und die Ile de la Cité. An dieser Brücke gab es viele kleine Ladengeschäfte; *harengieres:* Kreuzung aus *harengiere* ›Heringsverkäuferin‹ und *harangiere* ›Schwätzerin‹. Montaigne greift dies in den *Essais* auf: »[...] ne faict pas son laquais ou une harangiere du Petit-pont [...] que le meilleur maistre ès arts de France« (I,26). 1534 *Les concluront:* ›werden ihnen den Mund stopfen‹; eigentlich ein Terminus der scholastischen Disputation.

CXLV 1543–46 Waren in der »Ballade« im Anschluß an Str. CXLIV eher die kecken jungen Pariserinnen wegen ihrer Schlagfertigkeit gepriesen worden, werden, außerhalb der Ballade, aber daran anknüpfend, auch die alten gelobt, die den jungen an Klatschsucht nicht nachstehen. Ähnliche Motive finden sich bereits in Str. XLVI und LVI. 1547 *Macrobes:* Ambrosius M. Theodosius Macrobius, um 400 n. Chr., Verfasser der *Saturnalia* und eines Kommentars zu Ciceros *Somnium Scipionis*. Er steht wohl wegen des Reimes hier. 1548 Das Folgende ist ironisch gemeint: die Alten tratschen.

CXLVI 1551 *Montmertre:* Auf dem »Mont des Martyrs« gab es ein Frauenkloster, das 1134 von Ludwig VI. (»le Gros«, ›der Dicke‹) gegründet und im 15. Jh. wegen des sittenlosen Lebens seiner Insassinnen in üblen Verruf geraten war. Auch war das Kloster hoch verschuldet und kaum noch existenzfähig. 1554 *mont Valerïen:* im Westen von Paris (Suresnes) gelegen; hier gab es eine Klause, vielleicht auch schon eine Mönchsniederlassung, wie sie in größerem Umfang erst ab 1660 belegt ist. Wahrscheinlich ist ein Wortspiel *Valerïen* mit *ne valent rien*, d. h. ›sie (die Nonnen) taugen nichts‹. 1556 *pardon:* ›Ablaß‹; Scherz, als Vorwand für das Folgende – es gibt keinen Beleg, daß Villon je in Rom gewesen wäre. 1557 f. Wenn das Kloster Ablässe verteilt, kommen auch Männer, und das ist erlaubt, aber nur dann; V. 1558 ist als Antonomasie zu deuten.

CXLVII 1561 *Feront:* ›sie sollen‹ (mit imperativem Sinn, da es sich um ein Legat handelt). *goyeres:* ›gougère‹, ›Käsekuchen,

Brandteig‹. 1563 *pintes:* Die Pariser Pinte, ein altes Hohlmaß, umfaßte 0,93 l. 1566 *jeu d'asne:* ›Eselsspiel; Eselsritt‹; Hapax legomenon, doch der Esel galt seit alters als Tier der Unzucht und Lüsternheit. Man könnte auch an den ›Eselsritt‹ denken, wobei der Reiter mit dem Gesicht zum Schwanz durch die Stadt getrieben wird. Dies war im MA die Strafe für Ehebrecher. Hier sind zweifellos auch abartige Sexualpraktiken gemeint.

CXLVIII 1569 *rien:* bereits sexuell konnotiert, vgl. V. 1566; den ehrbaren Mädchen wird kein sexuelles Vergnügen konzediert. 1570 Vgl. V. 1559. 1572 *loppins:* vgl. L 156, ›Brocken‹, aber doppeldeutig: ›Speisebrocken‹ und ›männliches Geschlechtsteil‹; vordergründig heißt die Zeile, daß man die Klöster unterstützt statt die Mädchen. 1574 *Qui:* doppelt beziehbar, auf *loppins* und *filles*. Man weiß also nicht, ob die Mädchen im Kloster verlorengehen oder eher die Sexualkraft der Mönche ungenützt bleibt.

CXLIX 1575 *Celestins / Chartreux:* Über diese Orden sowie über den der *Jacoppins* (V. 1574) s. Anm. zu V. 238 und 1158; vgl. auch *Roman de la Rose*, V. 12131 f. 1577 *entre eulx:* ›untereinander‹; Anspielung auf etwaige homosexuelle Praktiken oder wieder nur auf nicht erlaubten Wohlstand und brachliegende Sexualität? 1579 *Jacqueline / Perrecte:* Allerweltsnamen für die Geliebten der Mönche. 1580 *Enné:* zu lat. *etiamne*, laut Marot ein »juron de filles«, aber eher eine deutliche Formel der Bekräftigung. 1582 elliptisch: ›würde man dafür (= wenn man ihnen sie, die *loppins*, gäbe) kaum (*a peine*) verdammt‹. Man kann die Zeile aber auch lesen: ›würde man dafür zu einer Strafe (*a peine*) verdammt‹, denn der außereheliche Verkehr ist der Kirche ein Dorn im Auge.

CL Meine Übersetzung lehnt sich an den Text von R/H an, der von den üblichen Ausgaben abweicht, und zwar in V. 1586, wo er statt »assez devote« *a si devocte* liest, und weiterhin V. 1585–88 als Einschub betrachtet, in dem Villon, analog zu anderen Strophen, den Legatar charakterisiert. 1583 *Grosse Margot:* Die ältere Forschung (Longnon u. a.) hatte angenommen, es handle sich dabei um das Aushängeschild eines gleichnamigen Bordells in der Rue Cloche-Percée in der Nähe des Klosters Notre-Dame; dafür spräche auch das Wort *pourtraicture* (V. 1584), das soviel wie ›Bild, Darstellung‹ heißen kann. Da aber ansonsten alle Legatare reale Personen sind und die *Grosse Margot* individuell-ironisch gezeichnet ist, schließe ich mich R/H und anderen an, die in ihr eine Prostituierte oder Bordellwirtin sehen, ohne die »Ballade« deshalb schon veristisch zu deuten. – Margot erhält übrigens kein wirkliches Legat, da sie vermutlich nicht lesen kann, also nicht die »Ballade« selber, sondern nur die Aufforderung an ihre Kunden, sie ihr vorzulesen. – Ihr Porträt ist wiederum antiphrastisch, denn sie hat ein verwüstetes, zu stark geschminktes Gesicht, und ihre Liebe ist eher triebhaft-geschäftsmäßig. Auffällig und sicherlich intendiert ist die zweimalige Verwendung von *doulce* (V. 1584 und 1588), einem Adjektiv, das eigentlich der Hohen Minne (vgl. den italienischen Dolce stil novo) vorbehalten ist. 1585 *brulare bigot:* Verballhornung des englischen Fluchs *By our Lord! By God!*, der in Frankreich noch aus der Zeit der englischen Herrschaft und des Hundertjährigen Krieges geläufig war. 1589 *Qui la trouvera:* ›wer sie zufällig findet‹; wieder ambivalent, da man *la* auf die Ballade, aber vor allem auch auf die »Grosse Margot« beziehen kann, die natürlich niemand ›zufällig‹ trifft!

Ballade 1591–1627 Die zynische Ballade, der Marot den Titel »Ballade de Villon et de la Grosse Margot« gab und in der sich Villon als der Zuhälter der Dicken Margot ausgibt, darf als Prototyp der sog. »Sotte chanson« gelten, d. h. der Parodien auf die höfische neuplatonische Liebespoesie jener Zeit. Dabei trifft es sich, daß *Margot*, wenn jene Frau denn wirklich gelebt hat, ein typischer Dirnenname war, vielleicht weil *margout* (zu *margoiller* ›sich im Kot wälzen‹) soviel wie *ribaud* ›Zuhälter‹ bedeutet. So gibt es eine *Confession Margot*, eine ›Dirnenbeichte‹, u. ä. (v. Wurzbach). 1593 *affin soubzhet:* ›a fin souhait‹, ›um noch den Anspruchsvollsten zufriedenzustellen‹ (vgl. nfrz. *à souhait* ›nach Wunsch‹). 1594 *seins boucler et passot:* ›ich gürte Schild und Schwert‹; um bei Gewalttätigkeit für Ruhe und Ordnung zu sorgen, Zahlungsunwillige zu ermahnen; aber auch obszön bzw. Parodie auf die höfische Liebeslyrik, in deren Zentrum der Ritter mit seinen Waffen steht. 1595 *je cours et happe ung pot:* ›ich eile und schnappe mir eine Kanne, einen Humpen‹, was durch die nächste Zeile näher ausgeführt wird. 1596 *Au vin m'en voys:* Redensart für die Männer, die ihre Frauen verkuppeln, die soviel besagt wie ›ein Glas trinken gehen, bis die Kunden wieder verschwunden sind‹; aber im vorliegenden Fall sorgt der Mann auch wirklich für ihre Bewirtung. 1598 *Bene stat:* (lat.) ›Es ist gut!‹, aber auch wieder obszön-doppeldeutig: ›Er steht gut!‹. 1600 *bordeau:* ursprünglich Bezeichnung für ein ›kleines Haus‹, ab dem 12. Jh. für das entsprechende Etablissement. *tenons nostre estat:* ›wir halten Hof‹ (nicht: ›wir üben unser Gewerbe aus‹); Villon erfreut sich also eines ›königlichen‹ Wohlbehagens.

1602 Es ist nicht gemeint, daß sie gratis mit jemandem schläft, sondern daß sie auch auf den Strich geht. 1604 *demy seint:* mit Silber beschlagener Gürtel (von der Größe etwa einer Schürze, mit Schmuckfunktion). *seurcot:* eng anschließendes, bis zur Hüfte reichendes Übergewand der Frauen. 1605 *l'escot:* ›Zeche; Anteil am gemeinsamen Verzehr‹. 1606 *c'est Antecrist:* ›sie ist der Antichrist‹, d. h. ›ein wahrer Teufel‹. 1608 *esclat:* ›Splitter, Scherbe‹; die folgende Zeile greift m. E. das Bild der ›Zeche‹ wieder auf: Er markiert ihr im Gesicht ihren Anteil, wie der Wirt etwas auf dem Tisch ankreidet oder einkerbt (vgl. dt. *Kerbholz*).

1611 *paix se fait:* ›wir schließen Frieden‹; seit der Antike erotisch konnotiert, nämlich im Bett. Die Homophonie *paix/pet* ist dann für das Folgende verantwortlich: *me fait ung groz pet*, ›sie furzt mich kräftig an‹, analerotisch, als Zeichen des Wohlbehagens und der besonderen Zuneigung, daher auch *me fait*. Vgl. dazu Rabelais, *Tiers Livre* III,5 (éd. Demerson, S. 391): »Et mourray tout confict en pedz«; weiter die Belege zu »bombus« in C. du Cange, *Glossarium mediae et infimae latinitatis*, Bd. 1, Graz 1954, S. 696. 1612 *un velimeux escarbot:* ›ein giftiger Käfer‹. Mit U. T. Holmes ist an den auch in Frankreich vorkommenden »Bombardierkäfer« (frz. *escarbot* oder *brachine tirailleur*) der Gattung Brachynus zu denken, der bei Bedrohung unter puffendem Geräusch ein bläulich-ätzendes Gas ausstößt. Aber war dieser Sachverhalt Villon wirklich bekannt? Oder ist nicht eher mit einigen Handschriften »enflambé« (›brennend‹) zu lesen und statt *escarbot* an *escargot* ›Schnecke‹ zu denken, deren Schleim als giftig empfunden wurde? 1614 *Gogo:* Hapax legomenon, Argotwort unbekannter Bedeutung. Ich übersetze als ›coco‹, was lautlich möglich ist, aber das Wort ist erst Ende des 18. Jh.s belegt! Andere Kommentatoren führen auf *gogoier* ›feiern, prassen‹ zurück (dazu auch heute noch *à gogo* ›in Hülle und Fülle, soviel man will‹), wieder andere auf engl. *go! go!* ›los! los!‹ Nfrz. *gogo* ›Einfaltspinsel‹ kommt erstmals in der Komödie *Robert Macaire* von Frédérick Lemaître (1834) vor. Der Sinn ist jedoch klar! *me fiert le jambot:* Thuasnes Übersetzung ›et mentulam meam fricat‹ (›reibt mir das Glied‹) entbehrt – außer der Phantasie – jeder Grundlage. 1615 *sabot:* ›Holzschuh; Kreisel‹; das Bild rührt daher, daß der Kreisel bei schneller Bewegung wie still steht; heute kann das Wort daher die Bedeutung ›Schlafmütze‹ haben; ich behalte das Originalbild bei. 1616 *bruyt:* ›macht ein Geräusch, zittert‹; aber ist wirklich das Knurren des Magens gemeint, oder soll damit nicht vielmehr – metaphorisch – der sexuelle Appetit bezeichnet werden? 1617 *que ne gaste son fruyt:* ›damit sie ihre Frucht nicht verdirbt‹; bei einer Prostituierten sarkastisch-komisch, denn sie ist im allgemeinen nicht schwanger. 1618 *plus q'un aiz me fait plat:* ›sie drückt mich platter als ein Brett‹.

1621 *j'ay mon pain cuyt:* sprichwörtlich: ›seine Existenz gesichert, sein Schäfchen im trockenen haben‹ (wörtl. ›ich habe mein Brot schon gebacken‹). 1622 *Je suis paillart, la paillarde me suyt:* Man beachte den Chiasmus! Spiel mit Homophonen. 1624 *c'est a mau rat mau chat:* Umkehr des Sprichworts »A bon chat bon rat« – ›Gut angegriffen, gut verteidigt!‹, hier mit dem Sinn: ›Böse Menschen vertragen keine gute Behandlung‹, obwohl auch ›Gleich und Gleich gesellt sich gern‹ mitschwingt. 1625 *nous affuyt:* ›ordure est notre parti‹, ›Schmutz ergreift unsere Partei, ist unser Element, paßt zu uns‹; das Verb *affuir* muß eigentlich mit *à* konstruiert werden!

CLI 1628 *Marïon l'Idolle:* Marion la Dentue dite l'Idole ist gemeint (weil sie der ›Abgott‹ der Männer oder bemalt wie ein ›Götzenbild‹ war?); sie lebte als Prostituierte mit anderen zusammen bei Nicolas de Thou in der Rue des Quatre fils Aymon. 1629 *Jehanne de Bretaigne:* Sie ist sonst nicht weiter bekannt, war aber sicherlich ebenfalls Prostituierte; vielleicht blieb den Mädchen, die aus der Provinz in die Hauptstadt strömten, schon damals häufig keine andere Wahl, ihren Lebensunterhalt zu verdienen. 1631 *Ou l'escollier le maistre enseigne:* ›wo der Schüler den Lehrer unterrichtet‹; Schule mit Rollentausch: Die Prostituierten (= Lehrer) unterwerfen sich den Befehlen der Freier (= Schüler). Die Assoziation, den Bordellbetrieb mit einer Schule zu vergleichen, bringt sicherlich das Wort »öffentlich« (man denke an ein »öffentliches Haus«) in V. 1630 (*publicque escolle*) zuwege. 1632 *ou ce merchié ne tiengne:* ›wo dieses Geschäft nicht stattfindet‹; andere Kommentatoren übersetzen die Zeile ›wo dieser Pakt (zwischen Lehrer und Schüler) nicht gilt‹, aber *tiengne* heißt soviel wie ›stattfinden‹. 1633 *la grisle:* ›das Gitter‹ (als Pars pro toto für das ›Gefängnis‹). Villon kommt auf seine kurz zuvor in Meung auf Veranlassung des Bischofs Thibault d'Aucigny verbüßte Haft (vgl. V. 737 f.) zurück und beklagt die dort herrschende geschlechtliche Abstinenz. 1634 *Fy de l'enseigne:* In Villons Augen bedarf die Prostitution keines Bordells und auch keiner Reklame.

CLII 1636 *Noel Jolis:* Warum er so bedacht wird, lehrt V. 657 ff. Er war Augenzeuge (oder gar Verursacher?) der körperlichen Züchtigung Villons vor Catherine de Vaucelles. Da die Strophe auf die Legate an Prostituierte folgt, könnte man schließen, daß Noël und Catherine ebenfalls diesem Milieu angehörten. Vielleicht wurde Villon wirklich als Zuhälter ausgepeitscht? 1642 *ordonne:* ›ich verschreibe‹; Villon bedient sich höhnisch der Medizinersprache (Rezeptur). 1643 *Henry:* Henry Cousin war von 1460 bis 1477 Henker und Auspeitscher der Prévôté de Paris.

CLIII 1644–51 Es war üblich, in Testamenten auch die Armen und Kranken zu bedenken. Trotz seiner gegenteiligen Behauptung, sich nicht über sie lustig zu machen (V. 1646), verhöhnt Villon sie dennoch auf zynische Weise. 1644 *l'Ostel Dieu:* Es wurde 660 auf der Ile de la Cité in der Nähe des heutigen Hôtel Dieu gegründet und umfaßte 1462 500 Betten. 1645 *povres hospitaulx:* vgl. L XXX, wo ihnen Villon seine Fensterrahmen hinterläßt. 1648 *oz:* ›Knochen‹ (i. S. v. ›Reste‹), nicht Plural zu *ail* i. S. v. ›Kleinigkeit‹, wie einige Kommentatoren annehmen. 1649 *Les Mendïans:* ›die Bettelmönche‹; sie waren in L 249 mit Kapaunen und Hühnern, in T 1162 mit *souppes jacoppines* bedacht worden; Villon spricht hier von seiner Gans (*mon oye*), weil dies Wort ein Homophon zu *monnoye* (›Geld‹) liefert, welches die Bettelmönche fleißig einsammeln. Im Deutschen ließe sich mit »Gans«/»ganz« vielleicht ein analoges Wortspiel bilden.

CLIV 1653 *Colin Galerne* wird 1458 und 1462 als Barbier auf der Ile de la Cité erwähnt; er ist Küster der Pfarre Saint-Germain-le-Vieux und hat nebenbei auch illuminierte Handschriften kopiert. Sein Name bedeutet soviel wie ›Nordwestwind‹, daher das Wortspiel mit dem ›Eisblock‹. 1654 *Angelot l'erbier:* Angelot Baugis; er war ›Kräuterhändler‹ oder ›Drogist‹ in der gleichen Pfarre. 1659 Dann hat er nämlich Schwindsucht oder sonst eine fiebrige Krankheit bekommen.

CLV 1660 *Enffans trouvés:* Die Bruderschaft vom Hl. Geist (»Confrérie du Saint-Esprit«) hatte zuerst 1431 auf der Place de Grève (heute: Hôtel de Ville) ein Heim für Findelkinder eröffnet, aber ab 1445 übernahm das Kapitel von Notre-Dame diese Aufgabe. Villon spielt mit ›finden‹ (›Findelkinder‹) und ›verlieren‹ (›verlorene Gesellen‹). Die Gauner und Verbrecher sind ›verlorene Kinder‹; um sie will er sich kümmern wie ein Lehrer um die Schüler. Dies Bild greift Str. CLI wieder auf: die Verlorenen – hier Zuhälter – finden sich in Marions Puff wieder, die ihrerseits ›Unterricht‹ erteilt hatte. 1665 *liray:* ›ich werde lesen‹; andere Handschriften und Ausgaben haben »larray« bzw. »lairay« (›ich werde hinterlassen‹).

CLVI 1668 ff. Hier beginnt die in V. 1664 angekündigte Lektion, von Marot »Belle leçon de Villon aux enfants perduz« (»Gute Lehre von Villon an die verlorenen Kinder«) genannt. Sie gehört eng mit der folgenden Ballade (V. 1692 ff.) zusammen. R/H schlagen folgenden Sinnzusammenhang vor: (CLVI) ›Hütet euer Fell, wenn ihr ein Ding dreht‹; (CLVII) ›Ihr riskiert dabei euer Leben, was sich meist nicht lohnt‹; (CLVIII) ›Alles, was ihr auf diese Weise verdient, wird sofort wieder verpraßt und vergeudet‹. – Die Ballade exemplifiziert dies dann. 1669 *chappeau:* ›Blumenkranz‹ als Symbol des Glücks und des Lebens. 1670 *pres prenant comme glus:* ›die ihr alles wie Leim festhaltet‹. 1671 *Montpipeau:* Den Ort gibt es zwar als Festung 10 km nördlich von Meung-sur-Loire, aber hier handelt es sich um eine Interpretatio nominis, denn *piper* bedeutet ›mit gezinkten Karten spielen‹, also im Deutschen etwa ›Zinkenberg‹. 1672 *Rüel:* Hier gilt das gleiche: *ruer* bezeichnet den ›bewaffneten Überfall‹. 1674 *le rappeau:* Ich folge R/H: ›der Einsatz beim Spiel‹ (nfrz. *renvoi*), nicht ›der Appell an die Justiz‹. 1675 *Le:* Pikardismus, der sich auf *la plus belle roze* (V. 1668 f.) bezieht oder auf *le rappeau*, was bei R/Hs Deutung möglich ist. *Colin de Cayeulx* (vgl. V. 861) war der Sohn eines Schlossers und Mitglied der Bande der Coquillards, zudem ein Studiengenosse Villons. Mehrfach wegen Diebstahl verhaftet und eingekerkert (1450–52), wurde er 1453 wieder rückfällig und nahm später am Einbruch in das Collège de Navarre teil. Er wurde in der Normandie festgenommen, konnte entwischen, wurde aber erneut festgesetzt und 1460 gehenkt.

CLVII 1676 *mailles:* kleine Kupfermünzen (zu lat. *medialis, medalia*). 1681 *Dido:* wegen ihrer sagenhaften Liebe zu Äneas berühmt, vgl. Vergil, *Äneis*, 4. Gesang.

CLVIII 1684–91 Einige Interpreten monieren zu Recht ein etwas penetrantes Moralisieren bei dieser und den beiden vorangegangenen Strophen. 1686 *charecterie:* Trotz R/Hs Nachweis, daß es sich nicht um ein Hohlmaß, sondern um eine ›Wagenladung‹ bzw. ihren Wert handelt, übersetze ich wegen des Verbs mit ›Fuder‹; gemeint ist, daß aller, auch großer, Gewinn einmal zur Neige geht. 1688 *quicté:* ›frei zu eigen, lastenfrei, verfügbar‹; andere Handschriften haben »enté«, ›aufgepfropft‹, also ›fest mit dem Baum (= dem Eigentümer) verwurzelt‹.

Ballade 1692–1719 Die Ballade – Marot betitelt sie »Ballade de bonne doctrine à ceux de mauvaise vie« (»Ballade von der guten Lebensweise an die, so ein schlechtes Leben führen«) – zerfällt in zwei Teile und zeichnet sich wiederum durch einen Villon sonst fremden Moralismus aus: In der ersten Strophe wird der Teil der ›verlorenen Kinder‹ (V. 1661) ermahnt, die sich dem Verbrechen ergeben; in der zweiten folgen die – damals ehrlosen – Schauspieler und Musikanten; im Gegensatz zu »Les Contreditz de Franc Gontier« (»Ballade«, V. 1473–1506) preist Villon in der dritten Strophe dann das gefahrlose Landleben. Das Ergebnis der diversen Lebensweisen ist jedoch stets gleich: Weiber, Wein und Würfelspiel fressen allen Gewinn, zumal den unrecht erworbenen, auf. 1692 *soies:* 2. Pers. Sg. Konj. Präs., trotz der Anrede im Plural in V. 1698, aber ein derartiger Personenwechsel ist in der mittelalterlichen und spätmittelalterlichen Literatur durchaus üblich. *porteur de bulles:* ›Verkäufer von päpstlichen Bullen‹; hier handelt es sich vermutlich um gefälschte Ablaßbullen, mit denen dem Käufer ein Sündenerlaß vorgegaukelt wurde. 1694 *Tailleur de faulx coings:* ›Hersteller falscher Prägestempel‹. *et te brulles:* ›und wirst am Ende verbrannt‹: Auf Falschmünzerei stand als Strafe das Sieden in Öl oder Wasser, danach das Erhängen, eine Strafe, die z. B. 1456 an dem Kneipenbesitzer Christophe Turgis vollzogen wurde. 1697 *raviz ou pilles:*, 2. Pers. Sg. Präs.: ›du raubst und stiehlst‹.

1700 Es handelt sich um vier Imperative im Singular. *fluctes:* Andere Ausgaben haben »luttes« (›Laute spielen‹), vgl. V. 1702. 1701 *fainctilz:* ›der die Wahrheit verbirgt, die Leute hinters Licht führt‹; die älteren Herausgeber übersetzen ›verkleidet‹ oder machen vor dem Wort ein Komma und setzen drei Substantive an: ›Narr‹, ›Nichtsnutz‹, ›ehrloser Gesell‹ (ich folge R/H). 1702 *joue des fluctes:* laut R/H im übertragenen Sinn gebraucht, also nicht synonym zu V. 1700; vielleicht ist gemeint, daß er sich auf der Bühne plötzlich unsichtbar machen kann, wie nfrz. *se tirer* oder *jouer des flutes* ›sich aus dem Staub machen‹. 1703 *villes / cytez: ville* hat noch die Bedeutung von ›village‹, ›Dorf‹, wohingegen *cyté* die ›Stadt‹ bezeichnet. 1704 *Farces, jeuz et moralitez:* Typen des mittelalterlichen Theaters. Die bekannteste Farce, ein komisch-satirisches Stück, ist der *Maître Pierre Pathelin*; das »jeu« kann sich der eher burlesk-derben »sotie« annähern, wo Narren und Akrobaten auftreten, aber auch Satire auf Frauen und Stände sein, z. B. *Jeu de la feuillée* von Adam le Bossu (1276) oder *Jeu de Robin et Marion*

(1275), bzw. einen Legendenstoff bearbeiten wie der *Jeu de saint Nicolas* des Jean Bodel (1200); die »Moralitäten« sind Schauspiele mit religiösem oder moralisch-lehrhaftem Charakter. 1705 *berlanc:* auch *brelen* ›Treschak, Bretling‹ (zu dt. *Brett* i. S. v. ›Spielbrett‹), ein Glücksspiel mit drei Karten. *glic* (wohl zu dt. *Glück?*), dem »bouillotte«, einer Abart des »berlanc«, verwandtes Hasardspiel (auch »la chance« genannt).

1711 Der Sinn ist nicht ganz klar: ›Wenn du überhaupt nicht gebildet bist‹; d. h. Handarbeit ist nur für die Beschränkten? 1713 *tilles:* nfrz. *teiller* ›(Flachs oder Hanf) schwingen‹, d. h. »die gebrochenen Holzteile durch Schlagen mit dem Schwingmesser vom Halm lösen, bis dieser, zum Faden geworden, glänzt« (G. Wahrig, *Deutsches Wörterbuch*, Gütersloh 1977, Sp. 3226). – Diese Zeilen geben in der Interpunktion von R/H nur dann einen Sinn, wenn sie im Gegensatz zu den vorhergegangenen stehen. Die Flachsbrecher müßten eine Art früher Manufaktur- oder Wanderarbeiter sein, die in Bargeld gelöhnt wurden, wohingegen der Bauer nur die Produkte der Erde hat. Möglich wäre wie in den vorhergehenden Strophen ein Imperativ! 1714 *tens:* ›reichen, bestimmen‹; ›wenn du Hanf brichst und schwingst, bestimme den Lohn, den du dir erarbeitet hast, nicht für die Kneipen und leichten Mädchen!‹ Ich glaube jedoch eher, daß es sich um eine Anspielung auf den ›Galgenstrick‹ handelt, das ›Hanfseil‹ des Henkers (vgl. auch Str. CLIX): ›Wenn du erst einmal den Hanf brichst und schwingst, dann gibst du den Lohn, den du dir erarbeitet hast, nicht mehr in Kneipen und Bordellen aus‹. Aber das ganze Syntagma ist gewollt ambivalent.

1716 *esguilletez:* ›mit Schnürbändern versehen‹; entweder mit Schmuckfunktion oder um die Strümpfe daran zu befestigen.

CLIX 1721 Diese Zeile ist eine Apposition zu *galle* (V. 1720): ›des Vergnügens, das ein Übel für die Seelen und eine Wohltat für den Körper ist‹. 1722 *halle:* nfrz. *hâle* ›Sonnenbräune‹, vgl. »Ballade des Pendues« (PD XI,21 f.): »La pluye nous a esbuez et lavez / Et le soleil deseichez et noircis« – »Bald trieft ein Regenguß an uns herab, / Bald schwärzt die Sonne uns und dörrt uns hart« (Löpelmann).

CLX 1728 *je donne:* ›ich setze ein Legat aus‹; in der Übersetzung mit *ilz auront* (V. 1732) zusammengefaßt. *.XV. Vings:* das Blindenhospiz der »Fünfzehn mal Zwanzig« oder »Dreihundert« (nach der Platzzahl) wurde 1260 von Saint Louis begründet und lag in der heutigen Rue de Rohan in der Nähe des Friedhofs der Unschuldigen

Kindlein (Cimetière des Innocents; vgl. V. 305 ff.); vgl. T 1086. – Ab jetzt vertieft Villon das Motiv des »memento mori«. 1730 *Prouvins:* Der Prior der Kirche Saint-Aioul von Provins (Dpt. Seine et Marne) mußte (1413) im Hospital (Petit Hôtel-Dieu) der Stadt den Blinden des Pariser Spitals der »Dreihundert« ein Haus und einen Garten zur Verfügung stellen.

CLXI 1736 *Icy:* Gemeint ist der ›Friedhof‹. 1737 *chevances:* ›Reichtum‹, zu *chevir:* ›zu Ende bringen; zahlen‹. Das von *chief* ›Kopf; Ende‹ abgeleitete Verb verhält sich zu *chevance* wie *finir* zu *finance.* 1738 *jeu:* R/H zufolge nicht Partizip von *gésir* ›liegen‹, wie in den älteren Übersetzungen, weil *avoir* (V. 1737) dann eine grammatikalisch nicht mögliche Doppelfunktion als Vollverb und Hilfsverb haben müßte, sondern Substantiv: ›Spiel, Liebesspiel‹.

CLXII 1745 *ces charniers:* ›Massengräber‹; aber man denkt bei Schädeln eher an ›Beinhäuser‹; dennoch gab es auf dem Cimetière des Innocents Massengräber der Armen, in denen sich auch Reiche aus Weltverachtung beisetzen ließen. 1746 *maistres des Requestes:* Beamte, die über eingegangene Bittschriften berichteten. 1747 *Chambre aux deniers:* ›Kammer‹, die die Ausgaben des Königs und der Mitglieder der königlichen Familie verwaltete. 1748 *portepanier:* ›Laufbursche, Lastenträger‹ oder ›Hausierer‹, was beides einen Sinn ergibt. 1750 *lanternier:* ›Laternenträger‹ oder ›-anzünder‹, Beruf bei reichen Leuten; laut R. Cotgrave aber auch ein Name für einen ›Einfaltspinsel, Gauner, Schwindler‹ und damit ein erneuter Seitenhieb auf Thibault d'Aucigny. Vgl. dazu auch Rabelais, *Pantagruel*, Kap. 30, éd. Demerson, S. 335: »Asdrubal estoit lanternier«; S. 337: »Perceforest, porteur de coustretz«.

CLXIII 1752–59 Villon fährt eindringlich mit dem Totentanzmotiv der Gleichheit vor dem Tod fort. 1752 *s'enclinoient:* ›sich verneigten‹, als Zeichen der Hierarchie! 1754 Man kann doppelt konstruieren, je nachdem, ob man ein Komma nach *regnoient* setzt oder nicht: ›herrscht über die anderen, gefürchtet und bedient‹ bzw. ›herrschten, von den anderen gefürchtet und bedient‹. 1759 *Clerc:* entweder Bezeichnung des ›Studenten‹, der später den Magistergrad erwirbt, oder, eher, ›Diener, Gehilfe‹ (meist bei einem Notar oder Anwalt, der den Titel *maistre* führt).

CLXIV 1760 *ait:* Kreuzung aus *avoir* (›Gott soll sie haben, bekommen‹) und *aidier* (›ihnen helfen‹). 1764 *froumentee:* ein Weizenbrei mit Milch und Eiern, der damals sehr beliebt war und dem heutigen Griesbrei ähnelt. Ein Rezept findet sich im *Ménagier de Paris.*

CLXV 1768 *ce laiz:* die für die Toten in V. 1767 von Christus erflehte Absolution bzw. die Hilfe Gottes und des hl. Dominikus in V. 1774 f. 1769 *je communicque:* ›ich übertrage es‹, nicht, wie in fast allen deutschen Übersetzungen, ›ich teile mit‹. 1770 *regens:* früher als eigenständiges Substantiv (mit der Bedeutung ›lieutenant du roi‹, ›Stellvertreter des Königs‹) gedeutet; ich schließe mich R/H an, die das Wort als Partizip Präsens auffassen und drei Objekte davon abhängig machen; *regens* bedeutet ›Leiter, oberster Verwalter‹; *cours* sind die ›Obersten Gerichte‹, *sieges* die ›nachgeordneten‹ und *palaiz* alle ›Gebäude‹ der Justiz, so wie man heute noch vom »Justizpalast« spricht. – Villon verbindet das Totentanzmotiv hier mit einer erneuten Justizsatire und Juristenschelte. 1771 Die folgenden drei Zeilen sind antiphrastisch zu verstehen. 1773 *Se seichent:* ›sich austrocknen‹, gemeint ist ›sich körperlich wie materiell verzehren‹. Die Richter werden immer fetter und zugleich wohlhabender! Man beachte aber auch, daß das Verb *deseicher* in der »Ballade des Pendus« (PD XI,22) das Ausdörren der Gehenkten durch Wind und Wetter beschreibt. 1774 *saint Dominicque:* Ihm und dem Dominikanerorden wurde auf dem Konzil von Toulouse (1229) die Einrichtung von Ketzergerichten gegen die albigensischen Katharer übertragen; er gilt daher als der Ahnvater der Inquisition und Muster des unerbittlichen Richters schlechthin.

CLXVI 1776 *Jacquet Cardon:* Die beiden Brüder Jacotin und Jacques Cardon waren reiche Kaufleute und Grundbesitzer; der hier gemeinte Jacotin war Tuch- und Strumpfhändler an der Place Maubert. Villon hatte ihn bereits in L XVI bedacht, und zwar mit der »Eichel von einer Weide« (L 124), also mit nichts oder mit »Schweinefraß« bzw. ihm »jeden Tag eine fette Gans und einen fetten Kapaun« (L 125 f.) vermacht, was auf Freßsucht des Legatars schließen läßt. Jedenfalls stand sich Villon mit ihm nicht gut. 1779 *bergeronnecte:* ursprünglich ein ›Schäfertanz‹ oder ›Hirtenlied‹, dann ganz allgemein ein Lied in Rondeauform. Villon behält aber spöttisch die Bezeichnung ›Schäfer-, Hirtenlied‹ bei, weil diese dem Tuchhändler Cardon die Wolle liefern. 1780 *Marïonnecte:* bekanntes Volkslied der Zeit, das mit »Vous marchez du bout du pié, Marionnette« beginnt; *Marïon la Peautarde* (V. 1781) ist nicht bekannt. 1782 Ähnliches Lied, das aber verlorengegangen ist. 1783 *Elle alast bien a la moustarde:* Wenn die Kinder vor den

Mahlzeiten Senf und Wein einholten, sangen sie die neuesten Lieder (Schlager); daher heißt *aller à la moutarde* soviel wie ›in aller Munde sein‹; *moustarde* bezeichnet aber auch die ›natura feminae‹, wegen des Geruchs bzw. weil die Senfkörner in einem Mörser zerstoßen wurden; somit ist die Zeile auch eine Anspielung auf Cardons Lebenswandel.

Bergeronnecte 1784–95 Das Lied kann mehrere Bedeutungen haben, über die die Forschung gestritten hat. Mit R/H nehme ich an, daß bei diesem echten Legat (wie in den analogen Fällen – »Ballade pour prier Notre Dame«, V. 873–909; Ythier Merchant, V. 970–973; »Ballade pour Robert d'Estouteville«, V. 1378–1405) das Ich des Gedichts mit dem Legatar, Jacquet Cardon, identisch ist. Er muß selber in irgendwelchen Schwierigkeiten gesteckt haben, will man das Gefängnis nicht konventionell als Amors Kerker deuten. Damit scheiden Anspielungen autobiographischer Art, etwa auf Meung, aus, wofür Cardon mitverantwortlich gemacht worden wäre.
1787 *mesprison:* ›Fehler, Irrtum‹; Wortspiel mit *dure prison* (V. 1784). 1793 *ravye:* attributiv, nicht ›que l'ame en soit ravye lassus‹, mit Anspielung auf den »raptus Pauli« (2. Kor. 12,1 ff.).

CLXVII 1796 *maistre Lomer:* Maître Pierre Lomer d'Airaines, Kanoniker von Notre-Dame, der 1456 vom Domkapitel damit beauftragt wurde, die Prostituierten aus den Häusern »Lion« (›Zum Löwen‹) und »Ours« (›Zum Bären‹) in der Cité zu vertreiben; daher die Anspielungen V. 1799 ff. 1797 *je suis de fee:* ›ich stamme von einer Fee ab‹; diese angebliche Abstammung erlaubt den Hinweis auf den Romanzyklus um Ogier le Danois, der eigentlich zum Gefolge Charlemagnes gehört, und in dem u. a. die Fee Morgane eine Rolle spielt, mit der er mehrere Kinder hat (*Enfances Ogier*; *Chevalerie Ogier de Danemarche*, in der Fassung des Jean d'Outremeuse usw.); außerdem ist das Element *-fee* viermal reimbildend. Die Assoziation ist vielleicht durch die Homophonie *je suis de fee / je suis défait* (›ich bin abgezehrt, angegriffen‹) ausgelöst. Ich folge wieder R/H: Villon will nicht sagen, Lomer solle sich aus dem Kopf schlagen, jemals eine anständige Frau zu lieben (die barhäuptigen Mädchen sind die unverheirateten, die Frauen mit Haube die verheirateten Frauen oder Matronen – die Gruppe umfaßt also *alle* ehrbaren Frauen), es kämen demnach nur käufliche in Frage, sondern er werde sich keine Mühe machen müssen (V. 1800), unter ihnen auszuwählen! 1802 *la faffee:* ›la blague, la bagatelle‹, ›die Kleinigkeit‹; zu vulgärlat. *famfaluca* ›Flitterkram, Tand‹; vgl. nfrz. *fanfre-*

luche (*la bagatelle* ist heute noch Bezeichnung für den Geschlechtsakt). 1803 *Auger le Danois:* Keine der zu V. 1797 genannten Versionen berichtet von übermäßiger sexueller Stärke Ogiers; Villon könnte ihn mit Olivier verwechselt haben (so E. Philippot), denn Olivier befriedigt in *Le Pèlerinage de Charlemagne* in einer Nacht hundertmal die Tochter des Kaisers Hugon. Ähnlich jedoch Rabelais, *Pantagruel* Kap. 30 (éd. Demerson, S. 337): »Ogier le Dannoys estoit frobisseur de harnoys« mit deutlich obszöner Konnotation.

CLXVIII 1804 *aux amans enfermes:* Villon macht sich über die platonisch-unsinnliche Liebe lustig, als deren prominentester Dichter Alain Chartier (um 1385–um 1435) gelten darf, dessen Hauptwerk die *Belle Dame sans merci* (1424) ist. Sie wird insgesamt bisweilen als »Lay« bezeichnet, aber man wird in *le laiz maistre Alain Chartier* (V. 1805) eher die Verse 25–28 dieses Gedichts, ein »Vermächtnis des über den Tod der Geliebten untröstlichen Alain Chartier an alle Schicksalsgefährten«, sehen müssen, »le plus dolant des amoureux«, der schreibt: »Je laisse aux amoureux malades / Qui ont espoir d'alegement / Faire chançons, dis et balades, / Chascun à son entendement« (éd. Pauphilet). 1805 *Sans:* hier: ›sans compter‹ (›noch zusätzlich‹). 1807 *benoistier:* ›Weihwasserkessel‹ (voll unnütz vergossener Liebeszähren, aber zugleich auch Bezeichnung für die ›natura feminae‹). 1808 *esglantier:* ›Heckenrose‹, symbolischer Ort der Begegnung der Liebenden. 1809 *guepillon:* ›Weihwasserwedel‹, auch Bezeichnung für das Membrum virile; die Strophe knüpft spätestens hier geschickt an Str. CLXVII an! 1810 *psaultier:* Totum pro parte, gemeint ist vielleicht der Psalm 28 (»Hilferuf in Todesgefahr und Dank für Erhörung«).

CLXIX 1812 *Jacques James:* Er hatte von seinem Vater, »intendant des bâtiments de la ville de Paris« (Obermeister der Maurer- und Zimmerleute), mehrere Häuser geerbt, darunter eines in der Rue aux Truies (›Straße der Säue‹), daher das Wortspiel in V. 1818. Er besaß aber auch eine Dampfbadestube (»à l'Image de Saint-Martin«) in der Rue Garnier-Saint-Ladre, die vermutlich eine Art Bordell war. James war wahrscheinlich 1457 verhaftet worden und hatte auch wieder 1461 mit der Justiz zu tun. Die Strophe ist uns nicht mehr ganz verständlich, aber Villon unterstellt James wohl Zuhälterei, vgl. V. 1813, 1814 u. ö. 1816 f. Beide Zeilen sind antiphrastisch zu lesen: Er ist geizig und verfressen. Daher setzen R/H nach *sciens* im Unterschied zu den anderen Herausgebern kein Fragezeichen. 1817 *Il ne plaint fors que:* ›er spart nur an‹; *plaindre* ist im

Sinne von ›regretter‹ verwandt. 1818 *truyes:* ›Säue‹ (weibliche Form); meint den Namen des Hauses, aber wohl auch die einem bestimmten Gewerbe nachgehenden Insassinnen; *pourceaux* (V. 1819) ›Schweine, Ferkel‹ (männliche Form) bezeichnet die ›Zuhälter‹; also: was James in seinem ›säuischen‹ Milieu verdient, soll er nicht für sich und seine Angehörigen sparen, sondern mit all den anderen ›Schweinekerlen‹ seiner Art teilen.

CLXX 1820 *le camus seneschal:* entweder ein uns unbekannter Pariser Bürger mit Familiennamen Sénéchal bzw. Le Camus (R/H) oder, wie die ältere Forschung annahm, Pierre de Brézé, »grand sénéchal de Normandie«, ein einflußreicher und schöner Mann (*camus*, ›plattnasig‹, als Ironie?), Vertrauter Karls VII. und Ludwigs XI., von November 1461 (n. St.) bis Mitte 1462 in Loches eingekerkert. Aber woher sollte Villon ihn kennen? Und wie durfte er es wagen, ihn so vertraulich anzureden? Weil er gerade im Gefängnis saß? Der Seneschall oder Truchseß, ursprünglich der Oberste der Dienerschaft, war ein hoher Hofbeamter; der Marschall, der Aufseher der Pferdeställe, nicht minder. Villon bildet eine »métaphore filée«: Den Seneschall ernennt er zum »maréchal« bzw. »maréchal de France«, aber es klingt auch der »maréchal ferrant« (›Hufschmied‹) an, und er beschlägt dann ›Enten und Gänse‹ (V. 1823), was soviel heißt wie ›Unsinniges tun‹. 1825 *Pour soy desennuyer:* ›um ihm die Langeweile zu vertreiben‹; in seiner Haft? 1826 *alumectes:* Es gab schon Schwefelhölzer, aber hier handelt es sich um Feueranzünder aus Papier; wiederum, um die Zelle zu erleuchten und sich zu wärmen?

CLXXI 1828 *chevallier du guet:* der Kommandant der Stadtwache; ihm unterstanden 40 Fußknechte (»sergents à pied«) und 20 Berittene (»sergents à cheval«). Es handelt sich um Jean du Harlay, der bereits in L 169 mit dem Wirtshausschild »Le Hëaulme« (»Zum Helm«) bedacht worden war. In seiner Eigenschaft als Kommandant hatte er Pagen, die sich äußerst ungebührlich benahmen, weshalb der Hof 1463 erließ, daß sie keine Waffen mehr tragen noch sich an Glücksspielen beteiligen sollten. 1829 Ironisch; es handelt sich um altgediente, mit allen Wassern gewaschene Polizisten. Vielleicht sollten sie unter den Pagen für Ordnung sorgen. Möglich auch, daß Villon dem Legatar homosexuelle Neigungen unterstellt. 1833 *le prevost des mareschaulx:* Feldrichter, oberster Richter der Feldgendarmen; es handelt sich um Tristan l'Hermite (auch: L'Ermite, Lhermite), der unter Karl VI. »prévôt des maréchaux« und »grand maître de l'artillerie« wurde und später ein Günstling Ludwigs XI. war, welcher ihn zum Kammerherrn (»grand chambellan«) machte und ihn als diplomatischen Agenten, Spion und Vollstrecker seiner grausamen Edikte benutzte. Er ist nicht mit dem gleichnamigen Dichter des 17. Jh.s zu verwechseln! 1834 *ilz sont cassez de gaiges:* ›außer Sold gesetzt, entlassen‹; kein Kommentator erläutert, worauf Villon anspielt: beide waren bisher Reiter; als Pagen büßen sie ihre privilegierte Stellung ein.

CLXXII 1836 *Chappellain:* wahrscheinlich Jean Ch., »sergent de La Douzaine« (vgl. V. 1071), d. h. bei der Garde des Prévôt de Paris und Aufsichtsbeamter am Châtelet. Villon legt dieser Strophe eine Interpretatio nominis zugrunde: *Chappellain/chappelle.* 1838 *une seiche messe:* ›eine trockene Messe‹; es handelt sich um eine abgekürzte und vereinfachte Form der Messe ohne Opfer; hier wird unterstellt, daß Chappelain eigentlich den Wein liebt, nicht besonders gebildet ist und den Mädchen nachstellt.

CLXXIII 1844 ff. Das eigentliche Testament ist hier beendet. Villon gibt jetzt Anweisungen über seine Gültigkeit (Str. CLXXIII–CLXXV), seinen Begräbnisplatz (V. 1868–1903), die Beerdigung (Str. CLXXIX f.) und die Testamentsvollstrecker. 1845 *Jehan de Calaiz:* Notar am Châtelet, mit der Aufgabe der Überprüfung von Testamenten auf ihre Gesetzeskonformität betraut. 1850 *rez d'une pomme:* zu lat. *rasus*, von *radere* ›schälen, glätten‹, daher bei einigen Kommentatoren ›Apfelschale‹ (Longnon, Burger, Lanly); andere: ›bis alle Schwierigkeiten beseitigt (= glatt wie ein Apfel) sind‹ (G. Paris); wieder andere: ›bis zum Betrag von‹ (W. Mettmann); die bei Rutebeuf belegte Wendung »La pelure d'une pome / De leur dete ne pairoie« spricht für die erste Lösung.

CLXXV 1860 *dont n'ay congnoissance:* persönlich: ›ohne daß ich ihn kennte‹, oder unpersönlich: ›ohne daß ich dies wüßte‹. 1861 *de mort a vie:* Villon dreht die übliche Formel ironisch um; *vie* kann aber – wieder ironisch – auch ›ewiges Leben‹ heißen. 1862 *lui:* Gemeint ist Jehan de Calaiz (V. 1845). 1863 *l'ordre:* R/H meinen: ›Anordnung der Legatare‹; das Wort hat eher die Bedeutung ›letztwillige Anordnung‹; diese soll ›befolgt‹ (*suyvie*) und damit ›besser erfüllt‹ werden.

CLXXVI 1868 *Saincte Avoye:* Die Kirche der Nonnen von Sainte Avoie, Rue du Temple, war 1283 von Beginen gestiftet worden (vgl. L 250) und lag im ersten Stock, so daß dort keine Leichen beerdigt werden konnten. Ein weiterer humoristischer Einfall – sieht man davon ab, daß Villon in einem Frauenkloster beigesetzt werden will! – ist der Name der Heiligen, denn er klingt an *avoier* ›auf den rechten Weg zurückführen‹ bzw. *avoir* ›etwas besitzen‹ an, was mit der Armut und dem zügellosen Leben Villons gut kontrastiert oder zusammenpaßt. 1870 ff. Villon parodiert einerseits Verfügungen in echten zeitgenössischen Testamenten, in denen die Ausgestaltung teurer Marmorgräber festgelegt wird, hebt aber andererseits wieder auf seine Armut ab. 1873 *D'encre:* ›Tinte‹ (er ist Schriftsteller!) bzw. ›schwarze Farbe‹, denn mit Rötel oder Kohle wurden die dann noch polychrom auszufüllenden Umrisse gezeichnet. 1875 *greveroit:* (1) ›belastete, beschwerte‹; (2) ›verdürbe, beschädigte‹.

CLXXVIII 1884 *sollier:* ›Speicher; Söller‹, zu lat. *solarium* ›der der Sonne zugewandte, ausgesetzte Teil des Hauses‹; Villon meint die Hochkirche von Saincte Avoye (V. 1868). 1886 *escollier:* Die Strophe evoziert die verschiedenen Seiten seiner Persönlichkeit: die des unglücklichen Liebhabers (V. 1885), des gescheiterten Akademikers (V. 1886), des Bettlers und Habenichts (V. 1888), des gewesenen Klerikers und Dichters (V. 1891). 1888 *sillon:* altes Längenmaß: 20 Ruten oder etwa 75 m (die Rute hat etwa 3,8 m). 1890 *tresteaux:* ›Böcke‹ (auf die die Bretter, welche den Tisch bildeten, gelegt wurden). 1891 *Pour Dieu:* Andere Handschriften und die meisten Herausgeber lesen »Gallans« (›die lustigen Gefährten‹). *verset:* ›Vers; liturgische Lesung, Versikel‹; es handelt sich bei dem Folgenden um die Parodie des Requiems.

Verset 1892–1903 Der Verset hat in Wirklichkeit Rondeaucharakter! 1892 f. deutliche Parodie des »Requiem aeternam dona eis, Domine, et lux perpetua luceat eis«. 1894 f. wörtl.: ›der nie den Wert eines Tellers noch einer Schüssel besaß‹. Immer wieder kommt Villon auf seine bedrückende Armut zu sprechen.

1896 *Il fut rez:* Zwei Übersetzungen sind möglich: (1) ›Er wurde geschoren‹. Dies war die Strafe für falsche oder gestrauchelte Kleriker, denen die Tonsur und damit das äußere Kennzeichen ihres Standes genommen wurde. Diese Bestrafung ließ ihm womöglich Thibault d'Aucigny angedeihen, denn 1462, als der Prévôt de Paris ihn zum Tode verurteilte, war er kein Kleriker mehr. (2) ›Er war kahl‹; als Zeichen seines harten Lebens, weniger sexueller Ausschweifungen wegen, wie die ältere Forschung noch glaubte. Ich entscheide mich für die erste Lösung.

1900 Die Redewendung *frapper la pelle au cul* bedeutet allgemein ›schlecht behandeln‹; sie hat aber einen konkreten Hintergrund:

Delinquenten wurden gelegentlich halbnackt an einen Karren gebunden, durch die Stadt getrieben und an den Straßenecken vom Henker mit einer Holzschaufel auf das Hinterteil geschlagen. 1902 *terme:* (1) ›Terminus, Wort, Ausdruck‹ (in seiner Not blieb ihm nur der Aufschrei »J'en appelle«, der nicht »subtil« ist); (2) ›Ende‹ (meine Übers.).

CLXXIX 1905 *Le groz beffroy:* Totum pro parte: Auf einem Turm von Notre-Dame war ein Ausguck postiert, der bei Gefahr die große Glocke, »le bourdon«, Sturm läutete. Diese hieß auch »la Jacqueline« und war 1429 zerbrochen. Sie wurde 1434 repariert und mußte 1451 eingeschmolzen und neu gegossen werden, zerbrach aber bereits 1479 wieder, daher *de voirre* ›aus Glas‹ (V. 1905). 1908 *belle terre:* ›Lehen‹ (denn sie konnte nur ein ›Land‹, die Umgebung von Paris, retten). 1911 Die Zeile ist ironisch gemeint, wie schon das Vorangehende: Die große Glocke wurde nur angesichts höchster Gefahr geläutet; bei ihrem Klang – jetzt im Augenblick von Villons Tod – verstummt alles Übel.

CLXXX 1915 *ilz seront de saint Estienne:* vgl. Apg. 6 ff.; 7,54–59; Stephanus wurde wegen seines Bekenntnisses vom jüdischen Mob unter Führung des Saulus gesteinigt; seitdem nennt man Kieselsteine »Brote des hl. Stephanus«. Villon hinterläßt den Glöcknern nur Steine ... statt Brot. Dies nach Mt. 7,9 (vgl. auch Lk. 11,11): »Aut qui est ex vobis homo, quem si petierit filius suus panem, numquid lapidem porriget ei?« – »Oder ist einer unter euch, der seinem Sohn einen Stein gibt, wenn er um Brot bittet?« 1916 *Volant:* Guillaume Vollant, Großkaufmann in Paris, 1461 als »vendeur de sel« genannt: er starb 1482. 1918 *Jehan de la Garde:* Bereits in L 258 als Kaufmann (»épicier«) mit dem »Goldenen Mörser« bedacht, nennt ihn Villon erneut in T 1355–59 und redet ihn absichtlich mit falschem Vornamen (»Thibaut«) an.

CLXXXI 1923 *debteurs:* ›Schuldner‹; die meisten Herausgeber übersetzen mit ›créancier‹ (›Gläubiger‹) und zerstören damit die Vis comica. Denn warum sollte Villon das Bild nicht absichtlich umdrehen, da alles pure Ironie ist? 1922–24 Wohl wieder antiphrastisch gemeint. 1927 *Escryptz:* Die Aufforderung, alles ›niederzuschreiben‹, ergeht wiederum an Firmin l'Etourdi.

CLXXXII 1928 f. *Mertin Bellefoye:* 1452 Studiengefährte Villons; 1454 Advokat am Châtelet, 1460 bis 16. Februar 1462 (n. St.) »lieutenant criminel du prévôt de Paris«; danach abgelöst und »conseiller laïc au Parlement«; er starb 1502. 1931 *sire Colombel:*

Guillaume C., Pariser Schöffe (»élu«), königlicher Sekretär und Rat, reicher Kaufmann, gest. 1475. Er wurde von seiner Gattin Isabeau de Cambrai, der Tochter des Präsidenten Adam de Cambrai, in einem aufsehenerregenden Prozeß geschieden (v. Wurzbach). 1934 *Michiel Juvenel:* der achte Sohn des Jean Jouvenel des Ursins, des Vorstehers der Pariser Kaufmannschaft unter Karl VI., 1455 »bailli« von Troyes, 1460 Mundschenk (»échausson«) Ludwigs XI. Er war ebenfalls wohlhabend und einflußreich, denn das Domkapitel von Troyes lieh ihm eine schöne Handschrift des *Roman de la Rose*.

CLXXXIII 1939 *Ceulx qui s'enssuivent cy aprés:* Das Sozialgefälle zu den Testamentsvollstreckern in Str. CLXXXII ist gewollt! 1940 *gens de bien tres:* Einige Herausgeber deuten *tres* als ›drei‹, aber das wäre pleonastisch mit V. 1945. 1941 *Phelippe Bruneau:* seigneur de Grigny, ein Prozeßhansel, dem Villon in L 137–140 die *Garde de Nygon* und *Vicestre* sowie in T CXXXVI die *tour de Billy*, alles drei Ruinen, hinterlassen hatte. 1943 *Jacques Raiguier:* Sohn von Lubin R., dem Oberhofkoch Karls VII., Verwandter von Louis R., dem Bischof von Troyes, aber ansonsten ein Säufer, dem Villon in L 145 ff. und T 1038 f. je eine Taverne vermacht hatte.

CLXXXIV 1944 *Jacques James* war in V. 1812 als Dampfstubenbesitzer und halber Zuhälter bedacht worden. 1947 ironisch: Brunel war dafür bekannt, daß er nicht kommunizierte. 1951 *en taillent:* doppeldeutig: (1) ›entscheiden‹; (2) ›etwas abschneiden‹.

CLXXXV 1952 *Des testamens ... le Maistre:* ein geistlicher Justizbeamter (Richter), der bei der Officialité (dem Bischof von Paris) damit beauftragt war, etwaige Streitigkeiten in Erbschaftsangelegenheiten von Klerikern zu regeln. 1953 *n'orra quy ne quot:* ›wird gar nichts zu hören bekommen‹; da Villon durch Thibault d'Aucigny seiner Klerikerwürde verlustig gegangen war, war auch die kirchliche Gerichtsbarkeit nicht mehr für ihn zuständig; *n'orra* (nicht »n'aura«) ›bekommt nichts zu *hören*‹, denn er ist ja »Auditor«! 1955 *Thomas Tricquot* stammte aus der Diözese Meaux, wurde 1452 Baccalaureus bzw. Magister artium, d. h. im gleichen Jahr wie Villon, gehörte demnach zu denen, die reüssiert hatten. 1956 *escot:* ›Anteil an der Zeche‹ (wie V. 1605, vgl. nfrz. *écot*), Wortspiel mit *escout* ›Anhörung, Audienz‹. 1957 *ma cornecte:* vgl. V. 1090; ›Hutband‹, als Pars pro toto für den Kopf? Wieder in der Bedeutung ›Galgenstrick‹? Die Stelle ist für uns Heutige nicht mehr verständlich. 1958 *tryppot:* (1) ›jeu de Paume‹ (Vorform des Tennis- oder Federballspiels); (2) Bezeichnung für den Geschlechtsakt. 1959 *le Trou Perrecte:* Spielhalle für ›jeux de Paume‹ gegenüber der »Taverne de la Pomme de Pin« (diese wird noch bei Rabelais, *Pantagruel*, Kap. 6 – éd. Demerson, S. 235 – erwähnt); wegen *trou* ›Loch‹ aber auch sexuell konnotiert.

CLXXXVI 1960 *luminaire:* Man denke an die heute noch in Frankreich übliche Sitte der »chapelle ardente«. 1961 *Guillaume du Ru:* reicher Weinhändler, Obmann der Weinkaufleute (»gouverneur de la confrérie de la conception«); er wird ausersehen, für die Beleuchtung zu sorgen, weil der Wein auch spöttisch als »huile sarmentine« (›Rebölc‹) bezeichnet wurde; der Name *Ru* bedeutet ›Bach‹; der Legatar verbindet also die Elemente Wasser, Wein und Öl in seinem Namen miteinander. 1962 Die deutschen Übersetzer fassen die Stelle fälschlich so auf, als ob Villon seine Testamentsvollstrecker beauftragte, beim Leichenzug die Ecken des Bahrtuchs zu fassen, was guten Freunden vorbehalten war. Villon will sagen, daß er keine Freunde hat und die Testamentsvollstrecker die Auswahl an seiner Statt vornehmen sollen. 1964 f. Die positivistische Forschung hat nach wirklichen Krankheitssymptomen gesucht und darüber V. 1896 vergessen, wo Villon sagt, daß er am ganzen Leib keine Haare mehr hat. Sie können ihm auch nicht wehtun – die Stelle ist wieder einmal fazetiös. 1965 *penil:* ›der Schamberg‹ (nicht ›Penis‹), zu lat. **pectiniculum*. Man könnte auch an ital. *pennello* ›Pinsel‹ (als ›Membrum virile‹ und ›behaarte Stelle‹) denken.

Ballade 1968–95 Marot gab der Ballade den Titel »Ballade par laquelle Villon crye mercy a chascun« (»Ballade, in der Villon jeden um Erbarmen anfleht«). 1968–75 Villon nennt in ein und derselben Strophe die Mönche und die Vertreter der Halbwelt; vgl. V. 238, 1575, 1158–65; 1649–51; L 249 ff. 1970 *clacque patins:* ›Stutzer, die Überschuhe mit dicken, klappernden Holzsohlen tragen‹. 1971 *servans:* ›Diener der Liebe, Kuppler‹. 1973 *transsiz:* auf *amours* zu beziehen. 1974 *fauves boctes:* Plural wegen *cuidereaux* (›die an ihren eigenen Liebeserfolg glauben‹), aber der Liebende trug zum Zeichen seines Verliebtseins *einen* gelben Stiefel!

1976 *moustrans tetins:* Nicht nur die Prostituierten, sondern auch modebewußte Frauen trugen den Busen zur Schau. 1978 *menneurs de hutins:* ›Kampfhähne‹; bei anderen Herausgebern »meuveurs« oder »mouveux de tencins«, mit gleicher Bedeutung. 1979 *mermoctes:* ›Affen‹ (nicht ›Murmeltiere‹, wie einige deutsche Übersetzer vorschlagen). 1980 Gemeint sind berufsmäßige Schausteller. 1982 *A vecyes et marïoctes:* ›mit Schweinsblasen und Narrenzeptern‹; Hs. A liest hier »A marmosés et mariottes« (›die kleinen Jungen und Mädchen‹); Schweinsblasen wurden mit Erbsen gefüllt, um Lärm zu machen; die *marrotte du fou* (zu *Marie*) ist das Narrenzepter, das ursprünglich mit einem Bild der Jungfrau Maria geschmückt war.

1992 *quinze:* hyperbolisch, denn Villon weiß natürlich, daß der Mensch auf jeder Seite zwölf Rippen hat. 1994 *plombees:* Geißeln mit Bleikugeln an den Enden.

Ballade 1996–2023 »Ballade de conclusion« (R/H). In der Fiktion ist Villon bereits tot, das Folgende ist dem Ausrufer in den Mund gelegt, den man aber wiederum schnell als den Wortführer Villons erkennt. 1999 *carrillon:* nicht die ›Totenglocke‹, sondern die ›Schelle des öffentlichen Ausrufers‹, der von Tür zu Tür zog, um vom Tod zu künden. 2000 *vermeillon:* zu lat. *vermicellus* ›Cochenillelaus‹; die Kirche verwendete an den Festen der Märtyrer zinnoberrote Meßgewänder; und Villon, der sich im ganzen »Testament« über die höfische Liebe lustig macht, gibt vor (V. 2001), als Amors ›*Mär*tyrer‹ gestorben zu sein; da eine seiner Geliebten »Marthe« hieß (vgl. V. 910 f.), liegt erneut ein Wortspiel vor. 2002 *coullon:* ›der Hoden‹, lat. *testiculus*; daher der Studentenscherz »Testis unus, testis nullus« bzw. »Testiculus testis nullus« – ›Der Hodensack, das Geschlecht gilt nicht als Zeuge‹; der Schwur ist demnach null und nichtig. Zugleich Parodie auf 1. Mose 24,2 ff.

2007 *Roussillon:* Dorf in der Dauphiné, bis wohin Villon vielleicht gelangt war.

2015 *l'esguillon:* ›der Stachel‹, aber nicht die Erektion des Gehenkten, wie L. Spitzer meinte, wohl aber eine physiologische Regung, die mit der Idealität der Liebe kontrastiert.

2020 *esmerillon:* ›Merlin‹ (zu *merle*), eine Art Zwergfalke; daher *gent* nicht ›edel‹, sondern ›behende‹. 2022 *morillon:* dunkle Traube, Vorläufer des Pinot; Villon wählt dieses Wort, weil *mort* darin anklingt.

Inhalt

Anhang